Steve Cozzi
Die Astrologie des Standortes

Steve Cozzi

Die Astrologie des Standortes

und ihre Bedeutung im Geburtshoroskop

CHIRON VERLAG

ISBN 978-3-89997-302-0
2. Auflage 2024

Titel der Originalausgabe »Planets in Locality«
Erschienen bei Llewellyn Publications, St. Paul, MN 55164, USA

Übersetzung: Reinhardt Stiehle und Frida Kopp
Druck: SDL, Berlin

Zu beziehen über den Buchhandel oder direkt über
Chiron Verlag, Postfach 1250, D-72002 Tübingen
www.chiron-verlag.de

Inhalt

Kapitel 1

Das Horizontsystem

Bevor irgendwelche praktischen Techniken behandelt werden können, ist es wichtig, einige grundlegende historische und technische Informationen voranzustellen. Wenn wir den Ursprung und die Entwicklung dieser einzigartigen Methode verstehen, werden wir besser in der Lage sein, ihre subtile Bedeutung ebenso wie ihre praktischen Qualitäten zu begreifen.

Auch wenn das Horizontsystem noch neu für uns sein mag, so ist es tatsächlich ein sehr altes, weltweit verbreitetes Verfahren. Warum es in der Neuzeit in Vergessenheit geriet, ist schwer zu erklären. Vielleicht fixierten sich die Astrologen im Lauf der Zeit zu sehr auf das ekliptische System, das für gewöhnlich in den westlichen Kulturen benutzt wird. Leider stellte die Übertragung von ekliptischen Positionen auf das Horizontsystem vor dem Erscheinen der Computer für die meisten Astrologen anläßlich der schwierigen mathematischen Berechnungen eine wirkliche Herausforderung dar.

Was genau ist das Standort- oder Horizontsystem, und wie funktioniert es? Zunächst einmal ist es kein absonderliches Konstrukt, das auf reiner Erfindung beruht. Alle Fakten deuten darauf hin, daß es Leib und Seele der Astrologie darstellt. Tatsächlich können die für ein Geburtshoroskop nötigen Berechnungen nicht ohne Berücksichtigung der im Horizontsystem gebräuchlichen Koordinaten durchgeführt werden.[1]

In meinem eigenen Leben und dem Leben anderer hat sich die Standortastrologie immer wieder bestätigt. Sie hat vielen Menschen zu einem produktiveren, befriedigenderen und glücklicheren Leben verholfen. Nachstehend eine Auflistung der Möglichkeiten, welche die standortbezogene Astrologie und die gesamte Geoastrologie ihren Anwendern bietet: Sie kann dich mit deinen individuellen planetaren Mustern in Kontakt bringen, indem sie dir hilft, deinen *eigenen* persönlichen Mythos zu entdecken. Sie beschreibt eine Reise durch all deine Stärken und Schwächen. Diese Reise wird im Himmel geplant, aber sie kann dich auf der Suche nach den besonderen Orten, die deinem Leben mehr Sinn und Vitalität geben können, im wahrsten Sinne des Wortes quer über den Globus führen.

Die Standortastrologie kann dir enthüllen, wie sich diese planetaren Energien in deinem täglichen Leben manifestieren. Sie zeigt Möglichkeiten auf, in einer neuen »Kunst des Lebens« wahrzunehmen und mit anderen in Interaktion zu treten. Die daraus resultierenden Verbesserungen werden dein häusliches Leben sicher angenehmer und erfreulicher gestalten. Sie kann systematisch die vielen Einflüsse in deinem sozialen oder natürlichen Umfeld beschreiben, die auf positive oder negative Weise auf dich einwirken können.

Grundsätzlich bietet dir die Astrologie des Horizonts die Freiheit der Wahl, nicht nur bezüglich der Entscheidung, wie du leben möchtest, sondern auch im Hinblick auf Umzüge oder Reisen. Die Standortastrologie kann dir sagen, welche Einflüsse an jedem beliebigen Aufenthaltsort wirksam sind. Du kannst herausfinden, wie die jeweilige Richtung, in welche du reist, oder der Ort, an dem du lebst, deine seelische und körperliche Gesundheit beeinträchtigen.

Die Geoastrologie kann auch Fragen beantworten wie diese: Wo ist der beste Platz für eine Erweiterung des Hauses? Wo ist der geeignete Ort für die Haustiere oder die Aufbewahrung der Musikinstrumente; welches ist die richtige Wand für die Bücherregale oder die Porzellanvitrine? In welchem Teil der Stadt werde ich einen mir entsprechenden Partner finden? Welches sind meine stärksten und welches meine schwächsten Anlagen im Sinne psychologischer Tendenzen? Wo in meinem Haus ist der beste Platz zum Meditieren? Warum sind mir Menschen aus einigen Teilen des Landes fast sofort sympathisch, und warum empfinde ich eine Abneigung gegen manche aus anderen Gegenden? Wo ist der beste Ort für die Entwicklung meiner Karriere in den USA, in Neuseeland oder anderswo?

Das solide Wissen, welches die Standortastrologie liefert, erlaubt dir *größere* Wahlfreiheit, die auf *wirklicher* Kenntnis der beteiligten Faktoren basiert, und zwar mit vorhersehbaren Resultaten. Die Technik der Standortastrologie ist eine Methode, durch deren Anwendung das Ungreifbare faßbar wird, durch welche abstrakte Werte konkret werden, und durch die intuitive Gefühle auf systematische und realistische Art und Weise bestätigt werden.

Dieses Standort-/Horizontsystem ist in Wirklichkeit nichts anderes als einer der vier großen Meßkreise, die in der Navigation, der Astronomie und der Astrologie angewandt werden. Der *Horizont*, die *Ekliptik*, der *Äquator* und der *Nullvertikalkreis* sind die Großkreise und Koordinatensysteme, mit deren Hilfe es der Menschheit möglich ist, die Position der Erde und ihre Beziehung zum Sonnensystem bzw. zum Universum zu messen. Jeder dieser großen Kreise repräsentiert eine andersartige Sichtweise, doch alle sind mathematisch wechselseitig auf jeden der drei anderen bezogen.

Was ist dieses Standort-/Horizontsystem eigentlich? Stell dir vor, du stehst im Mittelpunkt einer großen transparenten Kuppel, die auf einem weiten, offenen Feld steht. Du kannst dich in jede beliebige Richtung wenden: nach Norden, Süden, Osten oder Westen. Des Nachts kannst du alle Sterne und Planeten beobachten. Wenn du dich einmal ganz im Kreis um dich selber drehst, hast du 360 Grad auf dem Horizont zurückgelegt. Diese 360 Grad werden *Azimut* genannt. Der sichtbare Horizont um dich herum bedeutet ein örtlich begrenztes Stück der Erdoberfläche und eine örtlich begrenzte Sicht des Raums: ein »Ort im Raum« oder »Standort«. Der Horizont, der aus dieser Standort-Perspektive gesehen wird, ist *nicht* identisch mit dem Standard-Tierkreis, welcher ja auf der Ekliptik, also der Sonnenbahn, beruht (davon später mehr). An jedem beliebigen Ort der Erde bist du immer von diesen 360° Azimut umgeben.

Es ist ein Kreis auf der Erdoberfläche, der als Kompaß fungiert, um uns in jede der 16 Himmelsrichtungen zu führen.

Aufgrund der Erdrotation verändern die Planeten und Sterne den ganzen Tag hindurch ununterbrochen ihre Positionen. Verschiedene Himmelskörper sind in unterschiedlichen Distanzen über dem Horizont zu sehen und dieser Winkelabstand wird als Höhe h (*Altitude*) ausgedrückt. Oberhalb des Horizonts wird die Höhe als +0° bis +90° angegeben; unterhalb des Horizonts als –0° bis –90°.

Die Astrologie des Standorts ist weitgehend eine personenzentrierte Astrologie, sowohl für den Beobachter wie für das Beobachtete. Wir *sind* das Zentrum, mit dem *Zenit* direkt über und dem *Nadir* direkt unter uns. So sind wir also von 360° Azimut um uns herum umgeben, zwischen +0° und +90° Höhe bis zum Zenit sowie zwischen –0° und –90° Höhe bis zum Nadir.

Vielleicht fragst du dich, welches wohl die anderen drei Meßsysteme sind. Sie basieren auf der Ekliptik, dem Nullvertikalkreis oder dem Äquator. Der Gebrauch der Ekliptik ist am weitesten verbreitet. Diese entspricht dem Lauf der Erde um die Sonne und wird allgemein als Zodiak bezeichnet. (Die Erde dreht sich um eine Achse mit einer Neigung von 23,5°.)

Die Nullvertikale ist ein Kreis, der vom Betrachter aus gesehen direkt durch dessen Ost- und Westpunkte führt und der zugleich durch seinen Zenit und den Nadir gezogen wird. Das Äquatorialsystem ist vorwiegend geographischer Art, es teilt die Erde in Längen- und Breitengrade. Alle vier Systeme basieren jeweils auf Kreisen von 360 Grad. (Mehr über diese Systeme in Kapitel 6.)

Wenn du ein herkömmliches Natalhoroskop für deinen derzeitigen Wohnort oder für deinen Geburtsort vom Computer erstellen läßt, so ist darin wahrscheinlich auch die Position des *Vertex* (VT) aufgeführt. Der Vertex liegt exakt im Westen, und der ihm gegenüberliegende Punkt, der *Anti-Vertex*, steht genau im Osten. Auf der Nordhalbkugel weist die Spitze des zehnten Hauses immer direkt in den Süden und die des vierten Hauses genau nach Norden. (Wie aus Abb. 1 ersichtlich ist, kehrt dies die üblichen Häuserpositionen um.) Du kannst selber feststellen, ob irgendwelche deiner Planeten in enger Konjunktion mit den Hauptrichtungen stehen. (Siehe auch Kapitel 2, 3 und 4.)

Die Höhe der Planeten kann jedoch bei dieser Berechnung nicht abgelesen werden, weil dies *kein* richtiges Standort- oder Horizonthoroskop, sondern ein herkömmliches Geburtsbild ist, bei dem sich die Planetenwerte auf die Ekliptik beziehen. Was man stattdessen braucht, sind die Planeten am Horizont, gemessen in Azimut. Bei einigen Computerprogrammen kann man inzwischen ein Standort- oder Azimuthoroskop erstellen lassen, und in aller Regel wird es als offenes Rad oder sogenann-

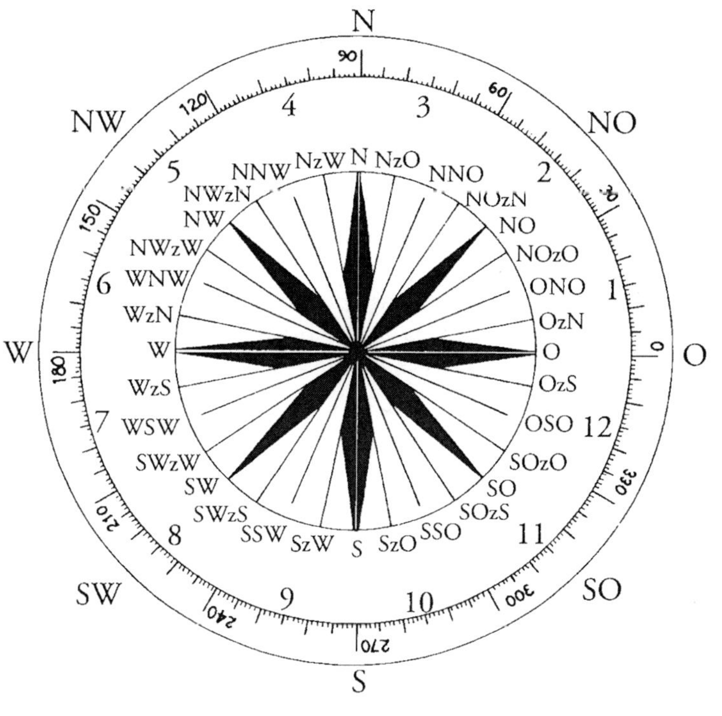

Abb. 1: Der Horizont und die Häuser

tes »Widder«-Horoskop dargestellt (d.h. der Drucker verwendet den Tierkreis als Hilfskonstruktion und setzt 0° Widder mit 0° Azimut bzw. Osten gleich).

Weiterhin ist zu berücksichtigen, daß ein Standorthoroskop für den gegenwärtigen Wohnort erstellt werden muß; d.h. Datum und Zeit (wahre Ortszeit) bleiben gleich, doch die Himmelsmitte/10.Haus und der Vertex (einschließlich des Aszendenten) werden durch Länge und Breite des momentanen Wohnortes bestimmt.

Wenn du dich nochmals in die erwähnte Kuppel zurückversetzt, so siehst du, daß sich die Planeten in einer bestimmten Höhe über dem Horizont befinden. Indem du nun von jedem Planeten ausgehend eine Gerade senkrecht nach unten bis zum Horizont ziehst, wirst du erkennen, daß diese Linie in einer ganz bestimmten Kompaßrichtung verläuft. Jeder Planet hat somit seine eigene Richtung. Würdest du dich innerhalb oder außerhalb der Kuppel in diese Richtung bewegen, dann würdest du auf dieser Planetenlinie gehen. Venus könnte beispielsweise im Süden stehen und Saturn im Südwesten, während Jupiter nach Norden weisen könnte, usw.

Diese planetaren Kraftlinien sind an jedem Ort, an den du reist oder umziehst, anders, denn sie werden für eine spezifische geographische Länge und Breite berechnet. Die Geburtszeit und das Datum können nachträglich nicht mehr verschoben werden. Die Zeit bleibt eingefroren, doch Raum und Ort *können* sich verändern. Dies ist die elementare Wahrheit und Erkenntnis, die der gesamten Standortastrologie zugrundeliegt.

Mit anderen Worten: Die Aspekte zwischen den Radixplaneten bleiben immer konstant, während sich die Häuserspitzen oder Kardinalpunkte — Aszendent, Himmelsmitte (Medium Coeli), Vertex, usw. — von einem Ort zum nächsten verschieben. Auch wenn also die Winkelabstände der Planeten untereinander gleichbleiben, so sind doch die Aspektverbindungen zu den Hauptachsen an *jedem* Aufenthaltsort anders.

Ein Trigon zwischen Sonne und Jupiter oder die Konjunktion von Venus und Mars wird sich aufgrund eines Ortswechsels nicht ändern. Doch ihre Häuserpositionen können sich verschieben, und sie werden dann neue Aspekte zu den Kardinalpunkten oder Kompaßrichtungen des Horoskops bilden. Daran kannst du erkennen, daß uns jeder neue Ort auch andere Einflüsse präsentiert. Infolgedessen können die Hindernisse und Chancen, die Pleiten und Glücksfälle sowie die ganze komplexe Bandbreite von günstigen und ungünstigen Einwirkungen bereits erkannt werden, bevor du dich an einen bestimmten Platz begibst oder mit Menschen zu tun hast, die an diesem Ort leben. Vorausplanung bekommt durch die Standortastrologie demnach eine völlig neue Bedeutung.

Auch wenn es eine ganze Reihe von bevorzugten Regionen und Gebieten gibt, in die man ziehen kann, so ist es doch unwahrscheinlich, daß die Mehrzahl der Leute dies auch tatsächlich unternimmt. Nationale, kulturelle und wirtschaftliche Begrenzungen mögen Gründe hierfür sein, um innerhalb eines bekannten Gebiets zu verweilen, doch kann man auch dann noch immer den bestmöglichen Wohnort innerhalb begrenzter geographischer Gebiete auswählen.

Das Gras scheint immer gerade jenseits des Zauns grüner zu wachsen; die Wahrheit ist, daß es vielfach tatsächlich grüner ist. Wir alle brauchen Veränderungen — Abwechslung ist die Würze des Lebens. Eine Verlegung des Wohnsitzes mag nicht für jeden die passende Antwort sein, doch Reisen ist eine Möglichkeit, die vielen Menschen offensteht. Es scheint zur menschlichen Natur zu gehören, leicht in festgefahrene Gleise zu geraten; oft werden wir zu Sklaven der langweiligen, monotonen, öden Routine des Alltagslebens. Reisen holen uns vorübergehend — und manchmal sogar auf Dauer — aus diesen eingefahrenen Gleisen und können unglaublichen Spaß bringen. Sie können manchmal frustrierend und ermüdend sein, sind aber immer anregend, weil man sich anderen und ungewohnten planetaren Einwirkungen aussetzt.

Diese Einflüsse umfassen Menschen und Orte auf mehr als nur einer oberflächlichen Ebene. Jeder von uns reagiert anders auf Wärme und Kälte oder auf die vier Elemente. Wenn in deinem Horoskop kalte Planeten dominieren, fühlst du dich vielleicht zu warmen Klimagebieten hingezogen. Sind hitzeproduzierende Planeten dominant, geht der Drang eher in die kühleren Regionen.

Die Planeten

Sonne	*warm*
Mond	*kalt*
Merkur	*neutral*
Venus	*warm*
Mars	*heiß*
Jupiter	*warm*
Saturn	*kalt*
Uranus	*kalt*
Neptun	*warm*
Pluto	*heiß oder kalt*
Transpluto	*warm*

Bezüglich der Elemente gilt folgendes: Erde/Wirklichkeitsnähe, Wasser/Gefühle, Feuer/Energie, Luft/Kommunikation. Du wirst zu deinem schwächsten Element hingezogen, so daß dessen substantielle Präsenz neues Verständnis in diesem Bereich deines Lebens bewirken kann.

Was ist aber, wenn die Möglichkeiten zu reisen durch deinen Lebensstil eingeschränkt werden und deine Chancen für einen Umzug nicht sehr hoch sind? Die Standortastrologie bietet dennoch eine Vielfalt an wertvollen Informationen. Da ist dein Zuhause und das soziale Umfeld, in dem du den größten Teil deines Lebens verbringst. Die eingangs erwähnte transparente Kuppel könnte sehr wohl dein Zuhause darstellen — ein Zuhause, durch das die Planetenlinien verlaufen und auch darüber hinaus in die Nachbarschaft und nähere Umgebung.

Die Grundidee lautet, daß du (wie die Soziologie annimmmt) zum Teil ein Produkt deiner Umgebung bist. Wenn du also deine Umgebung wechselst, beeinflußt du das Produkt und bewirkst so Veränderungen hinsichtlich Gesundheit, Denken und Innenleben.

Ob nun also die Reise kurz ist oder lang, der ortsbezogene Horizont wirkt wie ein magischer Kreis, ein Kreis, der viele Wege aufzeigt. Jeder Weg ist eine Wahl, die dich vorantreibt zu größeren Entdeckungen, Herausforderungen und zur Erfüllung.

Die Geschichte des Horizontsystems

Die genauen Anfänge dieser Methode liegen in der Frühzeit der aufgezeichneten Geschichte verborgen und sie reichen vielleicht bis ins Jahr 6000 v. Chr. zurück. Die leichte Handhabung dieses Systems ist ein wichtiger Grund für seine frühe Entwicklung, denn die Beobachtung mit bloßem Auge bildete die erste Grundlage für die Bestimmung der Planetenbewegungen. Falls wir der astrologischen Geschichte trauen können, wurde das ekliptische System nicht früher als 300 v. Chr. von den Griechen eingeführt. Später wurde der Tierkreis zum Standard in der Astrologie. In China dagegen war das ekliptische System bis zum 19. Jahrhundert nur wenig verbreitet. Die Chinesen (wie auch die Kulturen des Mittleren Ostens) scheinen die Äquator- und Horizontkoordinaten bevorzugt zu haben.

Das bei geomantischen Praktiken angewandte Horizontsystem scheint seine eigentlichen Wurzeln in vier Regionen zu haben: in Italien, Westafrika, in dem Gebiet, das heute Irak und Iran umfaßt sowie in China. In Westafrika und Nigeria überlebten einige Praktiken sogar bis in die Gegenwart, doch sind sie nicht immer eindeutig als Horizontsysteme zu definieren, und es gibt viele unbekannte und verwirrende Details im Zusammenhang mit Systemen, die im Nahen Osten und anderswo in Gebrauch sind.

Einige Konfusion ist bei dieser Thematik daraus entstanden, daß die Begriffe Geomantie, Astrologie und Divination fälschlicherweise in einen Topf geworfen werden. Die beiden wichtigsten geomantischen Systeme im Osten und Westen verwendeten die Astrologie; jedoch ziehen die meisten astrologischen Schulen keine geomantischen Prinzipien mit in Betracht. Wenn die Geomantie auch zur Divination benutzt werden kann, so wurde sie doch nur im Westen ausschließlich für diesen Zweck eingesetzt.

Geomantie enthält strenggenommen den Gebrauch des Horizontsystems. »Geo« bedeutet das, was zur Erde gehört, und da das Horizontsystem darauf basiert, die Planeten in Beziehung zu den Haupthimmelsrichtungen auf der Erdoberfläche zu sehen, muß es als die primäre, in der Geomantie angewandte Arbeitsmethode betrachtet werden.

In Nordeuropa ist die Geomantie eigentlich ein aus dem 15. Jahrhundert stammendes Divinationssystem[2]. Diese Form der Geomantie hat eine klare astrologische Grundlage, denn sie benutzt die üblichen zwölf Zeichen und die sieben alten Planeten. Den sieben Planeten wird jeweils eine hilfreiche und eine schädigende Qualität zugeordnet, so daß sich vierzehn Faktoren ergeben. Werden die Mondknoten dem dualen Wesen der sieben Planeten hinzugefügt, so erhalten wir ein System von sechzehn Qualitäten. Nun werden aufs Geratewohl Fragen formuliert und Punkte ausgewählt, und aufgrund der Reihenfolge dieser Punkte werden die Planeten in verschiedenen Häusern plaziert. Die Interpretation ihrer Positionen beantwortet jede beliebige Anzahl von möglichen Fragen.

Das umfassendste auf den Standort bezogene Verfahren, das uns überliefert wurde, ist die chinesische Geomantie, die Feng Shui genannt wird. Dies bedeutet wörtlich »Wind und Wasser« und ist ein so übergreifendes System, daß jeder Versuch, es nur auf ein paar Seiten erklären und beschreiben zu wollen, eine eindeutige Ungerechtigkeit wäre. Man sollte jedoch wissen, daß diese Form der Standortbestimmung Ökologie, Biologie, Zoologie, Geologie, Geographie, Kartographie, Topographie, Navigation, Elektromagnetismus, architektonische Planung, Landschaftsgestaltung, Innenarchitektur, zeremonielle Magie und selbstverständlich auch Astrologie in sich birgt. In den Kapiteln

2 und 4 werden einige wichtige praktische Bestandteile des Feng Shui näher erläutert werden.

Über die genaue Herkunft der Geomantie ist viel spekuliert worden. Aufgrund des uns verfügbaren Materials und in Anbetracht der Eigenart dieser Thematik empfiehlt es sich anzunehmen, daß sie viele verschiedene Ursprungsorte hatte, es sei denn, man bedient sich der Begriffe der Geschichte des Okkulten und sagt, daß fast alle Wissenschaften von der versunkenen Insel Atlantis kamen. Die geomantischen Systeme in Europa wurden von verschiedenartigen Schulen, Kulten und individuellen Lehrmeistern praktiziert. Heinrich Cornelius Agrippa schrieb 1655 ein berühmtes Buch über Geomantie, als viertes in einer Reihe von Bänden über okkulte Philosophie. Andere Geomanten, darunter Christopher Cotton, Aleister Crowley, Robert Fludd und Raphael (Robert Cross Smith) halfen, die geomantischen Methoden des Westens zu retten und zu erneuern. Einige Fachleute behaupten, daß die europäische Geomantie ihren Ursprung in Babylon hatte, und daß das Wissen auf dem Weg über Ägypten nach Europa gelangte. Später wurde es dann durch griechische Theorien beeinflußt.

Es gibt in der Tat eine ganze Reihe von Praktiken, die heute in Afrika angewandt werden und die mit der Geomantie verwandt sind. Eine entstammt den Voodoo-Göttern von Petra und Rada Loa an der Westküste Afrikas; die Ifa-Divination wird in Nigeria ausgeübt, und »Khatt ar–raml« hat seinen Ursprung in Nordafrika. Diese Verfahren arbeiten immer noch mit den sechzehn Faktoren, welche ursprünglich in Europa eingesetzt wurden.

Der Gebrauch des Horizont-/Azimutsystems als geomantische Wissenschaft wurde ebenso in Nord- und Südamerika praktiziert. Auch wenn die dahinterstehende mündliche Überlieferung noch immer geheimgehalten wird oder verlorengegangen ist, entdecken Anthropologen und Archäologen doch eine ständig wachsende Menge an Informationen. Bedeutsame Entdeckungen haben zur Entwicklung des Spezialgebiets der Archäoastronomie in den vergangenen zwei Jahrzehnten beige-

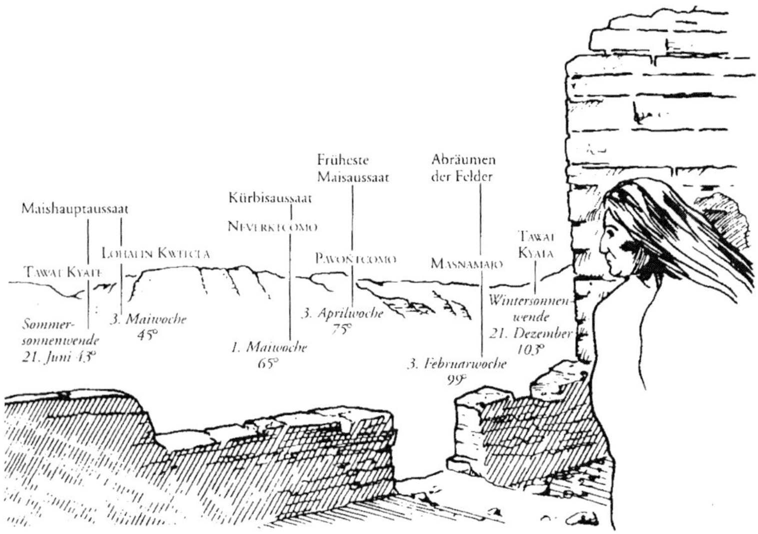

Abb. 2: Aussaat Kalender der Hopi Indianer am Sonnenaufgangshorizont

tragen. Aufzeichnungen in Felsbauten und Kivas reichen bis mindestens ins Jahr 1100 v. Chr. zurück. Es ist eine faszinierende Tatsache, daß schon vor mehr als 700 Jahren von den indianischen Ureinwohnern – den Anasazi – Horizontmethoden benutzt wurden. Wegen des dürren Klimas und des trockenen Terrains im Four Corners Gebiet im Südwesten der USA blieben viele bedeutsame Observationstechniken im Felsgestein bewahrt. Die Ureinwohner und ihre Vorfahren beobachteten den Horizont sehr sorgsam, um in der Lage zu sein, sich auf die jahreszeitlichen Wechsel von Regen und Sonne vorzubereiten – die für den Getreideanbau notwendigen Voraussetzungen. Ray Williamson und andere haben gezeigt, daß es schon damals beinahe exakte Messungen von Sonnenwenden und Tag- und Nachtgleichen gab; und daß die Aufgänge, Untergänge und Kulminationen der Planeten beobachtet wurden (siehe Abb. 2 und 3). Zusätzlich wurden die Hauptrichtungen markiert und mit einem hohen Genauigkeitsgrad angewandt.[3]

Diese Praktiken sind nicht auf den Südwesten Amerikas beschränkt. Es gibt Nachweise dafür, daß das Horizontsystem auf dem gesamten Kontinent, einschließlich Süd- und Mittelamerika, in verschiedenen Abstufungen angewandt wurde. In Mittelamerika entwickelten die Azteken, Tolteken und Maya das komplizierteste System nicht nur Amerikas, sondern der ganzen Welt. Es besteht aus einer komplexen Abfolge von Kreisen innerhalb eines Solarkalenders von 260 Tagen. Perioden von 20 Tagen, jede davon mit ihrem eigenen Zeichen, wiederholten sich dreizehnmal in einem Zyklus von 260 Tagen. Daraus ergab sich, daß in 52 Jahren oder 18980 Tagen keine

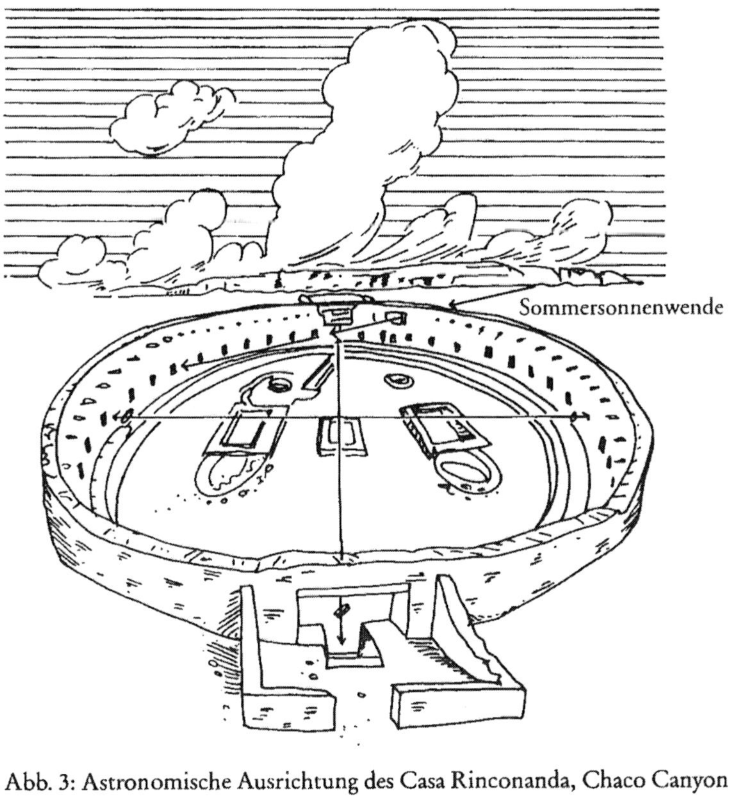

Abb. 3: Astronomische Ausrichtung des Casa Rinconanda, Chaco Canyon

zwei Tage innerhalb eines Zyklus von 260 Tagen wiederholt wurden[4]. Dies veranschaulicht die Tatsache, daß Astronomie und Astrologie in Amerika auf einer hohen Entwicklungsstufe standen, und daß die Beobachtung von Horizont und Azimut als grundlegende und wesentlichste Technik benutzt wurde.

Von den verborgenen Pyramiden in den Anden über die Figuren der Nazca-Ebenen, quer durch Zentralamerika bis zu den uralten Strukturen der Maya und Tolteken und weiter nach Norden bis zu den großen Kivas und Medizinrädern war das Horizontsystem durchweg der astronomische und astrologische Standard.

Die Standortbestimmung und der Gebrauch des Horizontsystems sind tatsächlich ein weltweit verbreitetes Phänomen. Besonders auf den britischen Inseln hat das Horizontsystem einen verblüffenden Verfeinerungsgrad erreicht und John Mitchell erklärt in seinem Werk *Die Geomantie von Atlantis* viele bemerkenswerte Entdeckungen[5]. In England konzentriert sich die Theorie auf die sogenannten *ley*-Linien. Ein *ley* ist ein wirklich vorhandener Pfad, der auf der Erdoberfläche durch seichte Gräben, Steinreihen oder unterschiedlich große Hügel markiert ist, von denen alle in einer geraden Linie ausgerichtet sind. Ziemlich häufig sind diese *ley*-Linien nicht auf der Oberfläche sichtbar, sondern exakt durch verschiedenartige Steinmonolithe und/oder Brunnen ausgerichtet. Diese besonderen Orte, die zur Absteckung der Linien dienten, bilden tatsächlich ein Netzwerk von miteinander verbundenen uralten Zeremonienplätzen, die in unserer heutigen Zeit im allgemeinen von Kirchen oder anderen wichtigen Gebäuden besetzt sind.

Forscher haben herausgefunden, daß die meisten dieser Linien und Zentren auf dem Azimut der Sonne, des Mondes oder bestimmter Sterne verlaufen[6]. Etliche Forscher stellten fest, daß die verschiedenen Stätten unterschiedliche Merkmale aufwiesen, die auf dem Azimut der ihnen entsprechenden Himmelskörper beruhten.[7] Diese Linien verlaufen in den meisten Fällen über Hunderte von Kilometern, und auf einer Landkarte kann unfehlbar eine direkte Verbindung von einem Platz zum anderen gezogen werden. Die seit langem in Vergessenheit geratenen Schöpfer der *ley*-Linien verknüpften die Berge, Täler, Flüsse und die gesamte Landschaft mit den Bewegungen der Planeten und erschufen so ein klares geometrisches Muster, welches das Oben und das Unten spiegelte. Mitchell beschreibt dies als »die Einbringung solarer oder atmosphärischer Energie in die terrestrische Lebensenergie.«[8]

Die heilige Geometrie und die geomantischen Techniken, von denen Gebrauch gemacht wurde, um überall auf der Erde zahllose Kultstätten und Steinkreise zu errichten, werden schrittweise ihrer Geheimnisse entschleiert. Inmitten von all den Spekulationen über ihren Zweck gibt es doch einiges, was inzwischen bekannt ist. Mit Sicherheit wurden sie für viele Arten von Zeremonien benutzt, und aufgrund der elektromagnetischen Strömungen, die sie erzeugten, ist es denkbar, daß sie als weltweites Kommunikations- und Transportsystem dienten.

Die Astrologie des Raumes: Eine neue geomantische Wissenschaft

Das Konzept von Raum und Ort hat während dieses Jahrhunderts innerhalb der Astrologie im Vergleich zu anderen astrologischen Spezialgebieten eine untergeordnete Stellung eingenommen. Bis in die siebziger Jahre hinein ist in diesem wichtigen Bereich wenig getan worden. Eine Minderheit hat immer um die Methode der standortbezogenen Horoskope gewußt, doch noch weniger haben davon tatsächlich Gebrauch gemacht oder konnten gar damit umgehen. Der herkömmliche Astrologe und gleichermaßen seine Klienten waren noch nicht ganz bereit, die Relevanz von Veränderungen hinsichtlich Ort und Raum im Radixhoroskop zu akzeptieren. Es war allgemein bekannt, daß sich Aszendent und Medium Coeli verschoben, wenn man vom Geburtsort fortzog, ebenso war bekannt, daß dadurch die Planeten in andere Häuser wanderten und somit neue Winkel mit Aszendent und Medium Coeli bildeten. Das war so ungefähr der Umfang, bis zu dem Bewegungen im Raum für astrologische Deutungen angewandt wurden.

Es gab einige bemerkenswerte Ausnahmen wie etwa den Astrologen L. Edward Johndro, welcher die Konzepte der Koordinatensysteme in Theorie und Praxis am Leben erhielt. Es ist immer noch kaum zu glauben, daß seine beiden Hauptwerke bereits um 1930 geschrieben und veröffentlicht wurden.[9] Johndro ging mit Koordinatensystemen wie mit »lebendigen Organismen« um. Anders ausgedrückt versuchte er, die inneren Wirkweisen (Systeme) der astrologischen Uhr sichtbar zu machen, anstatt sich nur fortwährend auf die Stunden-, Minuten- und Sekundenzeiger zu konzentrieren, wie es jahrhundertelang geschehen war. In seinen Theorien geht es um einen Zugang zu den Planeten, bei dem verschiedene Systeme miteinander verquickt sind. Er betrachtete die Astrologie als dynamische interplanetare Gestalt, in welcher unterschiedliche Formen von Schwerkraft und Elektromagnetismus in einem ununterbrochenen Wechselspiel miteinander stehen, wobei sie Wirkungen auf das organische Leben ausüben und so Ereignisse in Gang setzen. (In Kap. 6 werden Johndros Theorien ausführlicher dargestellt.)

Ein weiterer Astrologe in diesem Feld ist Charles Jayne, dessen zahlreiche Aufsätze seine Fähigkeiten in Forschung und Technik bewiesen haben.[10] Es gibt noch andere, die direkt oder indirekt zum Gebrauch der Koordinatensysteme beigetragen haben, wie etwa James Neely, David B. Black, Mark Pottenger, Zipporah Dobyns, Steve Black, Alex Harvey, Gary Duncan, Jim Lewis, Theodor Landscheidt, Ken Gillman, Bruce Scofield, Angel Thompson, John McCormick, Seiggruen, Lt. Com. David Williams und M. Kahila. Alle diese Astrologen und ebenso viele ihrer Kollegen, haben verschiedene Rollen bei der gesamten Entwicklung der auf Zeit und Raum anwendbaren Koordinatensysteme gespielt.

Jedoch wurde die praktische Bedeutung des Horizont-/Azimutsystems erst erkannt, als Michael Erlewine und seine Frau Margaret ihre Forschungen aufnahmen.

Nachdem erst einmal die langwierigen Berechnungen zur Umwandlung der zodiakalen Planetenpositionen in Azimut und Höhe durchgeführt worden waren, kam es zu einer überraschenden und außergewöhnlichen Enthüllung.

Es sollte nicht vergessen werden, daß eins der größten Hindernisse bei der Entwicklung der Standorthoroskope die Tatsache war, daß man nicht einfach eine Ephemeride aufschlagen konnte, um den Azimut der Planeten zu finden. Es gab keine solchen Bücher, und es gibt sie leider immer noch nicht. Stattdessen werden die Informationen in Navigationshandbüchern und seit jüngster Zeit auch in einigen wenigen Computerprogrammen gespeichert. Wer wäre vor der Zeit der programmierbaren Rechner bereit gewesen, sich stundenlang hinzusetzen und komplizierte Operationen vorzunehmen, nur um seine Neugier zu befriedigen? Ein weiterer Punkt ist, daß Standorthoroskope auf exakten Angaben der Geburtszeit basieren, und bis vor fünfzig Jahren waren genaue Geburtszeiten mancherorts kaum zu erhalten.

In einem frühen Stadium ihrer Nachforschungen wurde den Erlewines klar, daß der sichtbare Horizont große Ähnlichkeit mit einem magischen Kreis aufweist, was bedeutet: »Hier liegt im Raum eine Karte von einem Ereignis vor — aus einer topozentrischen Perspektive bzw. einem lokalen Zentrum gesehen; dies entspricht einer Astrologie des Standorts.«[11] Ein Horoskop, welches auf einen bestimmten Standort bezogen ist, bildet für den Beobachter wirklich die eindeutigste Darstellung der Planeten im Raum an jedem beliebigen Ort ab. Im Horizont-/Azimutsystem trifft es wirklich oft zu, daß das, was du siehst, auch das ist, was du bekommst.

Michael Erlewine zufolge sind »Koordinatensysteme großartige Sprachen oder Ordnungsmuster unserer gesamten Realität, und jedes von ihnen läßt uns die charakteristische Gestalt oder ganzheitliche Dimension des Lebens erkennen«.[12] Die Schönheit der Astrologie von Ort und Raum liegt darin, daß sie dich automatisch mit der dich unmittelbar umgebenden Natur verbindet: mit der gesamten Landschaft, ihren Bewohnern und den

Tieren. Ob in deinem Heim mit seinen verschiedenartigen Gegenständen oder draußen in der Natur, sie eröffnet gewissermaßen die »Perspektive einer ›flachen Erde‹, und der sichtbare Horizont wird zu einer Art magischem Kreis.«[13]

Das Standorthoroskop ist wirklich ein magischer Kreis, wie Michael Erlewine sagt, und zwar weit mehr als die meisten bereit sind, sich zu vergegenwärtigen. Ich meine, Erlewine drückt es selbst am besten aus: »denn jede Stadt und jeder Freund wird zu einem strahlenförmigen Einflußzentrum. Hier gewinnt die lange Geschichte von Magie, Hexenkult und Zauberei zum ersten Mal eine praktische Realität, in der lokale Gottheiten und bevorzugte Richtungen zur Regel werden. Der psychedelische Charakter der Horizont-Horoskope ist unmißverständlich und scheint dem System innezuwohnen. Die Welt erscheint aus dieser Perspektive als eine Art riesiger Talisman oder gewaltiger Ritualplatz. Ein populäres Bild, welches unserem modernen Bewußtsein geläufig ist und dieser Vorstellung am nächsten kommt, ist die außergewöhnliche Welt des Don Juan, wie sie von Carlos Castaneda beschrieben wurde. Hier existiert jedoch keine subtile Ebene, sondern eine persönliche Landschaft wird mit kühnen und klaren Strichen gemalt. Eine Welt, in welcher der moderne Mensch lernt, sich in endloser Anpassung und Einstimmung auf seine Wurzel, sein Selbst, über die Erdoberfläche zu bewegen. Individuen, die auf einem Schachbrett in bestimmte Richtungen getrieben werden, des Widerstands unfähig, weil sie zu einem Ziel reisen, das weder ein besonderer Ort auf der Erde, noch eine innere Ausrichtung ist: Die Richtung einer Kraft oder eines Planeten. 'Dort! Wo die Kraft lauert!', um Don Juans Ausdrucksweise zu gebrauchen.«[14]

Die Erlewines waren die Pioniere auf dem Gebiet der Horizontastrologie; sie waren die ersten, die ein praktikables System entwickelten und einsetzten, das mit Horizont und Azimut arbeitete, und das von ihnen eigentlich »Local Space« (Astrologie von Ort und Raum, Standortastrologie) genannt wurde. Die Geschichte hat uns gezeigt, daß das Horizont-/Azimutsystem seit vielen Jahrhunderten und auf vielfältige Weise benutzt wurde, jedoch in der westlichen Welt seit langem in Vergessenheit geraten war. Der Mensch vergangener Zivilisationen kam nie in den Vorzug eines persönlichen, exakt berechneten Standorthoroskops. Die Horizontsysteme der Vergangenheit waren nur von allgemeiner und breit angelegter Art und für jedermann aufgestellt. Wenn diese Systeme auch viele Geheimnisse über Menschen und Orte enthüllten, so waren sie doch nicht auf den genauen Zeitpunkt der Geburt und damit auch *nicht* auf das individuelle Schicksal abgestimmt. Die Horizont-/Azimutverfahren der Vergangenheit wurden für den Gebrauch der Masse bzw. des Kollektivs verwendet und für die zeremoniellen, landwirtschaftlichen, die Fruchtbarkeit betreffenden Notwendigkeiten des Stammes, der Stadt oder des Staates eingesetzt. Die Erlewines legten zum ersten Mal den magischen Kreis gerichteter Kraft, der in den Standorthoroskopen enthalten ist, in die Hand des Individuums.

Sie bemerkten schon frühzeitig, daß die Planeten nahe an den Hauptrichtungen (d.h. Norden, Süden, Osten, Westen) eine bedeutsame Rolle spielten oder einen bestimmenden Einfluß auf einen Menschen an dem speziellen Ort ausübten. Sie entdeckten auch, daß die Menschen bevorzugt entlang bestimmter Planetenlinien reisten bzw. umzogen. Diese beiden Erkenntnisse brachten den entscheidenden Durchbruch, denn niemandem war zuvor bewußt gewesen, daß die Planetenpositionen am Horizont bei Umzügen von Bedeutung waren. Ebensowenig hatte jemand vorher herausgefunden, daß der Azimut eines Planeten tatsächlich eine Linie war, die auf einer Karte über die Erdoberfläche verlaufend graphisch dargestellt werden konnte, wobei sie Menschen und Orte sinnbildlich miteinander verband. Nachdem viele Horoskope von den Erlewines analysiert worden waren, begann eine einzigartige und wertvolle astrologische Technik Formen anzunehmen.

Was sie herausfanden, war für mich geradezu eine Inspiration; die Möglichkeiten dessen, was diese Methode für die Menschen bewirken könnte, multiplizierten sich in meiner Vorstellung um ein Vielfaches. Ich war mir sicher, daß die Standortastrologie die Antwort auf viele offene Fragen enthielt, Fragen, die durch konventionelle astrologische Verfahren nicht beantwortet wurden oder nicht beantwortet werden konnten. Die Erlewines haben für die astrologische Gemeinschaft und die Öffentlichkeit einen wichtigen und historischen Beitrag geleistet, und dieses Buch ist eine direkte Anknüpfung an ihre Forschungsarbeit. Die in ihren Forschungen enthaltenen fundamentalen Prinzipien werden in den folgenden Kapiteln eingehend erörtert; viele ihrer Erkenntnisse haben direkt oder indirekt die Ausarbeitung neuer und bedeutsamer Techniken bewirkt (siehe Anhang).

Vergiß bitte nicht, während du dich mit der Astrologie von Ort und Raum beschäftigst, daß es sich dabei (in seiner neuen gegenwärtigen Form) um ein noch junges System handelt, und wenn zwischenzeitlich auch die Anwendungsbereiche und Richtlinien gewachsen sind, so bleibt es doch in seinen Möglichkeiten weit offen. Der Himmel ist die Grenze!

Eine Einführung in Feng Shui: Die Chinesische Geomantie

Die philosophischen und praktischen Eigenarten der chinesischen Geomantie verbinden sich so vollkommen mit den Grundlagen der Standortastrologie, daß es mir angebracht zu sein scheint, dieses Thema hier näher zu erläutern. Dabei sollten die Wechselbeziehungen zwischen Geoastrologie und Geomantie deutlicher werden.

Bei der chinesischen Geomantie haben wir es mit einem in sich abgerundeten System zu tun; tatsächlich wurden in chinesischer Sprache unzählige Bände über das Thema geschrieben und gegenwärtig wird Feng Shui von vielen Fachleuten offen praktiziert (vorwiegend in Hongkong). Um Feng Shui zu erlernen, wäre es am besten, einen erfahrenen Fachmann im Fernen Osten ausfindig zu machen und direkt bei ihm in die Lehre zu gehen. Da aber ausgedehntes Reisen für die meisten Menschen nicht in Frage kommt, müssen die geschriebenen Werke ausreichen.[15]

Feng Shui wurde auch als »astro-biologischer Gedankenmodus«[16] und als »Astro-Ökologie«[17] bezeichnet. Skinner sagt zu Recht, daß Feng Shui in gleichem Maße die Mutter der planmäßigen Anwendung von Magnetismus, Navigation und Geographie war, wie die Astrologie für die Astronomie oder die Alchemie für die Chemie.[18] Ein weiterer, von Skinner herausgestellter Punkt besagt: »Feng Shui überbrückt Raum und Zeit, indem es den Kompaß ansetzt, um beide zu interpretieren«.[19]

Die angewandten Methoden können bei den praktizierenden Geomanten stark voneinander abweichen. Diese Vielfalt ergibt sich aus der Tatsache, daß es für sie so viele verschiedene Bereiche gibt, auf die sie sich jeweils konzentrieren können. Gelegentlich wurde gerade diese Komplexität als schützende Nebelwand vorgeschoben. Manchmal war es für die Geomanten geradezu notwendig, sich die Unwissenheit anderer zunutze zu machen, um sich dahinter zu verbergen, wenn sie als Irrgläubige galten. Die Geomanten arbeiteten mit dem sogenannten »geomantischen Kompaß« und jeder Kompaßring enthält einen anderen Informationszusammenhang. Je nach Situation kann eine beliebige Anzahl dieser Ringe einzeln oder zusammen benutzt werden. (Siehe Kapitel 4 über die Anwendungsmöglichkeiten der westlichen Version des geomantischen Kompasses.)

Mit einem klaren Ziel im Hinterkopf benutzt man die Ringe als Informationsquelle, um grobe und feine Energiemuster zu deuten. Diese alles durchdringende Kraft wird Ch'i genannt. Es gibt konstruktives und destruktives Ch'i, kosmisches und irdisches Ch'i, männliches und weibliches Ch'i. Der Fluß des Ch'i kann den Fluß von geistiger Energie, Geld, Freunden, Gesundheit usw. bedeuten. Es ist die zugleich machtvollste und wunderbarste Kraft in der Natur und im Universum.

Es wurde bereits erwähnt, daß das, was die Chinesen Ch'i nennen, von den elektromagnetischen Kräften im Zusammenspiel mit den kosmischen Energien gebildet wird. Diese ursprüngliche und vitale Kraft manifestiert sich auf vielfältige Wei-

Abb. 4: Planetare Entsprechungen in der Landschaft

se, und die Aufgabe der Geomantie besteht darin, diese allgegenwärtige Energie aufzuspüren, zu kanalisieren und für eine allgemeine Nutzbarkeit zu erschließen.

Das angesammelte Wissen um das Ch'i stammt von den beiden wichtigsten Schulen des Feng Shui. Eine davon ist die sogenannte »Formschule«, deren bedeutenster Vertreter Shuh-Meu war. Er war ein Meister des Feng Shui im Dienste des Kaisers in der Zeit von 840 bis 888 v. Chr. Die Formschule machte nicht viel Gebrauch von den Planeten oder dem Kompaß; stattdessen stellte sie die natürliche Architektur — die Konturen, Strukturen und Formen, die überall in der Natur zu finden sind — in den Mittelpunkt ihrer Betrachtung. Der Praktizierende der Formschule hatte den Blick des Künstlers, die Einstellung eines Umweltschützers, das Sehvermögen eines Fotografen, und dies in Verbindung mit einigen der Fähigkeiten eines Geologen. Das

Problem bei der Formschule ist allerdings, daß jede Person andere Dinge in der Natur sieht, und diese deshalb auf persönliche Weise interpretiert. Des einen Wahrheit muß aber nicht notwendigerweise auch die Wahrheit aller sein. Es war also schwieriger, einen allgemeinen Konsens zu erreichen; doch war erst einmal eine Einigung erzielt worden, wurde das natürliche oder künstliche Objekt zu einem nützlichen Bestandteil einer Feng Shui Landkarte.

Die andere bedeutende Schule war die »Kompaß-Schule«. Sie wurde in der Zeit um 960 v. Chr. von verschiedenen Lehrern der Sung-Dynastie entwickelt und arbeitete mit Kompaß, I Ging Trigrammen, Sternen und Planeten. Die Vorgehensweise scheint klar und einfach zu sein, es erfordert jedoch einige praktische Erfahrung und intuitive Fertigkeiten, um einem chinesischen geomantischen Kompaß sinnvolle Ortungen abgewinnen zu können. (Die praktischen Anwendungsmöglichkeit werden in Kapitel 4 besprochen.) Ferner bleibt die Tatsache bestehen, daß sich nicht alle natürlichen Strukturen ohne weiteres praktischen Richtlinien unterordnen lassen.

Der geomantische Kompaß des Feng Shui ist eine komplex aufgebaute Scheibe, bestehend aus etwa 30 konzentrischen Kreisen, die in der Hand gehalten wird. Alle Ringe sind auf die vier Haupt- und zwölf Nebenrichtungen abgestimmt. Planeten, Fixsterne, Zeichen, Monate, Tage, Zahlen, Elemente, Jahreszeiten, Tageszeiten, I Ging Trigramme und viele andere Faktoren kommen zur Anwendung. Jede einzelne Information kann wechselseitig in Verbindung mit allen oder einigen anderen benutzt werden.

Grundsätzlich werden drei Arten von Ch'i unterschieden: Irdisches, kosmisches und eine Kombination von beiden im Menschen. Dieses Ch'i hat natürlicherweise einen Yin (weiblichen) Teil und den ergänzenden Yang (männlichen) Teil. Die weiblichen und männlichen Anteile sind beide jeweils äußerlich und innerlich vorhanden. Von den Experten des Feng Shui wissen wir, daß das vitale Ch'i während des Zeitraums von Mitternacht bis Mittag (drittes bis einschließlich zehntes Haus) auffällig stärker vertreten ist, und daß das träge Ch'i zwischen Mittag und Mitternacht (neuntes bis einschließlich viertes Haus) deutlicher vorherrscht. Wie beim Rhythmus der Gezeiten gibt es auch beim Ch'i sozusagen Ebbe und Flut. Es ist allgemein bekannt, daß die Gezeiten stark vom Mond und zu einem geringeren Grad von der Sonne beeinflußt werden. Feng Shui sagt weiterhin, daß das Ch'i seine Richtung und Qualität alle zwei Stunden ändert. Astrologen werden dies als die durchschnittliche Zeitdauer wiedererkennen, in der sich die 30 Grade eines Zeichens über einen gegebenen Punkt, wie etwa die Himmelsmitte und/oder den Aszendenten, bewegen. In den Yogaschulen wird gelehrt, daß das Prana (der hinduistische Ausdruck für das Ch'i) alle zwei Stunden wechselt, und dies kann an der Verlagerung der Atmung von einem Nasenloch zum anderen in etwa zweistündigem Wechsel erkannt werden.

Die Einflüsse des Mondes auf das Ch'i sind ziemlich stark. Es ist nachgewiesen worden, daß das geomagnetische Feld der Erde einen stündlichen Wechsel in Übereinstimmung mit den Positionen von Sonne und Mond aufweist. Die Messungen, die dies beweisen, wurden von 1916 bis 1957 in Greenwich vorgenommen.[20] In einer weiteren, von der NASA durchgeführten Studie wurde gezeigt, daß das geomagnetische Feld jeweils vor Neu- und Vollmond am ruhigsten ist. Unmittelbar nach Neu- und/oder Vollmond tritt eine Störung des geomagnetischen Feldes auf.[21]

Andere Forscher auf diesem Gebiet fanden heraus, daß eine vom Mond hervorgerufene Modulation des erdmagnetischen Feldes nur dann eintritt, wenn der Mond weniger als 4 Grad gegen die Ekliptik geneigt ist und zwischen Vollmond und dem letzten Mondviertel, d.h. zwischen dem 15. und 23. Tag des Mondzyklus steht. Außerdem wurde die Theorie aufgestellt, daß immer dann, wenn der Vollmond in Ekliptiknähe gelangt, gewaltige geomagnetische Stürme auftreten (besonders um die Mittagszeit, mit einer ruhigen Phase vor Sonnenuntergang). Die stärksten Auswirkungen hätte demnach eine totale Sonnen- oder Mondfinsternis nahe an den Äquinoktalpunkten, und zwar besonders am Mittag oder zur Mitternacht der Ortszeit.[22]

Tibetischen Astrologen zufolge tritt der Gipfel des männlichen Ch'i am 10. Tag, also 5 Tage vor Vollmond, und das Maximum des weiblichen Ch'i am 25. Tag, d.h. 5 Tage vor Neumond auf. Die Höhepunkte des männlichen und weiblichen Ch'i-Stroms fallen mit keiner der oben erwähnten Störphasen zusammen.

Es gibt viele Studien, die hier noch angeführt werden könnten, um zu illustrieren, wie kosmisches und terrestrisches Ch'i miteinander in Wechselwirkung stehen; die älteste dieser Untersuchungen wurde von J. H. Nelson durchgeführt. Er entwickelte in den fünfziger Jahren, während er für die RCA (Radio Corporation of America) arbeitete, eine Theorie, derzufolge die Planetenwinkel die Sonnenwinde beeinflussen; aufgrund dieses Wissens konnte er mit großer Genauigkeit vorhersagen, wann die Sonnenwinde die Fernseh- und Rundfunkübertragungen stören und außerdem signifikante Auswirkungen auf das Wettergeschehen haben würden.[24] In einer Studie von Theodor Landscheidt wurden sehr genaue Vorhersagen hinsichtlich Zeit und Intensität von Sonneneruptionen gemacht, die in enger Verbindung mit den Sonnenfleckenperioden von 11 bzw. 22 Jahren stehen.[25]

Man sollte außerdem nicht aus den Augen verlieren, wie Lebewesen direkt beeinflußt werden, denn die Sensitivität der unterschiedlichen Lebensformen kann verblüffend sein. Ein sehr niederer Organismus wie beispielsweise der Volvox (ein Einzeller), der seit Millionen von Jahren existiert, reagiert auf Magnetfelder und ortet sogar spezifische Kraftlinien, also Richtungen.[26] Viele Arten von Walen haben genügend metallische Partikel in ihren Köpfen, um magnetische Linien aufzuspüren. Ändern sich diese Magnetlinien zeitweise, so folgen die Wale dennoch diesen Wegen, selbst wenn dies bedeutet, daß sie stranden! Nicht nur Wale, sondern auch Vögel, Affen, Kakerlaken und Schweine zeigen kurz vor stärkeren Erdbeben bestimmte atypische Verhaltensweisen. Es wird angenommen, daß sie irgendwie bestimmte geomagnetische Wellen unter der Erdoberfläche wahrnehmen. Diese Wellen werden von russischen Wissenschaftlern als S– und P–Wellen bezeichnet.[27]

Auch Menschen reagieren auf alle möglichen subtilen Reize. Beispielsweise kann der vor Neumond häufig erlebte Energiemangel und der Überfluß an Energie bei Vollmond zum Teil einem Fehlen bzw. Überschuß an negativen Ionen in der Luft zugeschrieben werden. Tatsächlich sind diese Ionen mit zusätzlichen Elektronen bei Neumond unterrepräsentiert, bei Vollmond gibt es jedoch große Mengen von negativen Ionen. Zu diesen Zeiten treten häufiger Regenfälle und Gewitter auf, welche die Biosphäre wieder mit mehr Elektronen aufladen.

Aus lange erprobten Techniken und einst verborgenem Wissen ergeben sich viele Vorteile und Möglichkeiten. Wir stehen jedoch noch ganz am Anfang der Erforschung der Standortastrologie, des Feng Shui und des gesamten faszinierenden Gebiets der Geoastrologie.

Wichtige Hinweise aus der chinesischen Geomantie

Hier folgt eine Auflistung wichtiger Tips. Sie sind praxisorientiert, und lassen sich direkt auf standortbezogene Horoskope anwenden.

1. Die grundlegende Idee des Feng Shui besteht darin, die benötigte Menge an Ch'i aufzunehmen, ohne sie stagnieren zu lassen. Mäßigung, Gleichgewicht und Harmonie auf einer praktischen Ebene bilden die Grundlage dieses Systems. Gutes Ch'i fließt immer in einem bogenförmigen und rhythmischen Muster, ähnlich wie die von den Polen ausgehenden magnetischen Linien. Schlechtes Ch'i tendiert dazu, in geraden Linien zu fließen und tritt entweder langsam oder schnell in Erscheinung. Der durch schlechtes Ch'i angerichtete Schaden ist anfänglich oft nicht bemerkbar oder nachzuweisen.

2. Im allgemeinen werden alle konvexen Formen, seien sie künstlich oder natürlich, als männlich angesehen. Alle konkaven Formen, ob symbolisch oder wirklich, welche außerdem mit den Elementen Luft und Feuer korrespondieren, sind weiblich; die Elemente Wasser und Erde sind weiblich. Des-

halb sind auch Täler und Höhlen weiblich. Bergrücken, große Felsen und Bäume sind männlich. Feng Shui legt den Gedanken nahe, daß die ideale Proportion in einem Verhältnis von drei männlichen zu zwei weiblichen Anteilen besteht. Treffen diese beiden Kräfte in einem solchen Verhältnis aufeinander, so entsteht das vollkommene oder ausbalancierte Ch'i. Das klassische Beispiel ist ein Tal (weiblich), das auf drei Seiten von Bergen (männlich) geschützt wird und zur Südseite hin offen ist.

3. In städtischen Gebieten fluktuiert das Ch'i stärker und kann über sehr kurze Strecken von positiv zu negativ wechseln.

4. Die Formen von Häusern sind sehr wichtig. Bei den Konturen eines Hauses sind gleichmäßige Proportionen eine Notwendigkeit. Ein Haus kann unregelmäßig wirken und doch ausgewogene Dimensionen haben. Bestimmte Formen sind dem Einfließen von gutem Ch'i nicht förderlich. Häuser, an die ein oder mehrere Räume auf unpassende Weise angebaut wurden, gestatten keine vollständige Zirkulation des Ch'i durch das Gebäude. Gute Häuserformen sind der Kreis oder die Kuppel, das Quadrat, das Rechteck oder das Achteck.

5. Ein Haus sollte einen großen Eingang haben (proportional zum übrigen Haus) und frei sein von Sperren wie beispielsweise großen Bäumen, kleineren Gebäuden und von Gehwegen, die übermäßige Umwege machen.

6. Das umgebende Grundstück sollte nicht so geformt sein, daß seine Symmetrie mit der natürlichen Landschaft in Widerstreit liegt. (Die Form des Grundstücks ist allerdings weniger wichtig als Größe und Form des Hauses.)

7. Am günstigsten ist eine Lage nach Süden, etwa auf halber Höhe eines Hügels oder Berges. Ein nach Osten gelegener Haupteingang ist die nächstbeste Lösung, gefolgt von der Westrichtung; nach Norden gelegene Eingänge werden im allgemeinen als ungünstig angesehen.

8. Gibt es in der Nähe des Hauses ein fließendes Gewässer, so ist es günstiger, wenn der Wasserlauf sich in Richtung des Grundstücks krümmt. Wendet sich der Wasserlauf vom Ge-

lände ab, ist er weniger hilfreich. Fließt der Fluß oder Bach sehr schnell oder sehr langsam, so strömt auch das Ch'i entweder zu rasch vorbei oder es gerät ins Stocken.

9. Erinnere dich daran, daß das Fließen des Ch'i nicht nur das Fließen der Energie bedeutet, sondern auch von Freunden, Informationen, Geld und anderen Formen von Reichtum.

10. Man sollte sein Haus oder Geschäft nicht an Straßenkreuzungen in T-Form oder am Apex eines V haben. Diese Strassenkreuzungen können sich sehr schädigend auswirken. Die Mars/Saturn-Kraft der Autos wird direkt in das Haus oder Geschäft eindringen.

11. Ist das Land extrem flach, so tendiert das Ch'i zur Stagnation. Ist das Land zu steil und/oder uneben, so fließt das Ch'i zu schnell vorbei oder es wird zerstreut.

12. Die Ansiedlung in der Nähe eines Zusammenflusses von zwei Bächen oder Flüssen bzw. in der Nähe des Ozeans oder eines Sees stellt eine ausgezeichnete Quelle für gutes Ch'i dar. Wenn die Luftströmungen nicht zu stark sind und das Wasser einen relativ geringen Verschmutzungsgrad aufweist, ist dies sogar noch günstiger.

13. Den Menschen wird empfohlen, Büsche und Bäume an der Nord- und Westseite zu pflanzen, um Schlechtwetter-Ch'i ebenso wie widrige Gedankenmuster zu neutralisieren. Kleine Teiche, mit oder ohne Fischen, können das Ch'i an einem Platz, wo es nur gering vorhanden ist, verstärken. Springbrunnen dienen demselben Zweck. Sind sie zentral gelegen, haben sie die zusätzliche Fähigkeit, Ch'i in viele Bereiche von Haus oder Hof zu lenken. Einige Leute lassen einen langen Pfosten (3 bis 6 m) in die Erde ein und bringen an der Spitze ein rotes Licht an; davon heißt es, daß es Ch'i auf sich lenkt und von der Erde heraufzieht, und zwar nicht symbolisch, sondern physikalisch.

14. Im Innern des Hauses sind Aquarien, Pflanzen, Musikanlagen, das Abbrennen von gutem Räucherwerk, Glocken, Bilder, Spiegel und Glockenspiele Mittel zur Auflösung von schlechtem Ch'i und zur Unterstützung der Zirkulation von gutem Ch'i geeignet. Falls es also im Haus einen problematischen Bereich gibt,

hat man eine Vielzahl von Möglichkeiten zur Abwehr. (Für härtere Maßnahmen siehe die Bannrituale im Anhang.)

15. Eine der am häufigsten angewandten Methoden ist das Anbringen von Spiegeln. Ein Spiegel kann das schlechte Ch'i zurück an seinen Ursprung reflektieren, z. B. zurück zu einem benachbarten Haus. Wenn die Spiegel auch keine Verschmutzung durch Industrie oder Autos stoppen können, so sind sie doch wirksam bei der Verminderung von (spirituellen) Verunreinigungen durch Menschen. Der Spiegel wird einfach so plaziert, daß er auf die Quelle der Disharmonie gerichtet ist. Spiegel (und in einigen Fällen auch Bilder) können außerdem benutzt werden, um schlechtes Ch'i nach außen zu reflektieren, so daß es durch Glockenspiele, Aquarien oder den natürlichen Luftzug vom Fenster umgewälzt werden kann.

16. Geschäftsniederlassungen sollten an symmetrischen Eckpunkten liegen, aber nicht an Scheitelpunkten oder Sackgassen. Das Gebäude sollte breite und hohe Doppel– oder Drehtüren haben, damit Menschen ebenso wie Geld leicht hereinströmen können.

17. Die Einrichtung ist sehr wichtig, besonders in kälteren Städten, wo viel Zeit in geschlossenen Räumen verbracht wird. Ein Haus ist ebenso lebendig wie die Menschen, die darin leben. Die Fenster sind die Augen, die Türen werden zu Mündern, Lüftungsklappen oder Schornsteine sind Ohren, Heizungssysteme das Herz, und Gänge, Rohrleitungen und Kabel die Arterien, Venen und Nerven. Da zahllose Variationen auftauchen können, muß es der individuellen Beurteilung überlassen bleiben, was harmonisch ist und was nicht.

18. Die Eingangstür sollte in einen großen Raum führen und einen möglichst umfassenden Blick auf die Einrichtung gewähren. Türen sollten einander nicht gegenüberliegen, noch sollten sie beim Öffnen aneinanderschlagen. Betten oder Schreibtische sollten nicht in der Nähe der Tür stehen. Dann ist nämlich die Körperseite und/oder der Rücken zu nahe an der Tür, und das könnte zu Problemen führen, beispielsweise, daß man nicht sehen kann, wer den Raum betritt.

19. Schwere Balken können an verschiedenen Stellen ein Problem darstellen, besonders in Schlafzimmern, wo ein Balken über dem Bett bedrückend und verletzend wirken kann. In einem solchen Fall ist es empfehlenswert, das Bett umzustellen und ein Glockenspiel am Balken anzubringen. (Türen und Balken bringt Feng Shui beträchtliche Aufmerksamkeit entgegen, und das scheint angebracht, da Türen und Balken Saturn zugeordnet werden.)

In ländlichen Gebieten fluktuiert das Ch'i nicht so dramatisch über kurze Entfernungen wie in einer Stadt, wo es sich etwa alle 150 Meter ändern kann. Auf dem Land werden spezifische Wohnbereiche in Hunderten von Metern oder sogar Kilometern abgemessen.

Das weibliche Ch'i ist in Flüssen, Seen, Teichen usw. vorhanden. Neptun wird mit großen Gewässern in Verbindung gebracht, mit Meerwasser und allen langsam fließenden Strömen. Der Mond korrespondiert mit Bächen, Flüssen, und Seen und allen schnell fließenden Gewässern. Pluto entsprechen unterirdische Wasserläufe, heiße Mineralquellen (Heilquellen) und alles Wasser zur Nachtzeit.

Das männliche Ch'i konzentriert sich in Bergen, Hügeln und Bäumen jeder Größe. Wenn du an einem relativ ebenen Ort lebst, dann spielen alle Wasserquellen, Bäume und Felsen eine wichtige Rolle. Meinen Ergebnissen zufolge stehen Eichen in Verbindung mit Saturn, Ulmen mit Pluto, Kiefern und Pappeln mit Jupiter, Kiefern stehen in Beziehung zu Merkur, Magnolien zu Neptun, die meisten Obstbäume zu Venus, Weiden zum Mond. Ahorn, Birke und Esche scheinen eine Mischung aus Pluto und Venus zu sein. Aufgrund der Photosynthese steht die Sonne auf indirekte Weise mit allen Bäumen in Beziehung.

Die Formen von Bergen enthüllen deren planetare Entsprechungen (siehe Abb. 4). Berge mit sehr hohen und scharf gezackten Gipfeln und/oder einer Reihe von Sägezahngipfeln stehen mit Pluto in Verbindung. Vulkane gehören ebenfalls zum Pluto-Archetyp, allerdings ist die Spitze hier der konvexe

Trichter im Innern des Kraters. Der ziemlich hohe, spitze Gipfel ist ein Marstyp. Hohe Berge und Hügel, die an der Spitze ein wenig gerundet sind, verkörpern Jupiter. Sanft gerundete oder glockenförmige Hügel und Berge korrespondieren mit Venus. Ist ein Berg oder Hügel an der Spitze überwiegend flach, ist er saturnal geprägt. Wenn das ebene Plateau unterbrochen ist und deutliche Unregelmäßigkeiten aufweist, dann entspricht es Uranus. So sind alle Tafelberge uranisch. Gebirge mit einer Reihe von kleinen Kuppeln auf der Spitze oder mit langgestreckten, gerundeten hügeligen Kämmen sind Merkur zugeordnet.

Es wird immer deutlicher, daß das Sonnensystem ein Hauptschlüssel zur Beschreibung der Verbindung von planetarer Energie und Biosphäre ist — das Himmlische und das Irdische, die einander gegenseitig widerspiegeln.

Kapitel 2

Das Standorthoroskop von Wohnung und Umgebung

Die meisten Menschen verbringen mehr als 85% ihres Lebens in geschlossenen Räumen, sei es zuhause oder am Arbeitsplatz. Acht Stunden werden jede Nacht schlafend zugebracht, weitere acht mit Arbeit; Zeit zum Reisen, Lesen, Fernsehen usw. wird als ausgleichendes Gegengewicht benötigt. Verdient die engste Umgebung demnach nicht größte Aufmerksamkeit? Jetzt gibt es das Standorthoroskop als perfektes Hilfsmittel zur Einstimmung auf die große Vielfalt an Gegebenheiten des unmittelbaren Umfeldes.

Im Standorthoroskop umgeben dich die Planeten auf dem Horizontkreis. Unter dir befindet sich der Nadir, senkrecht über deinem Kopf der Zenit. Du bist das Zentrum deines eigenen Universums, der Beobachter und zugleich das, was beobachtet wird. Du bist wahrhaftig ein Vermittler zwischen Mutter Erde und Vater Himmel, in einer dualen Rolle als Verwalter der Erde und Bürger des Kosmos.

Die Planeten am Horizont kreisen immer um dich herum. Du besetzt die Nabe des Rades, und sie strahlen aus unterschiedlichen Höhenlagen in verschiedene Himmelsrichtungen aus. Wenn du den Ort wechselst, weisen die Planeten in andere Richtungen. Verweilst du länger an einem Ort bleiben die Planeten solange statisch, bis du dich wieder in Bewegung setzt. Tatsächlich hat dein Standorthoroskop gültige Auswirkungen in einem Radius von etwa 100 Kilometern im Umkreis deines Wohnorts. Sobald du dich weiter weg entfernst, haben sich die

Planetenpositionen genügend verändert, um ein neues Horoskop erforderlich zu machen. Menschen, die jenseits der mittleren Breitengrade (nördlich von 30°N 00' oder aber südlich von 30°S 00') geboren wurden, und die in diesen Breiten wohnen bleiben, haben die Planeten meistens in vielen Richtungen um ihre Horoskopdarstellung verteilt. Wenn sie näher in Richtung Äquator reisen, beginnen die Planeten sich zu bündeln oder sich entlang der Ost/West-Achse zu gruppieren. Deshalb wird für den äquatorialen Bereich zwischen 30°N und 30°S das auf dem Nullvertikalkreis basierende Horoskop verwendet (siehe Kap. 3 und 6).

Bevor ich näher auf die Anwendungsmöglichkeiten in Heim und Umgebung eingehe, ist ein Verständnis der Grundlagen nötig und dazu gibt es keinen besseren Weg als nochmals auf einige Grundsätze des Feng Shui einzugehen. Wie wir bereits erfahren haben, legt die chinesische Geomantie das Schwergewicht darauf, den Fluß des Ch'i, dieser vitalen Lebensenergie, zu verstehen. Ch'i durchdringt jegliche Existenz, es fließt durch alles und jeden. Es gibt ein kosmisches Ch'i, das von den Planeten und von jenseits der planetaren Sphäre aus dem Kosmos ein dringt, und ein Erd-Ch'i, das teilweise elektromagnetisch ist. Diese beiden Arten von Ch'i vermischen sich und strömen in fortlaufenden und rhythmischen Mustern über die Erde. Ch'i wird vom Wasser getragen und auch von den Winden weitergeleitet. Das Ch'i ist jederzeit sowohl *in* als auch *auf* der Erde. Vier Hauptarten von Ch'i werden unterschieden: männlich und weiblich, träge und vital. Der erfolgversprechendste Ort, um das vitale Ch'i zu finden, ist dort, wo die männlichen und weiblichen Kräfte aufeinandertreffen.

Die Biosphäre der Erde ist lebendig und pulsierend und jeder einzelne von uns hat die Aufgabe, den bestmöglichen Gebrauch davon zu machen. Der Mensch als organischer Computer, bestehend aus elektrochemischen und elektromagnetischen Substanzen, antwortet unaufhörlich auf den Fluß des Ch'i in all seinen Formen. Die vitale Energie in allem, was lebt, muß verstanden werden, und das Standorthoroskop kann uns, in Verbindung mit der Weisheit des Feng Shui, dabei helfen, ein produktiveres und angenehmeres Leben zu führen. Markante Geländepunkte, Planeten, Sterne und Kompaßrichtungen: alle sind in dieser neuen geomantischen Wissenschaft der Standortastrologie miteinander verwoben.

Eine Grundvoraussetzung, die zur Genauigkeit eines Standorthoroskops beiträgt, ist eine möglichst exakte Geburtszeit. Die meisten, aus alter Zeit stammenden Horoskope, waren nicht auf die exakte Minute der Geburt berechnet. Die größte Annäherung an eine stimmige Geburtszeit, die vom Feng Shui erzielt wurde, war in etwa die Stunde der Geburt; doch in den häufigsten Fällen wurden nur die Angaben vor bzw. nach zwölf Uhr mittags benutzt. Lediglich Adligen und anderen Menschen in Machtpositionen wurde die Aufmerksamkeit einer exakt festgehaltenen Geburtszeit zuteil.

Aus dem einen oder anderen Grund haben wir alle gelernt, bestimmte Wahrnehmungen unserer unmittelbaren Umgebung bis zu einem gewissen Grad auszuschalten. Bittet man Menschen um eine Beschreibung der Art und Weise, wie sie durch ihre Arbeit beeinflußt werden, bekommt man allermeistens konventionelle Antworten und das gleiche trifft für Haus oder Wohnung zu. Es gibt alle möglichen Dinge, die unterschwellig auf den Menschen einwirken; weil es jedoch schwierig ist, diese Einflüsse haargenau zu lokalisieren und zu definieren, übergeht man diese subtilen Wirkungskräfte gern oder versucht, sie zu vergessen. Hier kann das alte geomantische Wissen, zusammen mit den Entdeckungen der standortbezogenen Astrologie, ungeheuer hilfreich sein. Die offenkundigen Antworten werden nicht herabgewürdigt, sondern mit in Betracht gezogen, zusammen mit einer neuen Sichtweise der Lebensumstände, mittels dieser viele andere Faktoren, die man zu ignorieren gelernt hat, Fragen beantworten und eine wichtige Rolle spielen können. Einige Beispiele: Warum tropfen die Rohre im Badezimmer immer auf der Westseite, aber nie anderswo? Warum werfen die Hunde immer die Abfallbehälter an der Nordseite des Hauses um? Warum funktionieren manche Geräte nur an einem bestimmten Platz?

Es gibt zahllose Fragen wie diese, auf die man auch praktische Antworten finden kann, aber was ist mit den unbemerkten oder unerklärlichen Faktoren, die beteiligt sind? Unzählige Begebenheiten in deinem Zuhause und an deinem Arbeitsplatz sind nur schwer zu erklären, es sei denn, du kannst deine Umwelt auf neue Art und Weise betrachten.

Astrologie ist eine kosmische Wissenschaft, die einem dabei hilft, die tatsächlichen Ursachen hinter den augenscheinlichen Fakten aufzudecken. Standorthoroskope können dasselbe leisten, und zwar oft auf eine mehr praxisorientierte Weise. Was könnte schließlich wirklichkeitsnäher sein, als die Planeten mit Felsen, Bäumen, Flüssen, Hügeln und Gebäuden (einschließlich der Gegenstände und Installationen darin) in Beziehung zu setzen? Zugegeben, es wird immer Leute geben, die Umstände ebenso wie Ursachen finden, die einfach nicht existieren, doch dies kann immer geschehen, ganz egal wie verständlich und narrensicher ein System ist.

Alles um dich herum hat eine symbolische und eine wirkliche Bedeutung, und durch die Arbeit mit dem Standorthoroskop kannst du anfangen, das umfassende Wechselspiel zwischen spiritueller und materieller Welt zu verstehen. Der erste Schritt hierzu besteht darin, dir ein Standorthoroskop für deinen gegenwärtigen Wohnsitz zu erstellen.

Wichtig ist dabei, immer im Auge zu behalten, daß die Planeten nicht mehr in den 360° des Zodiak bzw. der Ekliptik dargestellt sind, sondern in den 360° des Azimutkreises, gemessen entlang des Horizonts. In diesem System gibt es **keine** Tierkreiszeichen, und die Häuser sind in entgegengesetzter Richtung angeordnet (siehe Abb.5, Seite 42).

Das Azimut ist ganz einfach eine Maßeinheit, um die Ausrichtung der Planeten festzustellen. Der Ausgangspunkt für 0° Azimut liegt im allgemeinen genau im Norden. Einige Astrologen ziehen es auch vor, im Osten zu beginnen, aber es spielt im Grunde genommen wirklich keine große Rolle, wo der Anfang gemacht wird, solange man weiß, daß man jeweils 90° weiter in eine andere Haupthimmelsrichtung versetzt wird (also

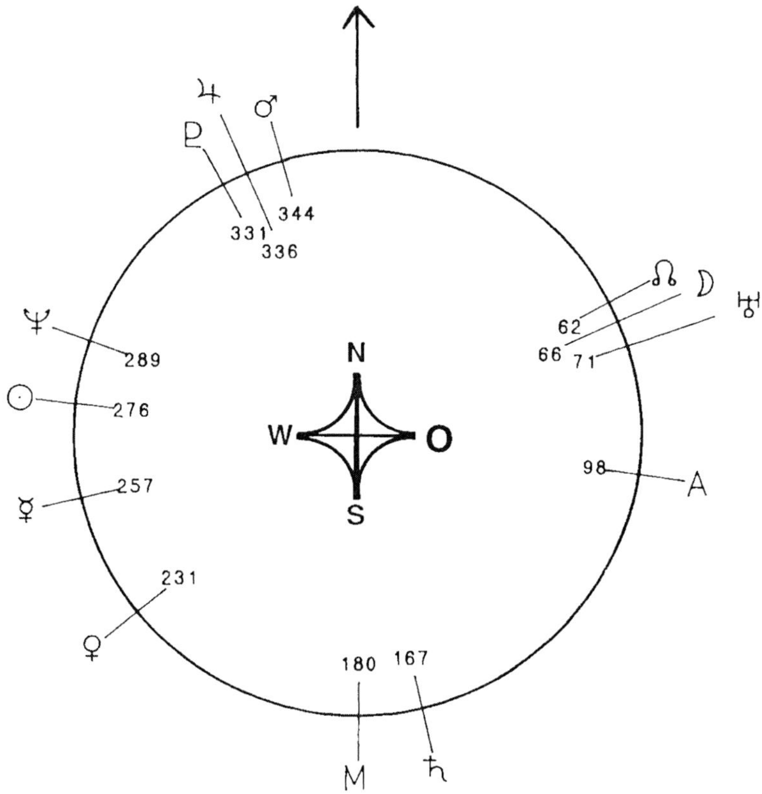

Abb. 5: Standorthoroskop mit Angabe der Planetenpositionen in Azimut

Norden Süden, Osten oder Westen). Wenn der genaue Norden 0° Azimut entspricht, dann befindet sich 90° weiter im Uhrzeigersinn Osten, 90° entgegen dem Uhrzeigersinn der Westen und 180° gegenüber der Süden. (Der internationale Standard lautet: der genaue Norden = 0° Azimut; dann ist Osten bei 90°, Süden bei 180° und Westen bei 270°.)

Planetenlinien im Wohnbereich

Als nächstes brauchst du ein gezeichnetes Standorthoroskop mit Häusereinteilung, wie oben beschrieben. Zu beachten ist, daß in einem Standorthoroskop die Reihenfolge der Häuser derjenigen im Geburtshoroskop entgegengesetzt ist. In der Darstellung des Standorthoroskopes liegt das siebte Haus auf der linken Seite, *nicht* auf der rechten, und das vierte Haus ist oben, nicht unten. (Mehr darüber später.)

Wenn du erst einmal über ein Standorthoroskop für deinen derzeitigen Wohnsitz verfügst, wäre der nächste Schritt, einen Grundriß deines Heims und/oder Arbeitsplatzes zu bekommen. Da dieser nicht immer einfach erhältlich ist, schlage ich vor, die Skizze selbst anzufertigen. Zeichne den Grundriß auf einen DIN-A4-Bogen und füge so viele Einzelheiten hinzu, wie du für notwendig hältst. Mein Vorschlag wäre, alle Zimmer, Möbelstücke und Fenster einzuzeichnen. Je mehr du berücksichtigst, um so einfacher ist der Verlauf der Planetenlinien zu sehen. (Siehe Abb. 6 und 7.)

Der nächste Schritt besteht in der Ermittlung der genauen Nordrichtung in deinem Zuhause. Am einfachsten kannst du diese mit Hilfe einer Karte deines Wohnortes herausfinden. Wenn du Wert auf noch größere Exaktheit legst, kannst du den genauen Norden mit einem Kompaß ermitteln. Die magnetische *Deklination* oder Mißweisung ist die Differenz zwischen der wahren Nordrichtung, d.h. dem astronomischen Norden, und dem magnetischen Norden. Sie wird in Azimutgraden gemessen. Für die meisten Orte in den USA liegt die Differenz irgendwo zwischen 23° östlich von Norden und 23° westlich von Norden. (Der magnetische Norden befand sich im November 1984 auf 102° W 03' und 77° N 00 und er bewegt sich alle 10 Jahre um etwa einen Breitengrad nach Nordwesten.)[28] Hast du einmal die Gradzahlen, kannst du den wahren Norden herausfinden, indem du dich in nördliche Richtung wendest und die Grade der Abweichung auf der Karte und die auf dem Kompaß beobachteten aufeinander abstimmst. Wenn du beispielsweise an einem Ort lebst, wo die Abweichung 15 Grad östlich vom Nordpol ist, blicke nach Norden und bewege den Kompaß solange langsam mit nach Osten, bis die Nadel 15° östlich zum

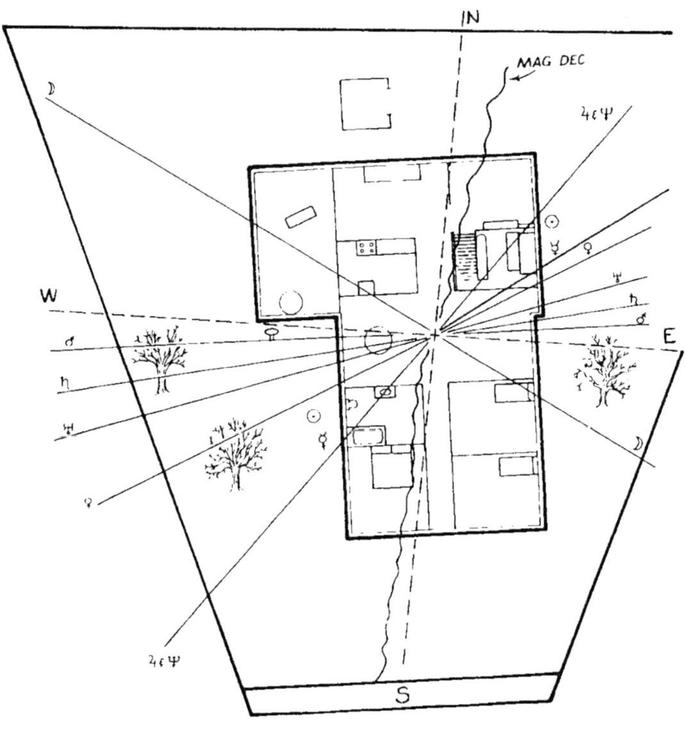

Abb. 6: Grundriß mit Planetenlinien und Kompaßpunkten

wahrem Norden, d.h. auf den magnetischen Pol ausgerichtet ist. Die Richtung, in welche die Kompaßspitze jetzt deutet, zeigt den genauen Norden an.

Ist dies erledigt, wäre der folgende Schritt, das ungefähre Zentrum deines Heims oder deines Arbeitsplatzes zu finden, wobei du die Ausrichtung auf die Himmelsrichtungen im Auge behalten solltest (siehe Abb. 6 und 7). Falls du bei deiner Arbeit ständig unterwegs bist, solltest du das Zentrum des gesamten Arbeitsgebiets benutzen, das z. B. ein Büro oder eine ganze Etage in einem Hochhaus oder ein Laden im Erdgeschoß sein kann. Hast du dein eigenes Büro oder einen eigenen Betrieb, dann kannst du die Drehachse ohne große Probleme ausfindig machen. Es kommt nicht darauf an, den Mittelpunkt haarscharf auf den Millimeter zu bestimmen, doch ist es notwendig, das Zentrum bis auf etwa einen Meter genau zu lokalisieren. In einigen Fällen kann die Mitte gefunden werden, indem man sich auf den angenommenen Mittelpunkt stellt und von dort aus nach Augenmaß festlegt, ob in alle Richtungen die gleichen Abstände bestehen. Falls die Sichtlinie durch mehrere Räume oder Gegenstände behindert wird, liegt die Sache komplizierter und kann vielleicht den Gebrauch eines Maßbandes erforderlich machen.

Jetzt kommt der vergnügliche Teil. Falls dein Standorthoroskop auf einer transparenten Folie vorliegt, mußt du diese lediglich in die Mitte des Grundrisses bzw. der Zeichnung deines Heims oder Arbeitsplatzes legen. Vielleicht möchtest du auch einen transparenten Grundriß verwenden, und diesen auf das Horoskop legen. Eine weitere Möglichkeit besteht darin, die Planetenlinien in die Karte des Hauses einzutragen, und zwar am besten mit Hilfe eines runden Winkelmessers.

Jetzt bist du soweit, daß du »das Horoskop abschreiten« kannst. Darunter verstehe ich folgendes: gehe jeder Planetenlinie vom Mittelpunkt aus nach und prüfe, was von ihr angeschnitten wird. Diese Kraftlinien verlaufen vom Zentrum aus in zwei Richtungen. Wenn eine Planetenlinie einige Grade südlich zum Westen liegt, dann verläuft sie auch einige Grade nördlich zum

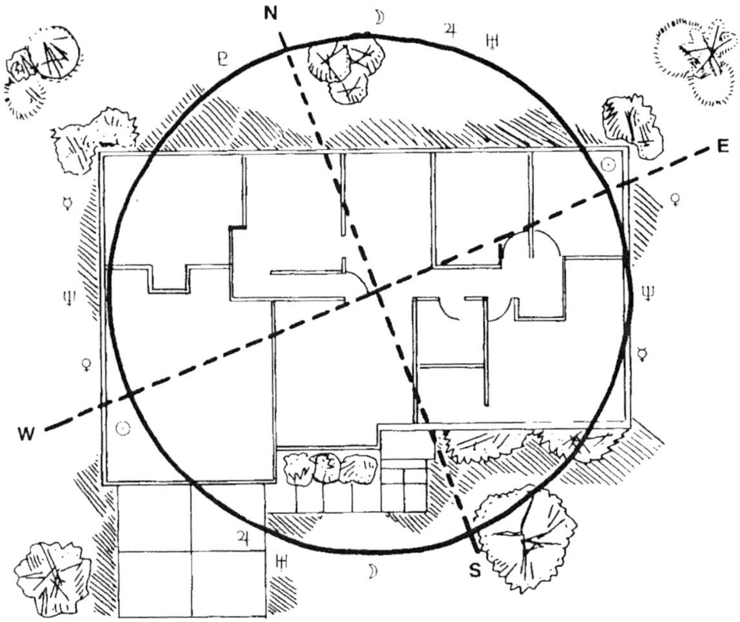

Abb. 7: Grundriß mit Planeten auf dem Standorthorizont

Osten. Führt die Linie genau nach Norden, dann verläuft sie auf der anderen Seite ebenso auch direkt nach Süden, usw. (vgl. hierzu Tabelle 1, Seite 47). Nach meinen gegenwärtigen Kenntnissen über die planetaren Linien in der Standortastrologie nehme ich an, daß beide Richtungen von gleicher Intensität sind. Es ist aber durchaus möglich, daß die Richtung, in welcher der Planet tatsächlich liegt, einen stärkeren Einfluß ausübt.

Es gibt zehn Planetenlinien und außerdem die Mondknotenachse; einige dieser Linien werden nahe beieinander liegen, andere dagegen weit auseinander (siehe Abb. 6 und 7). Jeder Planet hat aufgrund der ihm eigenen besonderen Qualitäten andere Auswirkungen. Diese Entsprechungen weichen *nicht* von den Grundprinzipien ab, mit denen die Mehrzahl der Astrologen vertraut ist. Die Eigenschaften zweier oder mehrerer Planeten beginnen sich ab einem Orbis von etwa 5° zu vermischen, was aber nur bei den Konjunktions- und Oppositionsaspekten Anwendung findet. (Diese Winkel bewirken eine Fusion der Energien, weil die Planeten dieselbe bzw. die oppositionelle Richtung im Raum entlang des Horizonts besetzen. Dies unterscheidet sie von den Aspektkombinationen, welche die Planeten durch Winkel von beispielsweise 60°, 90°, 120° usw. verbinden.) Je näher die Linien einander sind, um so deutlicher werden ihre Energien miteinander verschmolzen sein.

Tabelle 1

Gegenüberliegende Azimutgrade

0-0	60-240	
0-180	65-245	125-305
5-185	70-250	130-310
10-190	75-255	135-315
15-195	80-260	140-320
20-200	85-265	145-325
25-205	90-270	150-330
30-210	95-275	155-335
35-215	100-280	160-340
40-220	105-285	165-345
45-225	110-290	170-350
50-230	115-295	175-355
55-235	120-300	180-360

Diese Tabelle ist hilfreich, wenn verschiedene Azimut angegeben sind: z. B. 175° liegen 355° gegenüber. Steht ein Planet in einer Richtung, so wirkt er auch in die polar entgegengesetzte Richtung.

Die Gegenstände und Installationen im Haus oder am Arbeitsplatz haben ebenfalls eine planetare Signatur und jedes einzelne Teil kann einem bestimmten Planeten zugeordnet werden. (Siehe Abb. 8 und Tabelle 3.) Was wir also haben, sind planetare Energielinien, die nach außen strahlen oder von draußen herein in und durch das Inventar dringen. (Um eine bessere Vorstellung davon zu bekommen, welche Erfahrungen andere gemacht haben, findest du in Tabelle 2 einen Überblick über die bisherigen Ergebnisse.)

Planetare Energien haben deutlich voneinander abweichende Eigenschaften und sind außerdem einem der vier Elemente zugeordnet. Dies kann entweder Anziehung oder Abstoßung bewirken. Treffen Planetenlinien auf bestimmte Gegenstände, die antagonistisch zu ihrer Energie sind, liegt ein potentielles Problem vor. Angenommen, die Plutolinie durchkreuzt einen dem Mond zugeordneten Gegenstand. Welche Folgen sind zu erwarten? In solchen Fällen haben sich disharmonische Auswirkun-

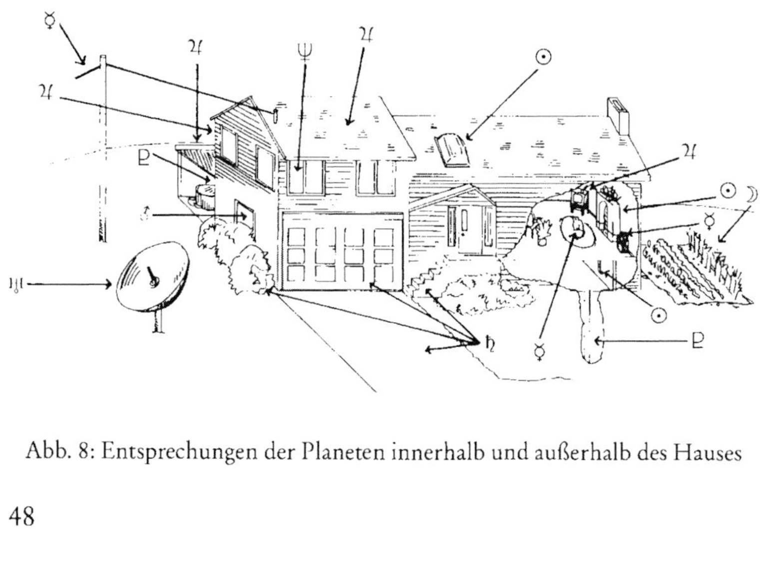

Abb. 8: Entsprechungen der Planeten innerhalb und außerhalb des Hauses

gen gezeigt. Der wichtigste Grund dafür ist, daß eine Planetenlinie in Kontakt mit einem Gegenstand ähnlich wie eine Konjunktion wirkt und auch so zu verstehen ist. Die Konjunktion ist die machtvollste aller Planetenbeziehungen, und obschon Mond und Pluto beide Wasserplaneten sind, ist dies doch ein Beispiel für ein höchst disharmonisches Aspektgefüge. In Tabelle 3 kannst du nachlesen, welche Planeten in Verbindung mit verschiedenen Einrichtungsgegenständen Probleme verursachen können.

Nimm dir Zeit, dein Horoskop abzuschreiten, und wenn du damit fertig bist, gehe zurück zum Mittelpunkt des Hauses, wo du angefangen hast, und überdenke das, was du herausgefunden hast.

Die Saturnlinie scheint die meisten Schwierigkeiten zu bewirken und es ist am besten, dort keine empfindlichen Objekte aufzustellen. Auch Mars, Pluto und Neptun können problematische Effekte auslösen. Die einzelnen Planetenverbindungen, die in Tabelle 3 aufgeführt sind, repräsentieren nur die Auswahl derjenigen, über die bereits Erkenntnisse vorliegen. Tatsächlich gibt es viele andere Kombinationsmöglichkeiten, einige darunter kritisch, andere wiederum nicht.

Wohltuende Einflüsse sind im allgemeinen nicht besonders auffällig, weil alles irgendwie im Rahmen des Normalen und Gewohnten bleibt. Dies trifft vor allem dann zu, wenn eine Planetenlinie durch einen Gegenstand verläuft, mit dem sie vom Prinzip her verbunden ist, wie z. B. Jupiter mit Wertgegenständen, Saturn mit Türen und Treppen, usw. (siehe Tabelle 4 und Abb. 8).

Da hier von kosmischen Aktionen und Reaktionen die Rede ist, dürfen wir die Winkel im regulären Geburtshoroskop und ihre Anwendung in Verbindung mit dem Standorthoroskop nicht außer acht lassen. (Aspekte im Standorthoroskop werden in Kap. 3 behandelt.) Ein Grundgesetz in der Astrologie, unabhängig vom jeweils benutzten System, besagt, daß keine zusätzlich zugeführte Energie die im Geburtshoroskop vorhandenen Anlagen aufheben kann. Ist Saturn gut aspektiert, und/oder die betreffende Person hat gezielte Anstrengungen unternommen, auf positive Weise mit dem saturnalen Einfluß zu arbeiten, dann werden viele der möglichen nachteiligen Auswirkungen nicht in Erscheinung treten können.

Jeder unterscheidet sich von seinen Mitmenschen, und einige der kosmischen Energien sind leichter zu verstehen als andere. Deshalb kannst du vielleicht im Umgang mit ihnen eine gesunde Strategie entwickeln. Andere Energiefelder tendieren eher zu Unausgewogenheit und stellen deswegen eine Herausforderung dar oder sind oft destruktiv. Wenn du bereits astrologisch tätig bist, weißt du, daß es ein gewisses Maß an Ehrlichkeit und Objektivität sich selber gegenüber erfordert, um sich einzugestehen, daß einige Planeten schwieriger zu bearbeiten sind als andere. Wenn du mit deinem Geburtshoroskop noch nicht genügend vertraut bist, lasse dich von einem professionellen Astrologen beraten.

Tabelle 4 enthält eine Liste von Planetenlinien in und um deine Wohnung, und was von ihnen zu erwarten ist. Jede Planetenlinie weist auf einen bestimmten Bereich hin und ihre Auswirkungen sind immer dann besonders hilfreich, wenn sie Objekte und Inventar schneidet, wozu eine harmonische Entsprechung vorliegt (siehe Tabelle 3).

Auch eine Aufteilung des Wohnbereichs in astrologische Felder kann aufschlußreich sein, um die Wohnverhältnisse besser zu verstehen; sie umfassen jedoch jeweils eine größere Zone und lassen sich deshalb weniger eindeutig interpretieren als die Planetenlinien. Diese »Felderzonen« können aber mit größerer Zuverlässigkeit benutzt werden, wenn keine Planeten darin stehen. In Äquatornähe ist dies häufiger der Fall, denn dann ist in den Horoskopen des Horizontsystems oft nur jeweils das erste, siebte, zwölfte und sechste Feld mit Planeten besetzt.

Ein weiterer wichtiger Faktor hinsichtlich der Planetenlinien in der Wohnung betrifft ihre Elevation. Du wirst dich daran erinnern, daß die Planeten einen als Höhe bezeichneten Winkelabstand ober halb oder unterhalb der Ebene des Horizonts haben. Liegt die Höhe über oder unter 60°, so kann dies auf einen

Einfluß ober- oder unterhalb des Bodens hindeuten. Planeten unterhalb des Horizonts könnten mit Begebenheiten im Kellergeschoß oder unter dem Haus in Bezug stehen, diejenigen oberhalb von 60° Höhe verweisen auf Vorkommnisse im Obergeschoß oder auf dem Dach.

Wenn du auf disharmonische Umstände triffst, besteht die einfachste Abhilfe darin, den Gegenstand an einen günstigeren Platz zu versetzen. Aber was tun, wenn es sich um eine feste Installation handelt, die nicht ohne hohen finanziellen Aufwand verlegt werden kann? In diesen Fällen können wir einige der bewährten Methoden einsetzen, die vom Feng Shui empfohlen werden.

Tabelle 2

Fallbeispiele für Planetenlinien in der Wohnung

SATURNlinie durch Mondobjekte:
kümmerliche Gärten; für die Pflanzen muß viel Arbeit geleistet werden; eingefrorene Wasserleitungen; unzureichender Wasserdruck; Pflanzen werden nicht genügend gegossen; schlechte Abzugsrohre; kleiner Garten.

SATURNlinie durch Sonnenobjekte:
Zugregler am Kamin defekt; undichte Dachluke; die Ofenheizung ist schwer in Gang zu halten; beengtes Kinderzimmer.

MARSlinie durch Merkurobjekte:
Das Telefon wurde mehrfach ersetzt; verbale Kämpfe; viele alte Bücher; das Radio ist reparaturbedürftig; Nachlässigkeit im Umgang mit Büchern; durch das Radio irritiert werden; defektes Radio; der Verstärker ist außer Funktion.

PLUTOlinie durch Venusobjekte:
Verschlissene Möbel; Zerstörung von Ziergegenständen; Kindesmißhandlung im Gästezimmer; sehr promiskuitive Person im Gästezimmer.

SATURN- und NEPTUNlinien durch Marsobjekte:
Altes Werkzeug; Probleme mit der Autobatterie; rostiges Werkzeug; verschlossene Lüftungsklappen; nicht genügend Werkzeug.

SATURNlinie durch Jupiterobjekte:
Unebener Fußboden des Innenhofes; die Veranda wird nicht benutzt; das Fernsehgerät wird selten eingeschaltet; schlechte Bildröhre; umfangreiche Bäume drücken gegen die Veranda und beschädigen sie; demolierte Veranda; sehr selektiv beim Fernsehen. In zusätzlicher Verbindung mit der Neptunlinie: sieht entweder für sehr kurze oder sehr lange Zeit fern.

SATURNlinie durch Saturnobjekte:
Ohne Bedeutung.

PLUTOlinie durch Uranusobjekte:
Schadhaftes Leitungsnetz führte zu durchgebrannten Schaltungen; Sicherungen brennen ziemlich oft durch; schlechter Fernsehempfang.

SATURNlinie durch Neptunobjekte:
Zerbrochene Fenster; in Verbindung mit der Uranuslinie: zu angespannt zum Meditieren, außerdem Ablenkungen und Unbehagen beim Meditieren. Schädliche Nebenwirkungen bei Medikamenteneinnahme, Medizin ist verdorben. (Daten für die Marslinie fehlen.)

MONDlinie durch Plutoobjekte:
Der Fußboden im Badezimmer mußte erneuert werden; undichte Wasserhähne; das Badezimmer mußte renoviert werden, was kompliziert war und lange dauerte; verstopfte Abflüsse; Dinge werden unter dem Wasserbett versteckt; eine Wand mußte entfernt werden, weil beim Bau Abfall in die Abflüsse geriet; das Dach über dem Badezimmer ist undicht.

Verletzungen und Unfälle:
Mars und Uranus in Konjunktion auf der Westrichtung: gebrochener Knöchel. Auf der Uranuslinie: Schnitt in den Zeh. Auf Mars- und Saturnlinien: Schnitt ins linke Knie, gebrochene Nase. Auf Mars- und Uranuslinien: Feuer im Dachgeschoß.

Tabelle 3

Kreuzungen der Planeten mit Gegenständen im und um das Heim

Die mit einem Stern * markierten Planeten haben einen ungünstigen Einfluß.

Saturn* MONDobjekte:
A. Hauptwasserhahn. B. Die meisten Topfpflanzen. C. Gartengrundstück. D. Waschmaschine. E. Swimmingpool. F. Allergieauslösende Substanzen. G. Kleine Boote.

Saturn* SONNENobjekte:
A. Oberlicht. B. Kinderzimmer. C. Ofenheizung, Kamin. D. Der wärmste Teil des Hauses.

Mars* MERKURobjekte:
A. Telefon(e). B. Bücher. C. Radio. D. Hunde, Katzen und kleine Tiere.

Pluto* VENUSobjekte:
A. Ziergegenstände. B. Die am meisten benutzten Möbelstücke (außer dem Bett). C. Gästezimmer. D. Musikinstrumente. E. Holzstoß. F. Frauenkleidung. G. Mittelgeschosse.

Saturn/Neptun* MARSobjekte:
A. Heizraum. B. Auto. C. Werkzeug. D. Maschinen. E. Der trockenste Teil des Hauses. F. Feuerwaffen.

Saturn* JUPITERobjekte:
A. Wertgegenstände. B. Veranda, Patio, Balkon. C. Fernsehgerät. D. Schlafzimmer des Haushaltsvorstands. E. Männerkleidung. F. Obergeschosse, z. B. das Dachgeschoß.

Mondknoten* SATURNobjekte:
A. Wenig oder gar nicht benutzte Bereiche. B. Alle Treppen, Balken und Türen. C. Umfangreiche Holz- oder Betonkonstruktionen, große Bäume. D. Untere Geschosse, z. B. der Keller. E. Der kälteste Teil des Hauses.

Pluto/Mars/Saturn* URANUSobjekte:
A. Sicherungskasten. B. Antiquitäten. C. Elektronische/elektrische Geräte, z. B. Computer, Funkgeräte, usw. E. Sturmschäden. F. Ventilation.

Mars/Saturn* NEPTUNobjekte:
A. Drogen oder giftige Substanzen. B. Größere Fenster. C. Der Platz zum Nachdenken oder Meditieren. D. Pferde, Kühe und große Tiere. E. Wasserschäden. F. Bakterielle oder infektiöse Substanzen. G. Große Boote.

Mond/Venus* PLUTOobjekte:
A. Hauptabflußrohr. B. Badezimmer. C. Verborgene Gegenstände. D. Klärbehälter. E. Heißwasserbehälter. F. Mülltonnen. G. Schlafzimmer.

Uranus* TRANSPLUTOobjekte:
A. Küche. B. Speisekammer. C. Eßzimmer.

Tabelle 4

Planetenlinien im Heim

SONNE: Dieser Bereich verleiht den Dingen einen Eindruck von Bedeutsamkeit, so daß sie ins Auge fallen. Gegenstände bekommen eine persönliche Note, und dies ist eine individuelle Stelle. Runde und gold- oder orangefarbene Objekte kommen hier besonders gut zur Geltung.

MOND: Ein positiver Platz für alles Lebende, für Pflanzen, Tiere, usw. Kann Schwankungen und Sensibilität bewirken. Es ist eine natürliche und passive Stelle, die allem mit regelmäßigen Linien oder Wellen zuträglich ist, ebenso wie konkaven Gegenständen. Schillernde, silbrige und blaue Farben sind am geeignetsten.

MERKUR: Dieser Bereich hat die Fähigkeit, Bedeutsames zu enthüllen. Er spricht zu den Menschen — Notizen werden gelesen, Anrufe beantwortet, Briefe abgesandt. Ein Platz zum Arbeiten und für Mitteilungen. Schmale, klare Gegenstände haben auf dieser Linie die beste Wirkung.

VENUS: Auf dieser Linie wird die Schönheit und Anziehungskraft von Gegenständen herausgestellt. Diese Zone verstärkt auch die Zusammengehörigkeit; es ist ein angenehmer Fleck. Dinge, die sanft gerundet sind und gefärbt oder getönt mit himmelblauen, grünen und gelben Pastellfarben sind am besten geeignet. Kupfer- und Messinggegenstände machen sich hier ebenfalls gut.

MARS: Spornt an und verstärkt alle Aktivitäten. Dies kann ein Geschäftsraum sein; es ist ein bejahender Platz. Alles, was hervorsticht oder scharfe Kanten (aus Eisen) hat, macht sich hier gut. Rot und Karmin sind passende Farben.

JUPITER: Dieser Bereich vermittelt einen schützenden Einfluß. Er begünstigt Freude und Genuß, und alle Dinge hinterlassen einen luxuriösen Eindruck. Für die meisten Menschen und Aktivitäten ist dies der beste Platz. Große, volle Gegenstände und solche in den Farben Purpur, Violett und Tiefblau sind hier die günstigsten.

SATURN: Ein stabilisierender und unterstützender Platz; er kann Dinge altern lassen und zweifellos verlangsamt er Aktivitäten. Oft ist es die leere Stelle. Gegenstände aus Holz, komprimierte Formen, dunklere Farben und Schwarz sind am geeignetsten.

URANUS: Gegenstände werden als besonders einzigartig oder antik wahrgenommen. Dies ist kein stabiler Bereich, er bringt aber sicherlich Aufregendes. Vielfarbige Objekte in ausgefallenen Formen sind vorteilhaft.

NEPTUN: Mystifiziert, hüllt die Dinge in Dunkel, kann falsche Eindrücke vermitteln. Der geheimnisvolle Platz. Grau, Lavendel und Meergrün sind hier gute Farben.

PLUTO: Testet und verbirgt Dinge. Gegenstände erscheinen neuer und erneuert. Dies ist der Platz zum Wiederaufladen. Scharlachrot und schimmernde Farben sind hier wirkungsvoll.

TRANSPLUTO: Macht die Dinge praktischer, wertvoller, genießbar und sinnlich. Der erdige Fleck. Stoffe und Gewebe werden hier hervorgehoben.

Tabelle 5

Checkliste zum Feststellen der für dich wichtigsten Zonen in deiner Stadt

1. Richtung des Arbeitsplatzes ....
2. Die zweite häufig eingeschlagene Richtung ....
3. Richtung für Lernen und Bildung ....
4. Bibliothek ....
5. Trimm-Dich-Pfad ....
6. Supermarkt ....
7. Restaurants ....
8. Entspannung, Meditation ....
9. Familienmitglieder ....
10. Bank ....
11. Geliebte/r ....
12. Tankstelle ....
13. Unfälle, Verletzungen ....

Planetenlinien in der näheren Umgebung

Die Planetenlinien, die innerhalb der Wohnung in alle Richtungen ausstrahlen, setzen sich auch außerhalb des Hauses jeweils weiter fort. Es gibt zum einen den Kernpunkt in einer Wohnung, andererseits wirkt aber auch das Wohnhaus selber als Zentrum auf deine ganze Nachbarschaft.

Nimm eine umfassende und detaillierte Stadt- oder Bezirkskarte und kennzeichne die Stelle, wo du wohnst. Lege dann den Mittelpunkt deiner Horoskopfolie auf diese Markierung. Du kannst die Planetenlinien auch mit Hilfe eines Sextanten in die Karte einzeichnen. Ist dies erst erledigt, wirst du unmittelbar erkennen, warum gewisse Bezirke bestimmte Emotionen in dir wachrufen oder unterschiedliche Ereignisse auslösen.

Die Kraftlinie, auf der du am häufigsten unterwegs bist (vgl. Tabelle 5, S. 55), ist wichtig, weil du fortlaufend unter ihrem Einfluß stehst. Handelt es sich bei dieser zufällig um die eines Planeten, welcher dich stark beeinflußt, dann wirst du davon profitieren, weil seine Energien in dein Leben gezogen werden. Falls ein Musiker beispielsweise an einem Ort tätig ist, der unter seiner Venuslinie steht, wird dies zu einer erhöhten Produktivität führen. Verläuft dagegen die Venuslinie eines Poliers durch die Baustelle, auf welcher er beschäftigt ist, stellt er vielleicht fest, daß seine Arbeiter dazu neigen, den Ablauf zu verzögern, was zu Zeitverlusten führt. Es hängt nämlich immer von der Art der Tätigkeit ab und davon, wie die Eigenschaften der Planetenlinien entweder für oder gegen einen wirken.

Allerdings stellt die Linie, auf der du am häufigsten unterwegs bist, nicht notwendigerweise immer auch den stärksten Einfluß dar. Steht ein Planet innerhalb eines Orbis bis zu 3° auf einer der vier Himmelsrichtungen bzw. 5° ober- oder unterhalb des Horizonts (Höhe), wird sich sein Einfluß nachdrücklich bemerkbar machen. Jeder Planet in einem Orbis von weniger als zwei Grad kann zu einem dominanten Einfluß werden.

Ich kenne eine Frau, die 90% der Zeit auf ihrer Neptunlinie unterwegs ist. Sie lebt im südwestlichen Teil der Stadt, und in ihrem Standorthoroskop steht der Neptun im Nordosten. Wenn sie in der Stadt irgendwohin will, muß sie in nordöstlicher Richtung fahren. Diese Frau hat außerdem Jupiter innerhalb eines Grades auf der genauen Westrichtung (das 7. Haus des Standorthoroskops), und selbst wenn ihre Neptunlinie Desorientierung und Verwirrung bewirkt, so kommt es doch wegen ihres dominanten Jupiters nie zu ernsthaften Problemen. Bei einem Bauingenieur, der an einem Hochhauskomplex arbeitete, wies die Mars/Saturnlinie auf seinen zänkischen Chef. Als er die Abteilung wechselte, befand sich eben dieser Chef auf seiner Jupiterlinie, und die Situation beruhigte sich beträchtlich.

Die Linie, zwischen deiner Wohnung und deinem Arbeitsplatz beschreibt oft die Art von Arbeit, die du ausübst, oder sie kann deine Einstellung zur Arbeit widerspiegeln. Es ist eine wichtige Linie, nicht nur, weil sie damit zu tun hat, wie du deinen Lebensunterhalt verdienst, sondern auch deswegen, weil du regelmäßig darauf unterwegs bist. Gibt es keine Linie innerhalb von ein bis zwei Kilometern im Umkreis des Arbeitsplatzes, könnte dies heißen, daß du mehr Freiheit hast. Es könnte aber auch anzeigen, daß dein Job zur Zeit keine große Bedeutung in deinem Leben einnimmt.

Die Wichtigkeit der anderen Linien und Standorte ist von verschiedenen Lebensumständen abhängig. Die Linie, welche deinem Kreditinstitut am nächsten liegt, kann eine verstärkte Bedeutung erlangen, wenn du um ein Darlehen nachsuchst; die Planetenlinie durch die Bibliothek ist wichtig, wenn du Forschungen betreibst; die Linie durch die Wohnung des oder der Geliebten zählt, wenn du eine Partnerschaft wünschst, usw.

Eine Gedächtnisstütze: Sieh dir grundsätzlich beide Richtungen an. Verfolge die Linien im Horoskop genau, und vergleiche sie dabei (in Azimut) mit deinem Stadtplan oder deiner Landkarte. Die relative Schwäche oder Stärke der Planeten im Geburts- und im Standorthoroskop hat deutliche Auswirkungen auf die Intensität der Planetenlinien (siehe Abb. 9).

Wenn man weiß, daß ein Planet Probleme bereitet, sobald man sich auf seiner Linie bewegt, wäre es dann nicht sinnvoll,

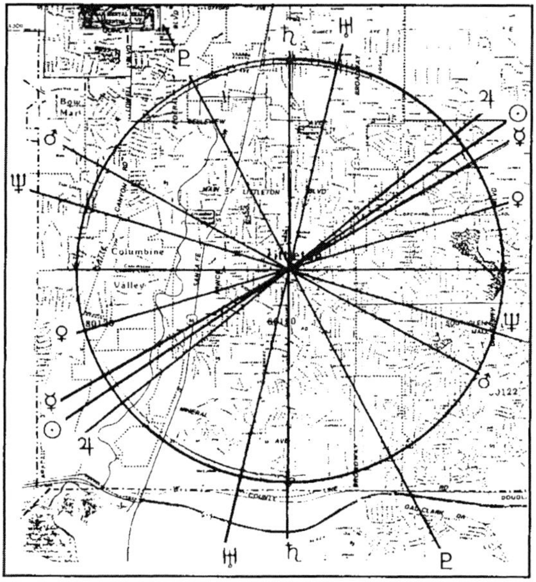

Abb. 9: Planetenlinien auf einem Stadtplan

in einer Zickzacklinie an den Zielort zu fahren, um ungünstige Einflüsse zu vermeiden? Die Antwort kann ja lauten, denn auf anderen Routen zu einem bestimmten Ort zu gelangen kann die Wirkung einer Planetenlinie durchaus vermindern. Dies ist jedoch nur eine Notlösung, da der Weg immer noch von Punkt A zu Punkt B führt und Punkt B eben nach wie vor in derselben Richtung von A liegt, es sei denn, man wechselt seinen Wohnsitz. Folglich kann man die Einwirkungen durch diesen Umweg zwar abschwächen, aber dennoch nicht ganz und gar auslöschen, wenigstens nicht, solange die tendenzielle Grundrichtung erhalten bleibt. Abgesehen von einem Umzug gibt es noch die andere Möglichkeit, den Ort B nicht mehr anzusteuern, was einfach sein könnte, vorausgesetzt, es handelt sich nicht gerade um den Arbeitsplatz. Denke daran, daß die Planetenrichtungen immer gleichbleiben, unabhängig davon, wo innerhalb deines Heims oder der Umgebung du dich befindest. Steht Mars genau im Osten und Jupiter direkt im Norden, dann bewegst du dich *jedesmal,* wenn du in eine östliche Richtung fährst, auf deiner Marslinie; ebenso wie du auf der Jupiterlinie reist, wenn du in einer nördlichen Richtung unterwegs bist.

Meiner Erfahrung nach kann sich die gesamte Orientierung verändern, sobald man innerhalb der näheren Umgebung seinen Wohnsitz wechselt. Angenommen man hat beispielsweise im Westen der Stadt gelebt und ist in die Südstadt umgezogen, dann bleibt das Standorthoroskop völlig unverändert. Man ist jetzt jedoch auf ganz anderen Linien unterwegs, denn der Ausgangspunkt liegt nun im südlichen Stadtteil. Um zu den diversen Plätzen zu gelangen, ist es jetzt überwiegend erforderlich, die nördliche Richtung einzuschlagen. Zunächst sucht man vielleicht noch viele von den Orten auf, die man an seinem früheren Wohnsitz frequentiert hat, doch nach einiger Zeit treten Veränderungen ein. Sagen wir einmal, Neptun und Saturn waren an der alten Adresse in östlicher Richtung, was bedeutete, daß man die meiste Zeit auf diesen Linien unterwegs war. Sich auf Saturn- und Neptunlinien fortzubewegen ist für die meisten Menschen (nicht fur alle) keine besonders angenehme Erfahrung. Im gerade erwähnten Standorthoroskop finden wir Jupiter und Venus in der nördlichen Richtung. Da die Wohnung jetzt im südlichen Teil der Stadt liegt, ist man nun vielleicht häufiger auf der Jupiter- oder Venuslinie unterwegs, also von Süden nach Norden, womit diese beiden planetaren Zonen größeren Einfluß gewinnen. Infolge des Umzugs treten nun an die Stelle der Saturn/Neptun-Kräfte die Wirkungen von Jupiter und Venus. In den meisten Fällen dürfte dies eine Verbesserung im Hinblick auf Arbeit, Einkommen und soziale Verhältnisse bedeuten. Selbst wenn du immer noch zur selben Bank, in die gleichen Restaurants und Wohnungen von Freunden gehst, wird sich deine Lebenseinstellung wandeln, weil du dich auf neuen Planetenlinien fortbewegst.

Es gibt noch drei weitere Möglichkeiten, wie die Planeten am Horizont Einfluß ausüben können.

Tabelle 6

Planetenlinien in der Umgebung

Sonne: Auf dieser Linie hast du die Fähigkeit zu Unabhängigkeit, zu einer positiven Lebenshaltung, zu innerem Einklang. Ein starkes Gefühl von Identität mit dir selbst kann sich entwickeln. Ganz sicher bist du in engerem Kontakt mit deiner inneren Kraft, so daß du deine individuelle Kreativität mühelos leben und/oder ausdrücken kannst. Es ist nicht verkehrt, sich auf dieser Linie stolz und wichtig zu fühlen, weil du tatsächlich aufgrund deiner gestärkten Eigenwilligkeit ein leichtes Plus gegenüber anderen hast.

Fahrtips: Es gibt nur wenig Probleme mit dem Auto. Nimm die Überholspur nicht ganz und gar in Besitz. Führt der Verkehr in Richtung Osten oder Süden, können Verbesserungen erzielt werden; nach Westen oder Norden hin sind die Einflüsse ein wenig abgeschwächt.

Mond: Dieser besondere Weg macht einem normalerweise innere und äußere Rhythmen bewußt. Erinnerungen gehen dir sehr schnell durch den Kopf, und möglicherweise bist du in der Lage, subtile, in der Natur zu entdeckende Botschaften zu erfassen. Hier sind die meisten Menschen passiv, launisch, empfänglich. Erfahrungen scheinen bemerkenswerte emotionale Reaktionen hervorzurufen.

Fahrtips: Es besteht die Möglichkeit, daß das Benzin zu Ende geht. Eventuell ergeben sich Probleme mit der Benzinpumpe oder platten Reifen. Schwierigkeiten können daraus entstehen, daß man nicht defensiv genug oder aber übertrieben defensiv fährt. Am besten ist die Fahrtrichtung nach Norden oder Westen; Süden oder Osten sind weniger günstig.

Merkur: Dieser Route zu folgen wird sicherlich das geistige und kommunikative Potential steigern. Sie kann vorteilhaft sein für Fahrgemeinschaften, und zwar aufgrund des zusätzlichen Zwecks, Gesprächspartner zu haben. Halte einen Notizblock bereit, damit du an den roten Ampeln Ideen festhalten kannst. Vielleicht ziehst du es auch vor, Radiobeiträge oder Literatur auf Kassetten anzuhören.

Fahrtips: Benutze die Richtungsanzeiger und beachte Seitenstraßen. Süden und Osten sind die vorteilhaften Richtungen; Norden und Westen sind etwas ungünstiger.

Venus: Auf diesem Weg wirst du mehr auf das eingestimmt, was Vergnügen bringt. Kunst, Musik und alle schönen Dinge scheinen mehr aufzufallen. Da dein Bedürfnis nach Geselligkeit betont ist, kann es lohnend sein, etwas mit anderen gemeinsam zu unternehmen. Im allgemeinen ist es eine friedliche und oft auch entspannende Linie, es können jedoch Probleme auftreten, wenn du Genuß und Bummelei überhandnehmen läßt.

Fahrtips: Im allgemeinen nur geringe Probleme, aber vermeide es, die Aussicht zu genießen, wenn du am Steuer sitzt. Ost– und Südrichtung sind vorteilhaft; Norden und Westen weichen nur gering davon ab.

Mars: Auf dieser Linie fühlst du dich durchsetzungsfähig; manchmal sogar kämpferisch. Die Betonung liegt auf völliger Aufmerksamkeit. Falls es erforderlich ist, sehr schnell an irgendeinen Ort zu gelangen, kannst du das auf dieser Linie tun, aber damit gehst du vielleicht ein Risiko ein. Denke daran, dein Auto kann eine Waffe sein.

Fahrtips: Strafmandate und Unfälle können zahlreich auftreten und hier scheinen Probleme mit dem Auto vorzuherrschen. Anschnallen! Süden ist am besten; Norden am schlechtesten, und Osten und Westen sind variabel.

Jupiter: Dies ist ganz bestimmt eine Route, auf der du viel aus dem Leben herausholen kannst. Aktivitäten sind angenehm, weil du dich entspannt und sicher fühlst. Unter diesen Bedingungen ist es sehr zuträglich, deinen Horizont zu erweitern. Dies kann auf vielfältige Weise geschehen, und zwei der erfreulichsten Aktivitäten sind jene, die der Erholung bzw. der Ausbildung dienen.

Fahrtips: Da du dich auf dieser Linie kaum angespannt fühlst, treten beim Fahren für gewöhnlich keine besonderen Vorkommnisse auf, wenn auch die Möglichkeit vereinzelter Gesetzesübertretungen besteht. Alle Richtungen haben in etwa den gleichen Einfluß.

Saturn: Natürlicherweise wirst du auf dieser Route länger brauchen, um an dein Ziel zu kommen. Situationen erfordern pragmatisches Denken und Handeln. Es besteht eine Tendenz, die Dinge sehr ernst zu nehmen, was oft Sorgen und Frustrationen bewirkt.

Fahrtips: Sowohl physisch wie auch psychisch gibt es Hindernisse auf deinem Weg. Sei auf Verzögerungen und Umwege gefaßt. Probleme mit dem Auto können zahlreich sein. Achte auf Umleitungen auf der Strecke. Die Südrichtung kann die Dinge vereinfachen; die anderen Richtungen haben so oder so wenig Einfluß.

Uranus: Ereignisse geschehen ganz plötzlich in deiner Nähe, oder sie stoßen dir selbst zu. Das Element des Unerwarteten ist immer gegenwärtig und bringt manchmal interessante Anreize und dann wieder Nervosität und Durcheinander. Andererseits könntest du auf dieser Strecke einige deiner besten originellen Einfälle haben.

Fahrtips: Dies ist ein Sektor abseits des Gewöhnlichen. Unfälle sind wahrscheinlich. Alle elektrischen Teile des Autos können zu Problemen führen. Oft sind es die Batterien, die Zündkerzen oder die Zündung. Alle kleineren sonderbaren Fahrgewohnheiten können verstärkt werden. Sei besonders aufmerksam, wenn es windig ist. Süden und Osten sind am günstigsten. Norden und Westen können problematischer sein.

Neptun: Auf dieser Linie werden Imagination und Phantasie aktiviert, was zu inspirierenden kürzeren Reisen, aber auch zu einigen verwirrenden Touren führen kann. Selbst wenn du auf dieser Linie dem Alltag entfliehen kannst, so sind doch Unklarheiten und falsche Erwartungen gegenwärtig. Drogen- oder Alkoholkonsum kann tödlich sein.

Fahrtips: Gehe sicher, verständliche Richtungsangaben zu unbekannten Orten zu bekommen. Vermeide, wenn möglich, das Fahren bei Regen oder Schnee. Um auf Nummer sicher zu gehen, lege nichts auf die Sitze und verschließe das Auto, denn in diesem Gebiet zählen Diebstähle zu den Wahrscheinlichkeiten. Kühler, Kraftstoffpumpe und Kondensation an den Anschlüssen könnten einige der gewöhnlicheren Probleme mit dem Auto bringen. Für die meisten Leute sind die nördlichen Richtungen die schwierigsten. Die Einflüsse der anderen Richtungen variieren sehr stark von einer Person zur anderen.

Pluto: Auf dieser Linie neigst du zu ausgeprägten Schwankungen. Du fühlst dich als integrierter Teil der Masse, kannst dich aber bei anderen Gelegenheiten auch als weit abgesondert von allen anderen empfinden. Wenn du hier auch bisher völlig unbekannte Dinge über dich selbst entdecken kannst, ist es doch ein irgendwie zwingender und herausfordernder Weg. Für einige Menschen hat diese Linie ein gewisses Maß an Geheimnisvollem und Spannendem.

Fahrtips: Dies ist ganz sicherlich der Bereich, wo ein Bleifuß und rücksichtsloses Fahren unter Kontrolle gebracht werden müssen. Falls Motorprobleme auftreten, könnten sie ernst sein. Nachtfahrten können sich als gefährlich erweisen. Die Richtungen variieren von Person zu Person sehr stark.

Transpluto: Diese Strecke macht dich geneigt, über Belange des Alltagslebens nachzudenken. Praktische und finanzielle Angelegenheiten haben den Vorrang. Vielleicht besuchst du oft Schnellgaststätten.

Fahrtips: Übermäßig konservative Fahrgewohnheiten können auf dieser Strecke Probleme mit sich bringen. Auch wenn du ein sehr gutes Auto hast, können sich oft Fragen hinsichtlich des Komforts stellen. Es scheint, daß Norden die beste Richtung ist und Osten die am wenigsten günstige.

Mondknoten: Die Mondknoten ermöglichen es dir, einfach Kontakte zu knüpfen und Verbindungen mit anderen einzugehen. Durch enge planetare Aspekte werden sie stark beeinflußt.

Solstitien und Äquinoktien

Bei der Erforschung der Astronomie alter Zivilisationen stellt man fest, daß immer wieder vier Observationsmethoden auftauchen, die von fast allen Kulturen, die den Himmel beobachteten, angewandt wurden. Die in Astronomie und Astrologie bewanderten Priester führten Buch über die wichtigen Daten wie Tagundnachtgleiche im Frühling und im Herbst oder die Sommer- und Wintersonnwenden. Es schien nicht ins Gewicht zu fallen, wie komplex oder einfach ihr astro-mathematisches Modell war, da diese Eckdaten stets eine sehr signifikante Rolle in der jeweils kulturell bedingten Kosmologie spielten.

Es ist bekannt, daß jeder dieser Fixpunkte mit 0° der kardinalen Zeichen (Widder, Krebs, Waage, Steinbock) zusammenfällt. Die Jahreszeiten der Erde werden ebenfalls anhand dieser vier wichtigen und herausragenden Daten bestimmt. Infolge der Erdumlaufbahn und der 23,5° Neigung der Erdachse hat die Sonnenposition, bezogen auf den Äquator (Deklination), während des Jahreslaufs vier entscheidende Wendepunkte. Zu den Zeiten der Frühlings- und Herbstäquinoktien (0° Widder und 0° Waage) steht die Sonne auf dem Äquator. Ihre Deklination beträgt zu diesem Zeitpunkt 0°, sie bewegt sich dann aber nördlich zur Frühlings-Tagundnachtgleiche bzw. südlich zur Herbst-Tagundnachtgleiche. Am Äquator ist die Distanz der Sonne zu den Polen etwa gleich, daher der Begriff Äquinoktium (Tagundnachtgleiche).

Die entsprechende Sonnenposition zu diesen Zeitpunkten fällt mit den Azimutbeobachtungen zusammen, die für alle nördlichen und südlichen Breiten fast gleich sind. Die Sonne geht am Morgen der Frühlings- oder Herbstäquinoktien ziemlich exakt im Osten auf. Die relative Gleichförmigkeit dieser Ereignisse zeigt, daß die Haupthimmelsrichtungen Osten und Westen für astrologische und geomantische Verfahren von entscheidender Bedeutung sind.

Die zur Frühlings-Tagundnachtgleiche erneuerte Sonnenglut markiert eine Zeit des Neuanfangs, eine Phase, in der jeder Mensch beginnt, mit anderen in Kontakt zu treten und zu kommunizieren. Von neuem zu putzen, zu pflanzen und zu bauen, das waren die am weitesten verbreiteten Ventile für dieses Widderfeuer der Aktivität. Das Feuer wird genährt vom Luftelement, das zu dieser Zeit ebenfalls stark ist. Luft und die Ostrichtung sowie das siebte Haus des Standorthoroskops sind im Frühjahr dominierend. Durch Austausch und Teilen werden Partnerschaften erneuert und neue Bande geschmiedet.

Wenn die Sonne zur Zeit der Herbst-Tagundnachtgleiche ins Zeichen Waage eintritt, hat die Erntezeit begonnen; nicht nur das Sammeln der Früchte auf den Feldern ist damit gemeint, sondern auch eine Ernte menschlicher Ideen. Die Natur schickt sich an auszuruhen, und eine Wendung nach innen beginnt. Jedes Individuum muß der Transformation des Herbstes allein entgegentreten. Zu dieser Jahreszeit werden das emotionale Wasserelement und das erste Haus des Standorthoroskops aktiviert. (Der Unterschied zwischen Osten und Westen wird in Kap. 3 erläutert.)

Solstitium bedeutet »stillstehen«, und genau das ist es, was die Sonne an den Sonnwendtagen scheinbar tut. Da die Deklination der Sonne zu diesem Zeitpunkt entweder extrem nördlich oder extrem südlich steht, haben wir hier keine äquivalente Situation, denn für die nördliche und südliche Breite gelten jeweils andere Werte.

Um den Azimut der Sonne für diese besonderen Augenblicke festzulegen, ist es notwendig, das Horoskop für den exakten Sonnenaufgang in größter Nähe zu 0° Steinbock oder 0° Krebs zu bestimmen, d. h. also die jeweiligen Winter- und Sommersonnenwenden.

Wenn du den Sonnenaufgang der Sommersonnenwende bei einer geographischen Breite von 25° N 00' beobachtest, und jemand anders beobachtet ihn bei 45° N 00', dann ergibt sich eine Differenz von etwa 8,5° Azimut. Diese besonderen Azimutgrade zum Zeitpunkt der Sonnenwende haben einen gewaltigen Einfluß auf alle anderen Planeten, welche sich innerhalb eines Orbis von 3° in Konjunktion oder Opposition zum Punkt des Sonnenaufgangs befinden.

Die stationäre Position war für unsere Vorfahren eine heilige Zeit, eine von Macht und Geheimnis erfüllte Periode. Die beiden Sonnenwenden wirken unterschiedlich, da sie zu verschiedenen Zeiten des Jahres auftreten. (Selbstverständlich sind sie in der südlichen Hemisphäre umgekehrt.)

Die Sommersonnwende und der Eintritt in das Zeichen Krebs werden als eine Phase des Gedeihens und des Überflusses angesehen. Die Getreidefelder stehen in vollem Wachstum, und es gibt reichlich Wild. Dieser Überfluß wird auch durch den Reichtum des emotionalen Ausdrucks angezeigt, durch warme Gefühle und direkte Handlungen. Es sind die Monate der langen Tage, des solaren Feuers und des Südens. Diese Richtung wiederum entspricht dem zehnten Haus im Standorthoroskop, dem Haus von Beruf und gesellschaftlicher Stellung eines Menschen. Es ist eine Zeit, um die eigene Bestimmung zu erfüllen. Planeten innerhalb eines Orbis von 3° auf das Azimut der Sommersonnwende sind produktiver, wenn es darum geht, daß sich die Dinge zu ihrem größtmöglichen Potential hin entfalten können. Diese Planeten wirken auch als Hüter innerer Visionen und werden eine Rolle bei deiner Suche nach Selbstverwirklichung spielen. Die hervorgerufenen Emotionen können die durch diesen Sonnwendpunkt angezeigten Entsprechungen entweder fördern oder hemmen.

Die Wintersonnwende ist eine Zeit des Opfers und der Strenge. Während dieser stillen und ruhigen Phase des spärlichen Sonnenlichts kannst du deine Gedanken ordnen und Antworten finden. Es gibt (in der nördlichen Hemisphäre) an nur drei Tagen im Jahr mehr Dunkelheit als Licht, und diese Tage sind der 22., 23. und 24. Dezember. Am 25. Dezember siegt das Licht über die Dunkelheit, und die Sonne (der Sohn) Gottes wird wiedergeboren. In diesem Augenblick findet auch eine stille Geburt im Inneren statt, und ein neues Jahr beginnt. Dies entspricht dem vierten Haus des Standorthoroskops. Man bleibt zu Hause, um seine innere Welt besser wahrnehmen zu können. Die erdhafte Ausdauer des Steinbocks kann die geheimnisvollen und bedrückenden Kräfte des Nordens überwinden. Planeten in Konjunktion bis zu einem Orbis von 3° mit dem Wintersonnwend-Azimut zielen darauf hin, Grundlagen zu errichten; sie führen machtvolle Lernerfahrungen von Reife und Stabilität herbei. Korrektes Timing ist zu dieser Zeit sowohl Freund als auch Feind.

Die nachfolgende Tabelle 7 kann uns behilflich sein, die Grade der Solstitien in deinem Standorthoroskop zu bestimmen. Nimm den Breitengrad deines derzeitigen Wohnsitzes oder jedes beliebigen anderen Orts, den du überprüfen möchtest; betrachte südliche Breitengrade für die südliche Hemisphäre. Die Herbst- und Frühlingsäquinoktien liegen sehr nahe an der exakten Ost- bzw. Westrichtung, so daß eine besondere Tabelle dafür nicht extra nötig ist.

Tabelle 7

Sommersonnwende

25° N 00' – ungefähr 64 / 244 Azimut
30° N 00' – ungefähr 61 / 241 Azimut
35° N 00' – ungefähr 62 / 242 Azimut
40° N 00' – ungefähr 59 / 239 Azimut
45° N 00' – ungefähr 57 / 237 Azimut

Wintersonnwende

25° N 00' – ungefähr 116 / 295 Azimut
30° N 00' – ungefähr 117 / 297 Azimut
35° N 00' – ungefähr 118 / 298 Azimut
40° N 00' – ungefähr 121 / 301 Azimut
45° N 00' – ungefähr 123 / 303 Azimut

Norden liegt auf 0° Azimut

Die magnetische Deklination

Wie bereits dargelegt wurde, kommt den Haupthimmelsrichtungen Osten und Westen aufgrund der Sonnenposition (Sonnenaufgang) an den Frühlings- und Herbstäquinoktien besondere Bedeutung zu. Noch wichtiger sind die Richtungen bezüglich der Tagundnachtgleichen.

Wie steht es nun aber mit der Nord/Süd-Achse? Was trägt zu ihrer Energie und Bedeutung bei? Eine Antwort erhält man mit der Untersuchung des Einflusses vom magnetischen Nordpol, der eine Abweichung vom geographischen Norden darstellt.[28] Diese Abweichung wird als magnetische Deklination (Mißweisung) bezeichnet, und sie liegt fast immer vor. In den USA bewegt sie sich zwischen 23° östlich von Norden und 23° westlich von Norden. Die magnetische Nord/Süd Anziehung bietet eine Möglichkeit, den Ch'i-Fluß zu ermitteln. Die Geomantie des Feng Shui hat vier Hauptringe oder Platten, die mit dem Ch'i zu tun haben. Der Erdring mit den korrekten Haupthimmelsrichtungen wird benutzt, um die generelle Richtung oder den Pfad des Ch'i zu bestimmen. Die zwei Himmelsringe messen die Wertigkeit des Ch'i, also wie reich/vital oder träge/schwach es ist. Der Ring der Menschheit zeigt, wie der Ch'i-Fluß den Menschen während eines zwölfteiligen Zyklus, von der Empfängnis bis zum Begräbnis, beeinflußt.

Die Himmelsringe werden in Übereinstimmung mit der magnetischen Deklination eingestellt. Deshalb bekommt jeder Planet in Konjunktion mit der magnetischen Nord/Süd-Linie (bei einem Orbis von bis zu 3°) eine größere Bedeutung, weil er die magnetische Aufladung annimmt.

Sieh dir dein Standorthoroskop nochmals genau an und stelle fest, ob sich irgendwelche Planeten im dritten, vierten, neunten oder zehnten Haus befinden, (was sie in die Nähe des Grades des magnetischen Nordens an deinem Wohnort rücken könnte). Verwende dazu einen Orbis von drei Grad. Das grundlegende Wesen des jeweiligen Planeten beschreibt die Qualität oder den Wert des Ch'i, das deinem Leben zufließt. War dieser Planet in der Vergangenheit hilfreich, dann wird es das Ch'i ebenso sein. Handelt es sich um einen Planeten, der eher Probleme verursachte, dann wird der Wert des Ch'i eher vermindert. Demnach kannst du gutes oder schlechtes Jupiter-Ch'i, gutes oder schlechtes Saturn-, Pluto- oder Venus-Ch'i, usw. haben.

Die Höhe der Planeten im Standort- oder Horizontsystem

Eine weitere wichtige und dominante Rolle spielt jener Planet im Standorthoroskop, welcher am dichtesten beim Horizont liegt. An zweiter Stelle folgt der Planet mit der weitesten Höhe oder Elevation. Obwohl alle Planeten in Azimut auf der Horizontalebene gemessen werden, steht jeder mit einem anderen

Winkelabstand am Himmel. (Erinnere dich, daß die vier kardinalen Himmelsrichtungen dich auf der angenommenen flachen Horizontalebene umgeben, und die Höhe wird oberhalb und unterhalb dieser flachen Scheibe gemessen.) Direkt senkrecht über deinem Standort befindet sich der Zenit, direkt senkrecht darunter der Nadir; die Höhe wird in O° bis 90° ober- bzw. unterhalb des Horizonts angegeben, und ein Plus- oder Minuszeichen wird zur Unterscheidung benutzt.

Der Planet mit der geringsten Höhe über dem Horizont findet besondere Beachtung. Jeder Himmelskörper bis zu +7° oder —7° kann auf den betreffenden Ort einen starken Einfluß ausüben. Oft (aber nicht immer) bildet eben dieser Planet (oder auch mehrere Planeten zusammen) eine Konjunktion mit dem Vertex/Westen oder dem Antivertex/Osten. In der Äquatorregion stehen allerdings alle Planeten nahe am Horizont, so daß die Auswirkungen unbedeutend sind, weil sie sich gegenseitig aufheben. Überträgt man die Planeten jedoch ins Campanus- oder Nullvertikalkreissystem, dann bleiben sie nicht länger eng zusammengedrängt, sondern werden entlang des großen Kreises, welcher Zenit und Nadir verbindet, verteilt. (In Kap. 3 fin dest du weitere Details und Hinweise zur Anwendung des Nullvertikalkreises in Äquatornähe, d.h. zwischen 30° nördlicher bzw. südlicher Breite.)

Planeten mit einer Höhe über oder unter 60° sind ebenfalls wichtig, aber verglichen mit denen nahe am Horizont scheinen sie nur eine untergeordnete Rolle zu spielen. (Es gibt eine vergleichbare Entsprechung in der Natalastrologie, wo ein Planet nahe an der Spitze des zehnten oder vierten Hauses als kennzeichnend für dein inneres Wesen bzw. deine Lebensziele angesehen wird. Allerdings sind die Häuser zehn und vier des Geburtshoroskops nicht mit Zenit und Nadir gleichzusetzen. Der Zenit ist direkt oben und der Nadir senkrecht unten, während die Spitzen des zehnten und vierten Hauses jeweils exakt im Süden bzw. genau im Norden liegen.)

An jedem Ort ist die extreme Höhe eines Planeten, d. h. 60° ober- oder unterhalb des Horizonts, von Bedeutung. Ein Planet oberhalb des Horizonts (+) hilft dabei, deine Ziele und die nach außen gerichteten Aktivitäten zu beschreiben. Der Planet, welcher am tiefsten steht (—), beschreibt deine inneren oder unbewußten Prozesse und Entwicklungen.

Unabhängig von seiner Höhe wird die Position eines Planeten meistens in der Nähe einer der Kardinalrichtungen zu bestimmen sein. Hat beispielsweise ein Planet eine geringe Höhe und generell eine östliche Ausrichtung, dann können die in Kap. 3 und 4 gegebenen Beschreibungen angewandt werden. Steht ein Planet zufällig genau zwischen zwei Hauptrichtungen, z. B. im Südwesten, dann kommt es zu einer Vermischung der Einflüsse von Süden und Westen.

Zusammenfassung der wichtigsten Positionen im Standorthoroskop für einen beliebigen Ort:

1. Der Einfluß von Planeten, die einer der vier Hauptrichtungen sehr nahestehen, macht sich bereits bei einem Orbis von 5° bemerkbar, ist aber im allgemeinen nicht sehr bedeutsam, es sei denn, der Orbis beträgt weniger als 2°. Hier sind Konjunktionen mit dem Aszendenten bzw. Deszendenten des Radixhoroskops einzubeziehen. (Dies wird in Kap. 3 und 4 behandelt.)
2. Der Einfluß von Planeten mit der geringsten Höhe (also dem Horizont am nächsten stehend) beginnt bei 7° und wird zunehmend stärker, je mehr sich der Orbis verringert.
3. Planeten im Standorthoroskop, die eine exakte Konjunktion oder Opposition bilden (mit einem Orbis bis zu 3°), besonders solche, die enge Aspekte zu Positionen im Standorthoroskop des Geburtsortes eingehen.
4. Die Planetenlinie, auf der du besonders oft innerhalb der näheren Umgebung unterwegs bist. Der Orbis beträgt im allgemeinen weniger als zwei Kilometer oder zwei Grad.
5. Andere exakte Winkelverbindungen (weniger als 2° Orbis im Standorthoroskop).
6. Planeten in der Nähe der Sonnwendpunkte (3° Orbis).
7. Planeten im Einflußbereich des magnetischen Nordens oder Südens (3° Grad Orbis).

8. Die Planeten, welche eine besonders starke Elevation aufweisen, z.B. 60° ober- oder unterhalb des Horizonts. Der Planet mit der höchsten Position, gefolgt von dem mit der geringsten Höhe, hat einen mäßigen Einfluß. Experimentiere mit den Abbildungen 7 und 9 sowie mit Tabelle 8.

9. Vergiß nicht, deine Planetenpositionen mit dem geodätischen Aszendenten und der Himmelsmitte zu vergleichen. (Dies wird in Kapitel 7 näher erklärt.)

10. Auf Seite 181 findest du weitere Zusammenfassungen und Richtlinien für die Geoastrologie.

Kapitel 3

Umzüge und weite Reisen

Wenn Menschen quer über den Globus reisen oder sich an einem anderen Wohnort niederlassen, dann beginnen sie unmittelbar, verschiedene physische und psychische Veränderungen wahrzunehmen. Bei einigen tauchen außerdem deutliche Wandlungen in den Bereichen des Unbewußten und Spirituellen auf.

Sprechen wir über eine neue Umgebung, dann neigen wir dazu, die gewonnenen Erfahrungen aus dem Blickwinkel unserer eigenen emotionalen Reaktionen heraus zu erklären. Die wichtigsten Gründe für einen Wohnortwechsel, wie beispielsweise Heirat, Scheidung, Studium oder Wehrdienst, werden oft unterbewertet, weil diejenigen, die umgezogen sind, intensiv mit den Auswirkungen beschäftigt sind, welche das neue Umfeld auf ihr Gefühlsleben hat; folglich kommen bei Beschreibungen häufig Allgemeinplätze vor. Aussagen wie »Es gibt mir ein gutes Gefühl«, »Der Ort hat gute Schwingungen«, »Ich mag das Klima« oder »Die Menschen scheinen freundlich zu sein« werden oft und gern benutzt. Diese allgemeinen, unbestimmten Sätze sind Versuche, sich all die neuen Stimuli zu erklären.

Dies soll nun nicht heißen, daß es sich hierbei um falsche Begriffe handelt. Aber wir neigen dazu, uns zu oft auf unsere ersten Eindrücke und auf die aus dem Bauch kommenden Reaktionen zu verlassen, ohne wirklich sicher zu wissen, wie dieser neue Ort auf die Gesamtheit dessen, was wir sind, einwirken wird. Manchmal sind diese ersten Impressionen stimmig, doch es kommt ein Punkt, an dem die ursprünglichen Erwartungen einem vollständigeren Verstehen der Situation Platz machen müssen.

Es trifft zu, daß man, unabhängig davon, wie weit man sich vom Geburtsort entfernt, immer noch eine Prägung dieses Ortes in sich trägt (da die Aspekte zwischen den Planeten sich ja nicht verändern). Der springende Punkt dabei ist allerdings, daß man das Geburtshoroskop bis zu einem gewissen Grad durch einen Wechsel des Wohnorts modifizieren kann! Deshalb können einem die tatsächlich wirksamen planetaren Einflüsse, wenn sie richtig verstanden werden, eine einzigartige Möglichkeit eröffnen, um Pläne zu entwickeln und sein Potential auf direkterem Wege zu steigern, und das oft schon innerhalb kurzer Zeit.

Wenn du von deinem Geburtsort wegziehst, dann verändert sich auch die materielle Umgebung. Was jedoch noch wichtiger ist: Deine subjektiven Deutungen wandeln sich ebenfalls. Du fängst an, die neue Heimat in Übereinstimmung mit der neuen planetaren Betonung für diesen Ort wahrzunehmen. Je länger du an einem bestimmten Wohnsitz bleibst, um so dominanter wird dieser Planeteneinfluß wirken.

Wenn du nie von deinem Geburtsort fortziehst, ist es notwendig, durch ein umfassenderes Verständnis der Planetenlinien das Beste aus der Situation zu machen. In vielen Ländern der Dritten Welt und in Ländern, wo man nur bedingt umziehen kann, haben die Menschen nicht den Vorteil, die Eckpunkte in ihrem Horoskop verändern zu können.

Letzten Endes ist jeder Wohnort das, was aus ihm gemacht wird. Indem du schwierige Probleme überwindest und die Möglichkeiten um dich herum ausnutzt, wird es möglich, dein Wachstum und deine Lebensfreude zu steigern. Jeder von uns kennt einige Leute, die trotz ihres schönen und wohlhabenden Milieus unglücklich sind, während andere in deprimierenden und chaotischen Ansiedlungen produktiv und glücklich sein können.

Die standortbezogenen Planetenlinien jedes Menschen beginnen im Zentrum des Heims, führen dann durch das Haus und strahlen aus in die umliegenden Gebiete. Sie enden dort nicht, sondern führen immer weiter über die Oberfläche der Erde. (Im Hinblick auf die menschliche Physis betrachtet, beginnen sie an der Spitze des Brustbeins. Mehr darüber in Kap. 5.)

Da die Linien über die runde Oberfläche der Erde verlaufen, vollführen sie eine sich wölbende Wellenbewegung. Wird eine Planetenlinie genau nach Westen projiziert, so krümmt sie sich über die ersten 10.000 Kilometer zunächst südwärts. Danach wird sie sich wieder nordwärts drehen. Innerhalb deines Heims und der näheren Umgebung *scheinen* die Planetenlinien nur in geraden Linien zu verlaufen. Tatsächlich verzerren auch diese sich leicht nord- oder südwärts, der Krümmungseffekt macht sich jedoch erst nach etwa 100 km bemerkbar (siehe Abb. 10).

Bei meiner ersten Überprüfung der Horoskope von Freunden und Klienten bezog sich eine meiner Fragen immer auf wichtige Umzüge. In fast 100% der Fälle folgte der Umzug von einem Wohnort an einen anderen der Richtung einer bestimmten Planetenlinie (oder mehrerer Linien), d. h. die jeweiligen Reiserouten stimmten mit den Richtungen gewisser Planetenlinien überein. Denke daran, daß die Planetenlinien in zwei Richtungen führen — auf das Azimut des Ursprungs und auf das Oppositionsazimut, also die entgegengesetzte Richtung hierzu.

Es hat sich herausgestellt, daß die bereiste(n) Linie(n) ein zum Zeitpunkt der Mobilität vorhandenes, aber unterdrücktes Bedürfnis beschrieb(en). Wenn beispielsweise der Hauptgrund für einen Umzug der Beginn eines Studiums ist, dann ist es wahrscheinlich, daß die beste Fahrtrichtung auf der Merkur- oder Jupiterlinie liegt. Dies trifft zu, solange man nicht das Studium in Wahrheit aufnimmt, um einen Partner zu finden oder Fußball zu spielen — dann würden jeweils die romantische Venus oder der aktive Mars besser passen. Was aber, wenn in deinem bisherigen Leben die Vitalkräfte aufgrund von Exzessen und übermäßiger Nachlässigkeit verschwendet wurden? Deinem Bedürfnis entspräche es dann, stärkere Kontrolle über dein Leben zu erreichen, verantwortungsbewußter zu werden und alles besser in den Griff zu bekommen. Eine Bewegung entlang der Saturnlinie zu einem neuen, entweder zeitweiligen oder dauerhaften, Wohnsitz wäre dann eine mögliche Chance, um dies zu erreichen.

Abb. 10

Standorthäuser, gezeichnet von einem Ort ausgehend.
Deutlich zu sehen ist der Krümmungseffekt.

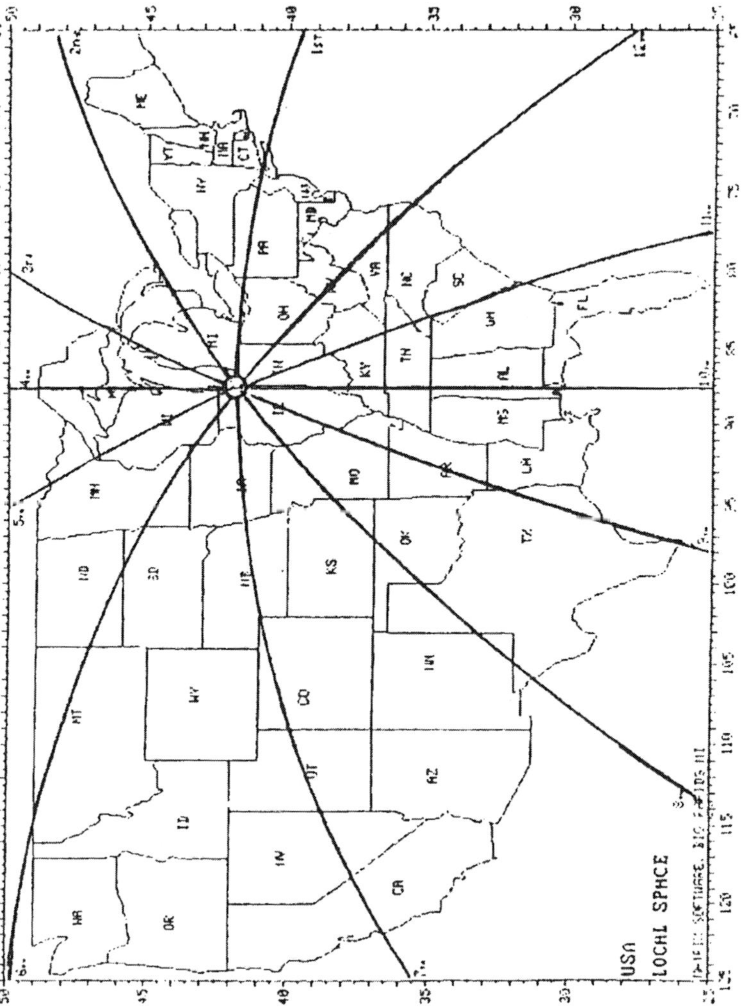

Wenn du dir vor einem Umzug über deine wirklichen Lebensbedürfnisse klar werden kannst, dann weißt du möglicherweise schon im Voraus, in welche Richtung du gehen solltest, indem du vorab diese Bedürfnisse mit den entsprechenden Planetenlinien vergleichst! Bist du aber bereits an einem neuen Standort, kann dir das Wissen um die Planetenlinie, auf der du gefahren bist, bei der Klärung der Frage behilflich sein, welche Ausgangssituation den Umzug bewirkte; und zusätzlich ermöglicht es Objektivität beim Abwägen gegenwärtiger Ziele.

Behalte in Erinnerung, daß das Reisen auf einer planetaren Kraftlinie die Stadt A mit der Stadt B verbindet. Ganz egal, wie du nun von A nach B gelangst, tatsächlich stehst du immer unter dem Einfluß dieser betreffenden Linie, weil beide Städte durch diese Richtung azimutal miteinander verquickt sind (siehe Abbildung 10).

Was nun, wenn du bei dir das innere Bedürfnis nach Expansion, Wachstum, Erfolg, usw. feststellst, und du zwar auf deiner Jupiterlinie fahren möchtest, aber andererseits gar nicht weißt, wohin? Wohnst du derzeit in Boston und die Jupiterlinie liegt auf der Ost/West-Achse, dann weißt du, daß du nach Osten oder Westen gehen mußt. Einmal angenommen, du hast dich für Westen entschieden. Wenn du dir die Graphik ansiehst, stellst du unmittelbar fest, daß diese Linie durch Indianapolis, St. Louis, Santa Fe und weiter bis nach Los Angeles führt. Wie sollst du da einen Zielort bestimmen? Die herkömmliche Methode wäre, eine Reihe von Relokationshoroskopen für verschiedene Orte im Westen zu untersuchen. Obwohl die klassische Relokationsmethode nach wie vor Gültigkeit hat, kann doch die Fülle der sich ergebenden Wahlmöglichkeiten verwirrend sein. Dank der Astro*Carto*Graphy und der geoastrologischen Standorthoroskope kannst du sehen, welche Aspekte zu deinen Eckfeldern, also zu IC, MC, Auf- und Untergang, Aszendent und Deszendent oder Vertex, vorhanden sind. Aufgrund von Ungenauigkeiten der Geburtszeit ist allerdings keine dieser Methoden hundertprozentig exakt. Werden beide gemeinsam nebeneinander gestellt, lassen sich die Chancen, einen günstigen geographischen Ort zu bestimmen, erhöhen. (Weitere Einzelheiten dieser und anderer Methoden findest du in Kapitel 6).

Die Beschreibungen in Tabelle 8 können dabei helfen, Bedürfnisse zu klären, und sie können aufzeigen, was du im grossen und ganzen zu erwarten hast, wenn du auf den verschiedenen Planetenlinien unterwegs bist, sei es, um umzuziehen oder um Urlaub zu machen. Beachte, daß die dominanten Planeten in einem bestimmten Standorthoroskop, also z.B. Planeten in Konjunktion zum Medium Coeli, Imum Coeli, Vertex, Aszendent, usw. für die Einflüsse an jedem beliebigen Ort maßgebend sind.

Wähle die Planetenlinie, die deinem Zielort am nächsten kommt. Liegt sie mehr als 300 km (und/oder mehr als 8° Azimut) von diesem ausgewählten Ort entfernt, dann sollte sie nicht benutzt werden.

Tabelle 8

Reisen und Umzüge auf Planetenlinien

MONDlinie: Sich entlang dieser Linie zu bewegen wird sicherlich auf vielfältige Weise die grundlegenden emotionalen Antriebe ansprechen. Das Zuhause, das Land, elterliche und häusliche Sicherheitsbedürfnisse scheinen hier im allgemeinen betont zu sein. Der Mond nimmt oft die Qualität seines Zeichens und die Färbung seiner Aspekte im Grundhoroskop an. Enge Winkel von Planeten im Standorthoroskop sind sehr bedeutsam. Deshalb wirst du beim Mond wahrscheinlich eine verwirrende Mischung von Einflüssen verspüren. Auf dieser Linie kann ein Gewahrsein deiner intuitiven Gefühle und die Erfahrung des Geführtwerdens durch die natürliche Umwelt in Erscheinung treten. In der Vergangenheit wurzelnde emotionale Prägungen sind der Schlüssel zum Verständnis dafür, wie sich diese Linie auswirken wird. Dein Grundbedürfnis ist ein stärkeres emotionales Sicherheitsgefühl, damit du auf verschiedenen Ebenen wachsen kannst.

SONNENlinie: Diese Linie hat mit deinem Selbstwertgefühl und mit deinem Gespür für Individualität zu tun. Durch einen Umzug auf dieser Linie kann eine gelassene, positive Lebensweise, welche dich in Einklang mit dir selbst bringt, verwirklicht werden. Die Sonnenlinie verleiht jeder anderen Linie, mit der sie verbunden ist, Bedeutung, denn sie individualisiert den anderen Planeten. Individualität ist überhaupt der Schlüssel zum Verständnis dieser Linie. Dein Bedürfnis ist es, in Berührung mit der Identität deines grundlegenden Selbst zu kommen; dann wirst du in der Lage sein, Wichtiges von Unwichtigem zu unterscheiden.

MERKURlinie: Merkur gleicht dem Mond insofern, als er die Qualitäten des Zeichens, in dem er steht, und seiner starken Winkel im Natal- und Standorthoroskop annimmt. Der Hauptunterschied liegt darin, daß die beteiligten Planeten hier eher eine geistige anstelle einer emotionalen Färbung annehmen. Die Merkurlinie beinhaltet immer auf irgendeine Weise den Intellekt, sie kann aber auch berufliche Fähigkeiten betreffen. Gründe, diesem Weg zu folgen, können zudem mit Ausbildung und Geschäftsreisen in Zusammenhang stehen. Lernen ist der Schlüssel zum Verständnis dieser Linie. Die Bedürfnisse, zu lernen, zu denken und zu lehren werden durch den Austausch von Ideen gefördert; und infolgedessen findest du auf dieser Linie einen tieferen Lebenssinn, der zu Selbsterkenntnis führen kann.

VENUSlinie: Natürlich sind beim Planeten Venus auf irgendeine Weise Liebesbeziehungen mit im Spiel. Vielleicht möchtest du umziehen, um deine soziale Situation zu verbessern, um nach einer dauerhaften Partnerschaft zu suchen, um mehr Schönheit in dein Leben zu bringen oder um ein Talent zum Ausdruck zu bringen. Die Sehnsucht nach Gleichgewicht ist der Schlüssel zum Verständnis dieser Linie. Das Bedürfnis mag darin bestehen, streßreiche Lebensbedingungen zu verringern, um innere Harmonie zu verwirklichen.

MARSlinie: Selbstbewußtes Vorgehen, Kühnheit, und Mut sind nötig, um vorwärtszugehen und zielorientierte Tätigkeiten aufzunehmen. In einigen Fällen können dich Impulsivität und unreifes Verhalten in gefährliche Situationen manövrieren. Energiegeladene Tatkraft ist der Schlüssel zum Verstehen dieser Linie. Nur durch klar bestimmte Handlungen bist du fähig, deine Ziele zu erreichen.

JUPITERlinie: Der Richtung dieser Linie zu folgen verbessert im allgemeinen deine Lebensumstände, unabhängig davon, was auch immer dein Bedürfnis und/oder dein Problem sein mag. Die Bewegung entlang dieser Linie bedeutet für gewöhnlich, daß Gesundheit, Wohlstand und soziale Verbesserungen in Aussicht stehen. Expansion, nicht Exzessivität, ist der Schlüsselbegriff zu dieser Linie. Das Bedürfnis besteht darin, in die Arena des Erfolgs zu treten, so daß sich eine dauerhafte Lebensfreude daraus ergibt.

SATURNlinie: Sind in deinem Leben mehr Selbstkontrolle, Organisation und Verantwortlichkeit vonnöten, wird Saturn den richtigen Weg weisen. Auf dieser Linie umzuziehen heißt, daß du möglicherweise einige Schwierigkeiten oder Verzögerungen erlebst. Gleichzeitig bringen nüchterne und realistische Erfahrungen solide Entwicklung und Reife mit sich. Konzentration ist der Schlüssel, um diese Linie zu verstehen. Was du brauchst ist ein ernsthaftes Dich-Einlassen auf Selbstentwicklung.

URANUSlinie: Plötzliche Aufbrüche zu neuen Abenteuern sind auf dieser Linie das Alltägliche. Gewisse starre und einschränkende Lebensumstände müssen von Zeit zu Zeit geändert werden, und wenn du auf deiner Uranuslinie unterwegs bist, wird immer etwas im Wechsel sein. Sicherlich kann Veränderung auch Unsicherheiten mit sich bringen, doch man sieht vielleicht zugleich größerer Unabhängigkeit entgegen. Freiheit heißt der Schlüssel zum Verstehen dieser Linie. Dein Bedürfnis ist auf einen Neuanfang gerichtet, damit du die Welt auf neue Weise erleben kannst.

NEPTUNlinie: Du mußt daran erinnert werden, daß zum Leben mehr gehört als das, was an der Oberfläche sichtbar ist. Warum sonst solltest du das Mystische und Geheimnisvolle suchen, wenn du nicht irgendwie und auf eine außergewöhnliche Weise, ein Bewußtsein anderer Realitäten erfahren könntest? Wenn diese Linie auch zunächst verwirrend und trügerisch sein kann, so gewährt sie doch oft ein inneres Erwachen. Verfeinerung ist der Schlüssel zum Verständnis dieser Linie. Dein Bedürfnis ist es, dich auf dein inneres Leben einzustimmen, wo wahre Inspiration und Selbstlosigkeit zu Hause sind.

PLUTOlinie: Macht, Zwang und Druck... zu viel oder zu wenig davon in deiner gegenwärtigen Lebenssituation können dich veranlassen, deiner Plutolinie zu einem neuen Wohnort zu folgen. Klar definierte Ziele drängen dich vorwärts. Tiefenbewußtsein ist der Schlüsselbegriff zum Verstehen dieser Linie. Aus drückender Lage zu entfliehen und/oder bis an die äußerste Grenze gestoßen zu werden, kann zur Transformation führen.

TRANSPLUTOlinie: Diese Planetenlinie zeigt das Vorhandensein sehr festgelegter und starrer Verhaltensweisen und Motive an. Dies ist eine realitätsbezogene Bewegung und eine, bei der emotionale und/oder finanzielle Faktoren eine wichtige Rolle spielen. Beständige Beharrlichkeit ist der Schlüssel zum Verständnis dieser Linie. Dein Bedürfnis ist auf pragmatische Stabilisierung gerichtet.

Tabelle 9

Kombination von zwei Planeten

Wenn zwei Planeten sich gegenseitig innerhalb eines Orbis bis zu 5° aspektieren, sei es als Opposition oder als Konjunktion, so ist das *unterdrückte Bedürfnis* eine Mischung beider Planeten. Bestimmte Qualitäten jedes einzelnen Planeten werden bleiben, aber es werden auch neue Bedeutungen zum Vorschein kommen. Die folgende Tabelle kann auch bei Reisen in der näheren Umgebung und bei anderen harten Aspekten zwischen Planeten Anwendung finden. (Sie lehnt sich eng an R. Ebertins *Kombination der Gestirnseinflüsse* an.[29])

Sonne-Mond: Sehr persönliche und bedeutsame Unternehmungen.
Sonne-Merkur: Subjektives Denken; verwickelt sein, kreative Ideen.
Sonne-Venus: Persönliche und körperliche Liebe, Anziehungskraft.
Sonne-Mars: Individuelle Leistung und Führungseigenschaften.
Sonne-Jupiter: Persönlicher kreativer Fortschritt und Erfolg.
Sonne-Saturn: Einschränkung der Individualität und/oder Konzentration.
Sonne-Uranus: Progressive Reformen und/oder Rebellion.
Sonne/Neptun: Persönliche Täuschungen, aber auch Imagination, Mystizismus.
Sonne-Pluto: Persönliche Ziele, Zwang, Egoismus.
Sonne-Mondknoten: Wichtige Kontakte zu Männern oder Autoritätspersonen.

Mond-Merkur: Mit Gefühl verbundene Gedanken, emotionales Denken.
Mond-Venus: Zuneigung, Zärtlichkeit, Freude.
Mond-Mars: Energiegeladene, emotionale Handlungen und erste Anfänge.
Mond-Jupiter: Lebensfreude und Großzügigkeit.
Mond-Saturn: Pflicht, Einsamkeit und Kontrolle der Gefühle.
Mond-Uranus: Aufregende und ungewöhnliche Emotionen.
Mond-Neptun: Nach innen gewandte, zarte Neigungen. Leichtgläubig.
Mond-Pluto: Tiefe Gefühle und emotionale Extreme.
Mond-Mondknoten: Wichtige spirituelle (weibliche) Kontakte.

Merkur-Venus: Ausgewogenes, lustiges, harmonisches Denken.
Merkur-Mars: Sehr aktives (übereiltes) Denken.
Merkur-Jupiter: Positive Gedanken und Lernen.
Merkur-Saturn: Probleme lösen, ernsthaftes Denken.
Merkur-Uranus: Nervöses, schnelles (technisches?) Denken.
Merkur-Neptun: Intuitives und/oder unklares Denken.

Merkur-Pluto: Geistige Herausforderungen, anmaßendes Denken.
Merkur-Mondknoten: Geistige Kontakte/Kontakte zu jüngeren Menschen.

Venus-Mars: Kreativität, Leidenschaft.
Venus-Jupiter: Gesellig, unterhaltsam, wohlhabende Tendenzen, übermäßiger Genuß.
Venus-Saturn: Reserviert, Grenzen setzend, pflichtbewußt.
Venus-Uranus: Soziales Chaos, plötzliche Reize und Sehnsüchte.
Venus-Neptun: Romantik, Träume, Illusionen.
Venus-Pluto: Starke sexuelle und künstlerische Ausdruckskraft.
Venus-Mondknoten: Angenehme, heitere Kontakte.

Mars-Jupiter: Ehrgeizig, unternehmungslustig, mutig, impulsiv.
Mars-Saturn: Entschlossenheit, Hindernisse zu überwinden; Ärger.
Mars-Uranus: Streßreiche, übereilte Anstrengungen.
Mars-Neptun: Inspirierte Handlungen, Ausnutzung, Reizbarkeit.
Mars-Pluto: Selbstsicherheit, Gewalt und Zwang.
Mars-Mondknoten: Energiegeladene oder physische Kontakte.

Jupiter-Saturn: Wirtschaftliche Überlegungen, langsamer/stabiler Erfolg.
Jupiter-Uranus: Optimismus, glückbringende Einfälle.
Jupiter-Neptun: Spekulationen, Imagination, Idealismus.
Jupiter-Pluto: Organisation, Führungseigenschaften.
Jupiter-Mondknoten: Erfolgreiche Bemühungen.

Saturn-Uranus: Absonderung, Spannungen, Zähigkeit.
Saturn-Neptun: Opfer bringen, Begrenzungen, Disziplin.
Saturn-Pluto: Herausfordernde Arbeit und Forschung, Grausamkeit.
Saturn-Mondknoten: Depressive Beziehungen, Trennung von anderen.

Uranus-Neptun: Ungewöhnliche Neigungen, stark abweichende Ideen.
Uranus-Pluto: Transformation und ein völlig neuer Anfang.
Uranus-Mondknoten: Plötzliche Kontakte, ein neues Netz von Freundschaften.

Neptun-Pluto: Das Unbekannte, Vorahnungen.
Neptun-Mondknoten: Ungewöhnliche Beziehungen.

Pluto-Mondknoten: Schicksalhafte und einflußreiche Beziehungen.

Das Standorthoroskop für deinen derzeitigen Wohnsitz oder jeden sonstigen Ort, den du besuchst (oder den du zu besuchen vorhast), hat mit hoher Wahrscheinlichkeit einen oder mehrere Planeten nahe an den Kardinalrichtungen (d. h. Norden/IC, Süden/MC, Westen/Vertex oder Osten/Antivertex), entweder in Azimut oder der Höhe oder beidem. Jeder Planet in Konjunktion mit einem Orbis bis zu 3° zu einer der Haupthimmelsrichtungen übt an diesem bestimmten Ort einen dominanten Einfluß aus.

Zwei dieser Kardinalrichtungen entsprechen den Eckpunkten im Radixhoroskop. In der nördlichen Hemisphäre ist der exakte Süden identisch mit dem Medium Coeli bzw. der Spitze vom 10. Haus, und der genaue Norden ist identisch mit dem Imum Coeli bzw. der Spitze des 4. Hauses. Der Aszendent weist in östliche Richtung, aber nicht unbedingt direkt nach Osten, wie dies beim Antivertex der Fall ist. Ebenso liegt der Deszendent für gewöhnlich in einer westlichen Richtung, aber selten so genau im Westen wie der Vertex.

Auch wenn es nicht häufig vorkommt, daß Aszendent und Antivertex zusammenfallen, so kann ein Planet dennoch beide gleichzeitig auslösen. Jeder kosmische Faktor, der in Konjunktion oder Opposition zum Aszendenten steht, aspektiert auch den Vertex. Das gleiche gilt, wenn Vertex oder Antivertex aspektiert werden (aber nur bei Konjunktion bzw. Opposition); denn dann können auch Aszendent bzw. Deszendent angeregt und/oder mit einbezogen sein. Der Horizont und die Ekliptik stehen in enger Verbindung miteinander, daher wirken sie grundsätzlich eher einschließend als ausschließend (siehe Kapitel 6.).

Liegt ein Winkel zum Aszendenten oder Deszendenten vor, so sind die Wirkungen wahrscheinlich eher subjektiv und psychologisch spürbar; sie haben mit der persönlichen Lebenseinstellung, mit Erwartungen und individuellen Neigungen zu tun.

Werden Vertex oder Antivertex aspektiert, kann der Einfluß unpersönlicher und stärker ereignisorientiert sein. Der Vertex ist ein ausgesprochen ortsbezogener Punkt; in einem gewissen Sinn liegt er ausgereift unmittelbar vor dir, bereit sich zu manifestieren. (Die präzisere geomantische und symbolische Bedeutung findest du in Kap. 5.) Beide Eckpunkte müssen berücksichtigt werden, um ein umfassendes Bild zu erhalten. Deshalb ergänzen sich die Astro*Carto*Graphy von Jim Lewis und die Methode der Standortastrologie ganz gut (siehe Kap. 4 und 6.).

Wenn du dein Standorthoroskop betrachtest, erscheinen die Häuser in der dem Radixhoroskop entgegengesetzten Reihenfolge (vgl. Abb. 1). Die vier Felder oder Häuser mit der größten Bedeutung im Standorthoroskop, sind das vierte/Norden, das erste/Westen, das zehnte/Süden und das siebte/Osten. Die Planeten haben auch beim Standorthoroskop in den unterschiedlichen Häusern verschiedene Ausprägungen, die mit den gängigen Interpretationen vergleichbar sind — deshalb nur »vergleichbar«, weil es bislang noch nicht genügend Informationen darüber gibt, inwieweit die Planeten in den Häusern der ortsbezogenen Horoskope sich möglicherweise vom herkömmlichen Standard unterscheiden.

Die allgemein anerkannte Praxis »je enger der Orbis, umso stärker der Einfluß« ist zutreffend. Wenn Jupiter nur 1° vom Norden abweicht und Saturn 4° vom Osten, dann stellt Jupiter den dominanten Wirkfaktor dar. Damit will ich nun nicht sagen, daß du das Energiefeld Saturns nicht spürst, aber es ist weniger signifikant als jenes von Jupiter.

Je näher dein derzeitiger Wohnort am Äquator liegt, um so mehr Planeten werden entweder im Osten oder im Westen zusammengruppiert sein. Zwei oder sogar drei und vier Planeten können sehr eng zusammenstehen, wodurch sie sehr komplexe Auswirkungen hervorrufen. Deshalb wird vorgeschlagen, für die Äquatorialzone das Nullvertikalkreis-/Campanushoroskop zu verwenden. Die Aspekte und Ausdeutungen sind die gleichen, aber vergiß nicht, daß du es mit einem Kreis zu tun hast, der sich über und unter dir von Osten nach Westen bewegt, indem er Zenit und Nadir verbindet. Die Positionen der Eckpunkte im Nullvertikalsystem sind: Viertes Haus/Zenit, erstes Haus/Westen, zehntes Haus/Nadir und siebtes Haus/Osten.

Bedeutung der Planeten an den Eckpunkten des Standorthoroskops

Die folgenden Angaben gelten für Planeten in Konjunktion mit Aszendent oder Antivertex, Deszendent oder Vertex, Imum Coeli/Norden oder Zenit sowie Medium Coeli/Süden oder Nadir. Nähere Angaben zu Planeten auf dem in der Geoastrologie benutzten geomantischen Kompaß finden sich in Kapitel 4. Ich empfehle, beides heranzuziehen, wenn es um die Interpretation einer bestimmten Planetenlinie geht (vgl. Abb. 11).

Der Einfluß der Persönlichkeitsplaneten

SONNE Konjunktion Aszendent–Antivertex

Daran, daß die Sonne im Osten aufgeht, kannst du erkennen, daß diesem Ort eine besondere Kraft innewohnt. Du kannst mühelos eine selbstsichere und entschiedene Haltung annehmen. Hier ist dein Wille stark, und deshalb bist du in der Lage, kompetent mit den Problemen des Lebens umzugehen. Deine Gesundheit kann sich verbessern, und die daraus resultierende Vitalität wirkt sich auf deine Art, mit dem Leben fertig zu werden, aus. Zwar mögen sich ein wenig Arroganz und Eitelkeit einschleichen, aber du kannst damit auf positive Weise umgehen. Wenn es einen Kampf auszufechten gibt, hast du gute Siegeschancen.

SONNE Konjunktion Medium Coeli–Haus 10

Diese Plazierung läßt daran denken, daß deine Führungseigenschaften und dein Einfluß dich zum »König des Berges« krönen könnten. Es wird dir leichtfallen, deine ehrgeizigen Ziele zu erreichen. Ein gewisses Maß an Selbstüberschätzung kann sich allerdings einstellen, aber deine Kreativität und dein Wille können an diesem Ort ganz sicher einiges in Bewegung setzen.

SONNE Konjunktion Deszendent–Vertex

Die Fähigkeit, deinen Sinn für Individualität mit anderen zu teilen, kann zu positiven sozialen Interaktionen führen. Eine sehr offene Art von Kooperation kann sich entwickeln. Die Stärke, die in beständigen Beziehungen liegt, kann sehr viel zur Überwindung aller möglichen menschlichen Probleme beitragen.

SONNE Konjunktion Imum Coeli–Haus 4

Hier scheint das heilende Licht der Sonne in dein Heim und kann dein privates Leben zum Strahlen bringen. Zurückhaltender Enthusiasmus kann zu einem objektiven Verstehen deiner grundlegenden Bedürfnisse führen. Das Familienleben wird spielerisch und zu einer schöpferischen Quelle der Freude.

MOND Konjunktion Aszendent–Antivertex

In diesem Gebiet haben deine natürlichen Instinkte das Sagen und erlauben dir, dem Leben auf empfängliche und sensitive Weise zu begegnen. An der Oberfläche verändern sich deine Stimmungen und deine psychischen Wahrnehmungen sehr rasch. Dies mag unstetig wirken, aber tatsächlich hilft dir diese veränderliche Eigenschaft dabei, flexibel zu bleiben. Wenn du dich mit widerstreitenden Kräften konfrontiert siehst, wirst du in der Lage sein, von deiner Sensibilität Gebrauch zu machen, um dich an Situationen anzupassen oder sie zu vermeiden, *be-*

vor sie überhaupt eingetreten sind. Nimm eine Einstellung nach dem Motto »Kommt Zeit, kommt Rat« an.

MOND Konjunktion Medium Coeli–Haus 10

Spirituelle Verbindungen und tiefgründige Sehnsüchte führen dich deinen Zielen entgegen. Hingabe an das öffentliche Leben kann sich entwickeln, doch werden äußere Erfolge als Symbole für inneres Wachstum betrachtet. Dein Ansehen und deine berufliche Laufbahn können durchaus Schwankungen unterworfen sein, die darauf hinweisen, daß du nach innen blicken solltest, um mit äußeren Ungewißheiten fertigzuwerden. Einfühlungsvermögen und Hilfeleistungen sind beständig wiederkehrende Themen.

MOND Konjunktion Deszendent–Vertex

Starke Emotionen und Mitgefühl durch Verbundenheit mit anderen sind an diesem Ort das Alltägliche. Doch in das Leben anderer hineingezogen zu werden, kann auch Probleme mit sich bringen. Sie mögen bei dir Schutz und emotionale Unterstützung suchen, zu gegebener Zeit könntest du allerdings erkennen, daß du derjenige bist, der Schutz vor ihnen braucht. Trotz alledem fühlst du dich zu anderen hingezogen; so entwickeln sich Beziehungen zu einem Überströmen von Geben und Empfangen.

MOND Konjunktion Imum Coeli–Haus 4

An diesem Ort sind Heim und Familie äußerst wichtig, und deine Wurzeln streben weit in die Tiefe. Vielleicht stellst du fest, daß du sehr behütend, mütterlich, ja sogar sippenbewußt wirst. Möglicherweise fällt es dir leicht, dich in dein eigenes privates kleines Schneckenhaus zurückzuziehen, weil dein Zuhause eine Quelle so reicher Gefühle und produktiver Tätigkeiten ist. Wenn du jedoch zu sehr in den häuslichen Angelegenheiten aufgehst, kann dies zu kindlicher Schwäche, zu Kummer und Unsicherheit führen. Empfänglichkeit für Naturerscheinungen kann dich zur Einsicht in persönliche Lebenszyklen führen.

MERKUR Konjunktion Aszendent–Antivertex

Das Leben kann zu einem Irrgarten von Dateneingaben und Datenausgaben werden. Wissen wird katalogisiert und Teile des Puzzles werden gefunden. Inneres Argumentieren könnte deine Lernfähigkeit verbessern. Manchmal findest du dich in unruhige und sorgenvolle Zwangslagen verstrickt. Dieser Ort bietet dir die Hilfsquellen zum Lernen und zum Anwenden deiner beruflichen Fähigkeiten.

MERKUR Konjunktion Medium Coeli–Haus 10

Dies ist ein Ort, an dem dein persönlicher Wissensbereich für dich arbeitet. Das Mitteilen deiner Talente und das Verstehen deiner geistigen Struktur befähigt dich zu einer neuen Art der Professionalität. Was du schreibst und sagst kann andere dazu veranlassen, neue Wege des Denkens einzuschlagen. Alle möglichen Kenntnisse fließen dir zu, so daß du ganz einfach vielseitiger werden mußt. Das einzige Problem, auf das du hier treffen könntest, wäre vielleicht, daß du dich auf einem »Kopf-Trip« befindest. Sprich, Du wirst sehr intellektuell, was dich für die emotionalen und feinfühligen Bereiche deines Lebens unempfindlich machen könnte.

MERKUR Konjunktion Deszendent–Vertex

Hier ergibt sich ein lebhafter Austausch von Ideen. Verbale Kontakte, Übereinkünfte und Verhandlungen werden zu einer Dauereinrichtung. An diesem Ort erreicht das Lernen einen Höhepunkt, weil dein Verständnis für das, was andere dir geben können, so deutlich ausgeprägt ist. Ganz unabhängig vom

Diktat der äußeren Umstände bist du in einer Lernsituation. Reden und Kommunizieren in großem Umfang werden als Teil der geistigen Suche akzeptiert. In einigen Fällen kannst du von jungen und/oder intellektuellen Menschen umgeben sein.

MERKUR Konjunktion Imum Coeli–Haus 4

An diesem Ort ergibt sich ein Dialog zwischen Vergangenheit und Gegenwart, zwischen innerem Selbst und Intellekt. Du befragst die dich umgebende Natur, und als Erwiderung belehrt sie dich. Die Gedanken werden in hohem Maß auf das Privatleben gerichtet, was dazu führt, daß deine engsten Familienangehörigen dir als deine unmittelbare Informationsquelle dienen. Du kannst von Unentschlossenheit geplagt werden, weil du die Dinge von einem ziemlich introvertierten Blickwinkel aus betrachtest.

VENUS Konjunktion Aszendent–Antivertex

Dies ist ein Platz , an dem du die Umgebung und/oder die Menschen einfach schön findest. Von dieser Örtlichkeit geht eine entspannende und beruhigende Wirkung aus, so daß du liebevoller und kooperativer wirst. Dein persönlicher Charme ist umwerfend, und infolgedessen werden andere davon angezogen und genießen es, mit dir zusammenzusein. Einige Menschen können in dieser Gegend geradezu vergnügungssüchtig werden, weil es Attraktionen im Überfluß gibt. Es ist angebracht, eine ausgeglichene und harmonische Lebensauffassung zu behalten, denn auf diese Weise kannst du viele Schwierigkeiten vermeiden.

VENUS Konjunktion Medium Coeli–Haus 10

Echte Begabung kann an diesem Ort ein lohnenswertes Betätigungsfeld finden. Ein wichtiger Grund hierfür ist, daß du dich an deinem Tun erfreust. Dein soziales Netz ist voller interessanter Menschen und Plätze. Du kannst für deinen Stil und deine Anmut bekannt werden. Ein beträchtlicher Anteil an Popularität und Wohlstand kann auf dich zufließen — und in Verbindung damit auch eine gewisse Frivolität, die zu einem Zuviel an High Life führen kann. Wenn du der Führung deines inneren Herzens folgst, wird dies jedoch ernstere Schwierigkeiten abwenden.

VENUS Konjunktion Deszendent–Vertex

Das Bedürfnis nach einem Kameraden und/oder Partner ist an diesem Ort sehr stark ausgeprägt. Wenn du nicht verheiratet bist, es aber gern sein möchtest (oder sogar, wenn du es nicht sein möchtest), ist dies der richtige Platz für dich zum Leben. Die Geisteshaltung von Kompromißbereitschaft und Kooperation ist derartig groß, daß alle vorangegangenen Schwierigkeiten mit Partnern ein Ende finden werden. Es scheint eine ständige Interaktion zwischen dir und den Mitmenschen zu geben. Du erwartest mehr von Partnerschaften aller Art, infolgedessen ist es für dich notwendig, mehr zu geben und mehr in Beziehungen zu investieren.

VENUS Konjunktion Imum Coeli–Haus 4

An diesem Ort verkehrt die Familie mit attraktiven, talentierten und sympathischen Leuten, und so ergeben sich recht häufig vorteilhafte Begegnungen. Diese Venusposition läßt an einen bodenständigen Lebensstil denken, bei dem du dich an den einfachen Dingen des Lebens erfreust. Gefühle der Zuneigung werden offen gezeigt, weil du spürst, daß Freunde und Familie unbezahlbar sind. Abhängig von deiner Grundveranlagung kann sowohl die Entspannung als auch der Sinn für die praktischen Seiten des Lebens gedeihen.

MARS Konjunktion Aszendent–Antivertex

Hier haben deine Handlungen nichts Indirektes an sich. Möglicherweise halten dich die Leute für übermäßig forsch, und dies mag auch zutreffen, aber auf jeden Fall bringst du etwas zustande. Deine physische Kraft und Ausdauer sind sehr betont und deine Einstellung ist von Selbstvertrauen und Optimismus geprägt. Deshalb ist dies der Ort, an dem du das Leben frontal angehst. Allerdings können deine Handlungen außer Kontrolle geraten, manchmal sogar bis zu dem Punkt, an dem du die Zerstörung dessen bewirkst, wofür du gekämpft hast. Obwohl dieser Ort voller Abenteuer ist, könnten dich der Streß und die Anspannung, die mit der Notwendigkeit, zu kämpfen und zu konkurrieren verbunden sind, zu irgendeinem Zeitpunkt zum Fortgehen zwingen.

MARS Konjunktion Medium Coeli–Haus 10

Die zusätzliche Anstrengung, die du hier einsetzt, kann dich deinem Ziel immer näherrücken lassen. Vielleicht bist du für deine Energie, deinen Enthusiasmus und dein Selbstvertrauen bekannt. Wenn das Kämpfen für eine angesehene Stellung hier auch leichtfallen mag, so hast du doch auch zu lernen, wann es angebracht ist, Geduld aufzubringen und darauf zu warten, daß sich deine Bemühungen auszahlen. Die Menschen können nur bis an ihre jeweiligen Grenzen gedrängt werden und nicht darüber hinaus. Diese Grenzen bei sich selbst und bei anderen zu erkennen, kann Widerstand und Ärger verhindern.

MARS Konjunktion Deszendent–Vertex

Dies ist ein agressiver Ort mit einem beträchtlichen Anteil an potentiell gefährlichen Situationen. Diese Konstellation kann sicherlich das Schlimmste in den Leuten, mit denen du täglich zu tun hast, zum Vorschein bringen. Im Umgang mit anderen mußt du gradlinige und dreiste Taktiken entwickeln. Und dies scheint auch zu funktionieren, weil es genau das ist, was sie verstehen ... Druck. Wenn du nicht aufpaßt, werden dich deine streiterischen Konfrontationen mit anderen nach einiger Zeit härter werden lassen, und du könntest übermäßig grob reagieren. Dann wirst du einen Umzug für notwendig erachten.

MARS Konjunktion Imum Coeli–Haus 4

An diesem Ort neigst du zu aktiver Anteilnahme am Familienleben, und häusliche Angelegenheiten können zu einer Quelle des Ärgers und der Frustration werden. Dies kann sich in Form von Familienfehden oder Unfällen manifestieren. Der Trick besteht darin, ein Ventil für die Kanalisierung deiner aggressiven Energie zu finden. Praktische und körperliche Unternehmungen können als gesunde Ventile dienen. Möglicherweise fühlst du ein starkes Bedürfnis, dein persönliches Leben zu schützen und zu verbessern, doch hastige Aktionen können vereiteln, daß sich etwas Gutes und Dauerhaftes entwickelt. Es mag Fälle geben, wo Mars nicht gegen, sondern für dich arbeitet, aber meistens verspricht diese Linie kein glückliches Familienleben.

JUPITER Konjunktion Aszendent–Antivertex

Dieser Ort fördert das Allerbeste, was du im Leben zu bieten hast, und die Erträge sind mehr als reichlich. Deine Fähigkeiten werden durch einen gesunden Optimismus und eine auf Expansion ausgerichtete Lebenshaltung gesteigert. Wenn es dir wirklich gelingt, Wohlstand und Erfolg auszustrahlen, dann müssen diese einfach in dein Leben hereinströmen. Hier ist der Ort, an dem du dieses Gesetz verwirklichen kannst. Persönliches Wachstum durch ein erweitertes Verstehen des Universums, macht das Leben unter diesem Einfluß wahrhaftig befriedigend, humorvoll und erleuchtend.

JUPITER Konjunktion Medium Coeli–Haus 10

Ganz allgemein gesagt, bietet dir dieser Ort das Beste vom Besten. Du wirst feststellen, daß sich unpersönliche Ziele leicht verwirklichen lassen. Anerkennung erzeugt große Leistungen, und umgekehrt tragen große Leistungen zu deiner Anerkennung bei. Während dieses Entwicklungsprozesses kann dein Einkommen und deine soziale Stellung immer wieder neue Höhen erreichen.

JUPITER Konjunktion Deszendent–Vertex

Hier hast du das Gefühl, zur richtigen Zeit am richtigen Ort zu sein. Nenne es Glück, Schicksal oder gutes Karma — worauf es wirklich ankommt ist, daß dieser Platz zu Erfolg anspornt. Da jeder Mensch auf die anderen angewiesen ist, kann an genau diesem Ort die richtige Person in dein Leben treten und dir den benötigten Rat und/oder Geld anbieten. Gute geschäftliche Beziehungen und glückliche Ehen können hier gedeihen. Es kommt nicht so sehr darauf an, wie, sondern darauf, daß es geschieht, und dein Leben wird auf großartige Weise verbessert werden.

JUPITER Konjunktion Imum Coeli–Haus 4

Dies ist ein wunderbarer Platz, um eine Familie zu gründen, ein Haus zu bauen, die Natur zu erforschen und auf ehrliche Weise ein gutes Leben zu führen. Wenn zu Hause Frieden herrscht und die Grundbedürfnisse erfüllt sind, vollzieht sich auch auf natürliche Weise inneres Wachstum. Hier meint es Mutter Natur gut mit dir, und wenn du aufmerksam bist, kannst du Bewußtsein von vielen Quellen verborgenen Reichtums erlangen.

SATURN Konjunktion Aszendent–Antivertex

In dieser Gegend hast du das Potential, sehr viel zu lernen; auf eine gewisse Weise kann es als Besuch einer Lebensschule der harten Schläge angesehen werden. Wir alle lernen, uns an schwierige Lebensumstände anzupassen, doch dieser Wohnort fordert eine Menge und könnte dich veranlassen, mehr persönliche Verantwortung zu übernehmen und Verpflichtungen einzugehen. Vielleicht nimmst du diesen saturnalen Einfluß als den Gegensatz eines warmen und freundlichen Platzes wahr, aber es ist ein Ort, an dem du dich realistisch mit der praktischen Seite des Lebens auseinandersetzen mußt. Er kann sich auswirken wie ein Grundstück, für das du deine Abgaben zahlst und dann weiterziehst, um das Gelernte umzusetzen und anzuwenden. Vermeide es, deine eigenen Anstrengungen zu blockieren, denn auf lange Sicht arbeitet die Zeit für dich. Der einzige Weg, mit scheinbaren Verzögerungen und Ablehnungen umzugehen, ist die geduldige und beharrliche Erfüllung deiner Verpflichtungen.

SATURN Konjunktion Medium Coeli–Haus 10

Hier fühlst du das volle Gewicht von Autorität auf dir lasten. Sie kann durch die Verpflichtungen deiner eigenen Position repräsentiert werden oder durch Unterdrückung von Seiten Höhergestellter. Dein Durchhaltevermögen funktioniert hier gut, und ganz bestimmt kannst du Überstunden einlegen. Diese Faktoren werden zweifellos einen Reifungsprozeß stabilisieren. Die Schattenseite ist, daß du innerhalb der engen Grenzen von Konventionalität agieren mußt. Selbst wenn du einige Bekanntheit, Ruhm oder eine hohe Stellung erlangen solltest, bleibt deine Handlungsfreiheit dennoch auf eine einschränkende Struktur begrenzt.

SATURN Konjunktion Deszendent–Vertex

In dieser Umgebung gibt es eine echte Ironie. Du mußt dich auf andere verlassen, doch wenn du das tust, scheinen sie dich irgendwie einzuschränken. Es können sich verläßliche Partnerschaften entwickeln, doch die meisten Verbindungen mit anderen müssen mit äußerster Diplomatie gehandhabt werden, um heftige Reaktionen zu vermeiden. Des Umgangs mit unsensiblen, dickköpfigen Leuten kannst du schnell überdrüssig werden. Gibst du aber deiner Tendenz zu Zurückhaltung nach, kann dies die Situation nur noch verschlimmern. Auf deiner Seite muß ein gewisses Maß an Akzeptanz vorhanden sein, wenn die Kontrolle nicht in deinen Händen liegt. Du lernst Demut und Schlichtheit als Strategie des vorsichtigen Sich-Einlassens.

SATURN Konjunktion Imum Coeli–Haus 4

Dies kann ein unglaublich beständiger, aber auch ein sehr einsamer Ort sein. Härte scheint sich in deinem Zuhause auszubreiten, und eine Vielzahl von Ängsten wird damit genährt. Furcht ist eine gewaltige Motivationskraft, aber sie ist nichts, dem du kontinuierlich ausgesetzt sein möchtest. Ein pflichtbewußtes Verhaftetsein in Familienangelegenheiten kann zu einem gewissen Grad von sklavischer Bindung an die, die du liebst, führen. Das Leben in einer Umgebung voller Begrenzungen kann eine negative Lebenseinstellung fördern — eine geistige Verfassung, die sich leicht Pessimismus und emotionaler Melancholie hingibt. Du wirst feststellen, daß harte Arbeit und methodisches Planen ein Schlüssel zum Verlassen dieses Ortes oder zu einer Möglichkeit des Durchhaltens sein können.

Die Transsaturnier an den Kardinalpunkten

Die Planeten jenseits von Saturn haben ihre eigene und besondere Komplexität. Bei den meisten Menschen wirken sie fast ausschließlich auf einer unbewußten Ebene. Daraus ergeben sich für uns alle gewaltige Konsequenzen, es sei denn, wir erfassen irgendwie, daß sich Uranus, Neptun und Pluto in Wirklichkeit darum bemühen, unsere inneren Potentiale zu erwekken. Wenn wir versuchen, sie zu unterdrücken, wenn wir ihnen ausweichen oder ihre Absichten nicht verstehen, scheinen sie Feinde zu sein, während sie tatsächlich nur Lehrer mit unterschiedlichen Lektionen sind. Unter ihrem Einfluß kann das Leben niemals normal bleiben, denn Normalität bedeutet Stagnation und Nicht-Wachsen. Diese Planeten enthüllen — mehr als alle anderen — die Ebene des spirituellen Wachstums, welche du erreicht hast. Sie sind wahre Spiegel deines selbstbewußten Gewahrseins.

Der Uranuseinfluß

Unter dem Einfluß des Uranus scheinen Menschen mit ausgeprägten technischen Fertigkeiten, unabhängige Personen und diejenigen, die viel auf Reisen sind, weniger Probleme zu erleben. Wenn du wirklich ein Freidenker und auf vielfältige Weise progressiv bist, dann kann Uranus bei dir weniger aufbrechen und umwerfen. Die Gesellschaft scheint immer uranischer zu werden, und dieser Prozeß beschleunigt viele der umstürzlerischen und unberechenbaren Qualitäten des Uranus, während er uns gleichzeitig dazu bringt, das Leben auf neue Art und Weise wahrzunehmen.

Uranus ist in vieler Hinsicht ein mentaler Planet, d.h. er hat mit Gedanken und Ideen zu tun. Geistige Disziplin ist deshalb unbedingt notwendig, um die neuen und unerwarteten Gedanken und Ideen zu kanalisieren. Jegliche Freiheit existiert innerhalb von Begrenzungen!

URANUS Konjunktion Aszendent–Antivertex

Dieser Ort könnte einen wilden und rebellischen Teil deiner Persönlichkeit zum Vorschein bringen. Du kannst dich sehr unruhig fühlen, weil du auf vielschichtige Weise stimuliert wirst. Deine persönliche Anziehungskraft ist hier betont, und originelle Ideen sind ziemlich häufig. Die individuelle Freiheit wird zu einem wichtigen Thema, und so könnten einige unkonventionelle Taktiken notwendig sein, um sie zu bewahren. Dieser Ort hat nichts Langweiliges, zu viel Aufregung kann allerdings zeitweilig deine Energien zerstreuen, was zu unbeständigem und unzuverlässigem Verhalten führen kann.

URANUS Konjunktion Medium Coeli–Haus 10

Hier kann man Instabilität erleben aufgrund der Tatsche, daß die angestrebten Ziele sich so rasch verändern. Wenn du ein eigenes Geschäft besitzst oder eine Position innehast, die beträchtliche Unabhängigkeit mit sich bringt, findet die erfinderische und unternehmerische Seite das benötigte Ventil. Das Problem bei den meisten Jobs ist jedoch, daß sie dir nicht erlauben, deine Individualität und deine Fähigkeiten einzubringen. Viele Menschen werden aufgrund der frustrierenden Situationen, auf die sie hier im Zusammenhang mit fest strukturierten Erwerbsmöglichkeiten stoßen, rebellisch oder gleichgültig. An irgendeinem Punkt mußt du die geeigneten Möglichkeiten allein und für dich selbst schaffen. Dein Reichtum an kreativen Ideen muß kanalisiert werden, und hier könnte der richtige Ort dafür sein, auch wenn die Aussicht auf einen Alleingang und der Gedanke an finanzielle Unabhängigkeit entnervend und verunsichernd ist.

URANUS Konjunktion Deszendent–Vertex

Dieser Ort bietet dir eine Mannigfaltigkeit an neuen und unvorhersehbaren Begegnungen mit anderen Menschen. Von Altruismus bis zur Perversion — die Beziehungen, welche du hier eingehst, sind alles andere als konventionell oder gewöhnlich. Menschen treten plötzlich in dein Leben und verschwinden ebenso schnell wieder und bewirken dabei sowohl überraschende Erkenntnisse als auch plötzliche Spannungen. Vielleicht versuchst du, dich nicht an andere zu binden, aber gleichzeitig suchst du die Aufregung, die sie in dein Leben hineintragen.

Dieser Ort kann dir die Möglichkeit geben, familiäre Angelegenheiten auf progressive Weise anzugehen. Hin und wieder könnten im Zusammenhang mit deinem Heim und deiner Familie sonderbare und fremdartige Verhaltensweisen auftauchen, die dich auf die Palme bringen. Eine Lösungsmöglichkeit besteht darin, neue Umgangsformen mit der Alltagsroutine des Familienlebens auszuprobieren. Möglicherweise erlebst du eine befremdliche Distanziertheit, welche zu Spannungen führt. Ungewöhnliche Situationen scheinen sich nie ganz zu beruhigen, und diese Regellosigkeit innerhalb der Familie provoziert leicht Streitigkeiten. Sehr technisch orientierte, unverheiratete oder reisefreudige Menschen finden diesen Ort wahrscheinlich weniger irritierend.

Der Neptuneinfluß

Wie realitätsbezogen ist dein Glaubenssystem? Wie eindeutig hast du schlechte Angewohnheiten erkannt? Wie gut verstehst du die Symbole deiner Träume? Dies sind drei der wichtigsten Fragen, die Neptun aufwirft. Übermäßige Beeindruckbarkeit oder verführerische Wünsche können überhandnehmen, und Befriedigung versprechen, diese aber nicht immer gewähren. Nicht nur, daß deine Vorstellungskraft überstark sein kann; deine Empfänglichkeit für so viele Einflüsse ruft auch ein Verlangen nach Flucht hervor. Einige Formen von Eskapismus können zu Abhängigkeit oder gesundheitsschädigendem Verhalten führen. Möglicherweise gehst du innere Schwierigkeiten mit äußerlichen Antworten an. Nur wenn du dich mit internen Problemen auf der Ebene, auf der sie existieren (nämlich im Unbewußten) auseinandersetzt, wirst du auch in der Lage sein, dein inneres Puzzle zu ordnen. Durch Meditation und explorative Therapie kannst du vielleicht das Geheimnis deines persönlichen Symbolismus entwirren.

Wenn jedoch unrealistische Erwartungen, fehlgeleitete Überzeugungen und zeitweilige Berauschungen vorherrschen, wird der Selbstbetrug die Oberhand gewinnen. Deshalb mußt du an irgendeinem Punkt das Schwert der Unterscheidung in die Hand nehmen und deine Illusionen abtrennen, die Traummaschinerie anhalten und alle Falschheit zurückweisen. Menschen, die regelmäßig meditieren oder sich mit Kunst oder anderen kreativen Ausdrucksformen beschäftigen, werden weniger Probleme mit Neptun haben. Letztendlich können Selbstdisziplin und/oder dynamische Kreativität die Neptunenergie im Gleichgewicht halten.

NEPTUN Konjunktion Aszendent–Antivertex

Empfänglichkeit für eine Vielzahl von Einflüssen kann verwirrend sein. An einem Ort wie diesem reagiert deine Vorstellungskraft überstark und projiziert unbewußte Auffassungen davon nach außen, wie die Realität beschaffen sein sollte. Wenn du nicht ein gut entwickeltes inneres Bewußtsein hast, kannst du damit rechnen, von trügerischen Verhältnissen umgeben zu sein. Wertschätzung abstrakter Konzepte und dynamischer Kreativität helfen dir bei der Aufrechterhaltung einer gesunden Neptunperspektive. Du könntest dich zu metaphysischen Lehren hingezogen fühlen, doch gibt es keine Garantie für ihre Authentizität. Wenn du dich durch die nachgiebige Seite Neptuns durcharbeiten kannst, erlangst du bessere Chancen, einen intuitiveren und mystischen Zugang zum Leben zu erreichen.

NEPTUN Konjunktion Medium Coeli/Haus 10

Dies ist ganz sicher ein problematischer Ort, wenn es darum geht, Träume von der Wirklichkeit zu unterscheiden. Es ist sehr wahrscheinlich, daß Träume deine einzige Realität darstellen. Im allgemeinen gibt es im Zusammenhang mit deiner Karriere enttäuschende Episoden. Oft handelt es sich um einen Fall von Nichtübereinstimmung mit den Mitmenschen und/oder kulturellen Werten. Auf der anderen Seite wird dich die Hingabe an bestimmte Ziele (seien sie nun richtig oder falsch) weiterbringen, wenn du erst einmal Feuer gefangen hast. Hier spielen ständig ungewöhnliche Zielsetzungen, inspirierte Ideale und außergewöhnliche berufliche Motivationen mit herein.

NEPTUN Konjunktion Deszendent/Vertex

Im Bereich der Partnerschaft geht es nicht gerade offen und ehrlich zu, und das aus gutem Grund: Du siehst andere einfach nicht so, wie sie sind; möglicherweise, weil sowohl du als auch die anderen immer wieder Erwartungen und Vermutungen projizieren, die aller Wahrscheinlichkeit nach falsch sind. Dadurch entsteht Vertrauensverlust und Desillusionierung. Sowohl in geschäftlichen wie in privaten Beziehungen mußt du sehr vorsichtig sein, denn eine übergroße Abhängigkeit von anderen, oder umgekehrt das Zulassen ihrer Abhängigkeit von dir, könnte die Dinge nur noch trügerischer und verwirrender gestalten. In einigen Fällen ermöglicht dir diese Gegend, dich in die Probleme und das Leiden der Mitmenschen einzufühlen, und aus dieser Sensibilität heraus können sich von Mitleid bestimmte Handlungen ergeben.

NEPTUN Konjunktion Imum Coeli–Haus 4

Dieser Ort könnte irgendetwas physisch und/oder psychisch Giftiges an sich haben. Die Schwierigkeit dabei ist, daß die Gefahr im allgemeinen nicht frühzeitig genug erkannt wird. Diese Probleme können heimtückisch dein Sicherheitsgefühl untergraben. Das Eintauchen in deine Vergangenheit und die Geheimnisse der Natur kann eine der besten Therapien für dich sein. Unkontrollierte Empfindsamkeit und hilflose, hoffnungslose Lebenseinstellungen geben nur einer unbestimmten Depressivität Nahrung. Eine nach ethischen Prinzipien ausgerichtete, kontemplative Lebensführung kann sehr hilfreich und heilsam sein.

Der Einfluß Plutos

Pluto ist die Hauptantriebsfeder des Unbewußten, und nichts kreuzt seinen Weg, ohne irgendwie neu definiert, umgewandelt und erneuert zu werden. Er ist auch der Schlüsselfaktor unter den Generationsplaneten, und eine seiner wichtigsten Aufgaben besteht darin, das persönliche an das kollektive Unbewußte anzuschließen.

Das grundlegendste Plutothema ist der rechte Umgang mit Macht. Der Mißbrauch dieser Potentiale kann eine zerstörerische Sturzflut entfesseln, die genau die Dinge, die mit Hilfe dieser Macht aufgebaut wurden, verwüstet. Hast du genügend innere Integrität, so wirst du irgendwie wieder von Neuem beginnen können, allerdings mit einer veränderten Sichtweise. Es ist ratsam, die Kraft Plutos zu gebrauchen, um anderen zu helfen; dies wird nicht nur ihre Intensität vertiefen, sondern auch dem Transformationsprozeß ermöglichen, sich in einer annehmbaren Geschwindigkeit zu vollziehen.

Rechne damit, über deine selbstauferlegten Grenzen hinaus in einen Bereich gestoßen zu werden, wo Sein und Tun eins sind. Pluto fordert sehr viel, aber zugleich läßt er viel entdekken. Das weitverbreitete Problem mit Pluto ist, daß Bescheidenheit schwerfällt; deine Reaktionen sind zu sehr schwarzweiß gefärbt und oft extrem.

PLUTO Konjunktion Aszendent–Antivertex

An diesem Ort wird persönliche Macht entfaltet. Du kannst dich hier sehr lebendig und gekräftigt fühlen. Ganz sicher bist du taktvoller und in der Lage, von der Kraft der Überzeugung Gebrauch zu machen. Du kannst mit der gleichen Intensität in neue Erfahrungen hineinspringen, mit der du dich radikal von Bindungen löst. Deine Emotionen werden bis zum Extrem getrieben, und das kann zu Problemen führen, wenn du nicht herausfindest, wie du sie entschärfen kannst. Dieser Ort zwingt dich, dein Leben neu zu definieren und neu zu bewerten.

PLUTO Konjunktion Medium Coeli–Haus 10

Dies ist zweifellos ein Ort, an dem du Anerkennung bekommen und Macht über andere ausüben kannst. Die Verderbnis bringenden Aspekte der Macht können sehr lebendig sein, indem sie die obsessiven und fanatischen Anteile deiner Persönlichkeit aktivieren. Gib besonders acht auf die Strategien und Manöver, die du anwendest; die Wahrscheinlichkeit, daß dir irgendetwas aus den Händen gleitet, ist groß. Gestatte deinen Zielen, sich in gegensätzliche Richtungen zu bewegen; auf diese Weise wirst du unmittelbar von den Wirkungen der transformativen Energien profitieren.

PLUTO Konjunktion Deszendent–Vertex

Partnerschaften und die Menschen im allgemeinen können dich entweder zu Vortrefflichkeit oder zur Destruktion treiben. Dies ist der Ort, an dem ein engstirniger Tyrann deine Schwächen solange ausnutzen kann, bis du sie gemeistert hast. Wenn du dazu übergehst, dich anderen gegenüber fortwährend feindselig zu verhalten, wirst du nur damit enden, daß du deine Energien erschöpfst und dich selbst unnötig dadurch bestrafst. Natürlich sind Partnerschaften intensiv, komplex und stellen oft hohe Anforderungen. Zusammenarbeit ist gefordert, damit ihr euch, anstatt zu kämpfen, gegenseitig zu hervorragenden Leistungen anspornen könnt.

PLUTO Konjunktion Imum Coeli–Haus 4

Aktive Einmischung in dein persönliches Leben durch äußere Kräfte kann sehr demoralisierend sein, doch gerade dies ist typisch für diese Gegend. Der Einfluß ist hier für die meisten Menschen auf einer zu unbewußten Ebene provozierend, was zwanghaftes Verhalten bewirkt. Dies beeinträchtigt häufig den Ablauf eines normalen Familienlebens. Eine Tendenz zu

Kampf- oder Fluchtreaktionen schwebt immer wieder über vielen Bereichen des häuslichen Lebens. Die meisten Menschen werden durch ihr ständiges Ringen um das Beseitigen von disharmonischen Einflüssen schließlich zum Verlassen dieses Ortes gezwungen.

Wie steht es mit Transpluto?

Es gibt verschiedene Möglichkeiten, Transpluto zu beschreiben. Die für mich zutreffendste Entsprechung lautet, Transpluto als Stierplaneten bzw. als mit Venus im Stier vergleichbar anzusehen. Auf diese Weise können viele der Schlüsselbegriffe, die wir mit dem Zeichen Stier assoziieren, auch benutzt werden, um den Einfluß Transplutos zu verdeutlichen. Er kann auch als ein erdiger Planet vom Typ Plutos gesehen werden, was Forscher wie Hawkins[30] zu der Aussage veranlaßt hat, daß Transpluto mit den sichtbaren Kräften zu tun hat (nicht mit den unsichtbaren wie Pluto), welche uns befähigen, das zu tun, wozu man normalerweise nicht in der Lage wäre. Man kannt damit rechnen, daß Transpluto einige Durchbrüche bewirkt, doch aufgrund seiner erdigen Energie darf man nicht verlangen, daß diese sich über Nacht vollziehen. Ob es um die Lebensanschauung, die Arbeit, die Partnerschaften oder das Zuhause geht: Transpluto kann die Fähigkeit verleihen, das Leben zu ertragen und sich daran zu erfreuen, während er gleichzeitig zu mehr Beharrlichkeit und Eigenwillen verhilft.

Die Häuser im Standorthoroskop

Im Standorthoroskop wird die strittige Frage um das richtige Häusersystem vermieden, weil der Horizont ganz einfach immer gleich gemessen wird. Die 360° Azimut des dich umgebenden Horizontes können überall auf den mittleren und oberen geographischen Breitengraden angewandt werden. Das System ist auch in den Polarregionen höchst effektiv, weniger dagegen im Äquatorbereich.

Die Konstante von 360° sieht für jeden Abschnitt oder jedes Haus eine genaue Länge von 30° vor. In Abb. 1 wird es ersichtlich, daß die Abfolge der Standorthäuser die Umkehrung der Häuserfolge im herkömmlichen Horoskop ist. Das siebte Haus befindet zu deiner Linken (Westen) und das erste zu deiner Rechten (Osten); entsprechend sind das dritte und vierte Haus oben (Norden) und das neunte und zehnte unten, also im Süden. Auf allen Karten und Kompassen ist dieses allgemeingültige Bild zu sehen:

N
W + O
S

Bei den Häusern im Standorthoroskop gibt es keine Rotation: Sie bleiben auf ihre jeweiligen Richtungen fixiert. Die Positionen der transitierenden Planeten ändern sich jedoch fortwährend, was die Planeten in irgendeinem der 12 Häuser, in einer der 16 Richtungen und auf verschiedenen Azimutgraden plaziert. Erinnere wir uns daran, daß sie außerdem auf unterschiedlichen Höhengraden (0° bis 90°) ober- oder unterhalb des Horizonts stehen können.

Das Reisen in der näheren Umgebung oder über weitere Entfernungen hinweg bedeutet nicht immer, daß man einer Planetenlinie folgt. Manchmal befindet man sich vielleicht auf dem Weg in einen anderen Bereich der Lebensaktivität, d.h. in einen bestimmten Sektor des Standorthoroskops (also ein Standorthaus). Im Rahmen der gängigen Auslegungen der Häuser könnte dies besagen, daß man den Wunsch hat, andere Menschen zu treffen, während man in Richtung Westsüdwesten unterwegs ist (das siebte Standorthaus, siehe hierzu Tabelle 10). Die Bewegung in nordwestliche Richtung würde einen ins fünfte Haus des Standorthoroskops bringen, an einen Ort, wo man eine Geliebte oder einen Liebhaber treffen oder mit seinem derzeitigen Liebling ins Kino gehen könnte. Und was wäre das

Richtige, wenn man gerade für sich allein sein möchte? Ein Schritt in Richtung achtes oder zwölftes Standorthaus könnte angebracht sein. Solange man sich nicht innerhalb von 7° in der Nähe eines Planeten aufhält, werden die Aktivitäten im allgemeinen durch die Häuserthematik beschrieben. Wenn man jedoch näher an einen Planeten herankommt, übertönt dessen spezifische Energie die generelle Bedeutung des Hauses und setzt sie außer Kraft.

Neben den personenbezogenen Anwendungsmöglichkeiten der Häuser im Standorthoroskop gibt es einige offensichtliche historische Zusammenhänge. Die nach Westen gerichtete Bewegung der Zivilisation, in Verbindung mit dem destruktiven Konzept einer »offenkundigen schicksalhaften Bestimmung« scheint mit den Angelegenheiten des sechsten und siebten Hauses übereinzustimmen. Das siebte Haus steht für »die anderen«, und es kann sozusagen als »das grünere Gras jenseits der Berge« angesehen werden. Die Migration der Menschen in Richtung Westen verursachte Kriege, Mischehen zwischen verschiedenen Gruppen, neue juristische Probleme, zeitlich begrenzte Bündnisse, usw. All dies paßt ganz deutlich zu den Entsprechungen des siebten Hauses: Offene Feinde, Heirat, Rechtsstreitigkeiten, Partnerschaften. Die Bewegung westwärts bewirkte ferner auch die Ausbreitung von Krankheiten, die Kreuzung und Domestizierung vieler Tiere, die Entwicklung neuer Fähigkeiten, um mit Grenzstreitigkeiten fertigzuwerden, die zwingende Notwendigkeit großer Armeen, usw. Diese Geschehnisse entsprechen dem sechsten Haus: Gesundheitliche Belange, kleine Tiere, handwerkliche Fertigkeiten, harte Arbeit, Wehrdienst.

Die großen Zivilisationen der Vergangenheit und Gegenwart führten ihre Eroberungszüge vorwiegend in Richtung Süden; dort liegt das zehnte Haus, in welchem Macht, Führungseigenschaften, Autorität, gesellschaftliche Stellung und Ruhm manifest werden. Ist es nicht all dies, worum es bei Krieg und Eroberung letzlich geht? Das neunte Haus liegt ebenfalls im Süden; nach der Eroberung führen die neuen Herrscher ihre eigene Weltanschauung ein, wodurch das Bildungssystem und die Gesetze des Landes verändert werden. Während der gesamten Geschichte nahm die nördlichste Kultur und/oder diejenige auf einer höheren Entwicklungsstufe Land und Völker im Süden in Besitz und behauptete mühelos ihre Macht darüber.

Die vorangehenden Beispiele handelten von Völkerwanderungen vieler Menschen während vergangener Epochen; aber auch die individuellen Anwendungmöglichkeiten sind sehr vielfältig. Indem man die südwestliche Richtung einschlägt, kann man auf Freundschaften treffen, oder auf Geld im Nordosten. Ganz ohne Zweifel funktionieren also die Häuser auch in der standortbezogenen Astrologie, allerdings in einem sehr viel allgemeineren Sinn als die Planetenlinien.

Tabelle 10

Die zwölf Häuser des Standorthoroskops mit besonderer Betonung auf Wohnen und Reisen

1. Haus
Ansichten, äußere Persönlichkeit, frühe Umwelteinflüsse, allgemeine Konstitution, physisches Erscheinungsbild, Liebesaffären auf Fernreisen (das erste Haus ist vom neunten ausgehend das fünfte), weite Reisen von Kindern (als neuntes vom fünften Haus), kurze Reisen von Freunden, die Großeltern.

2. Haus
Finanzen, beweglicher und unbeweglicher Besitz, Gedächtnis, Wertsystem, das Zuhause von Freunden oder Freunden der Familie (als viertes vom elften Haus), Kurzreisen verborgener Feinde (als drittes des zwölften Hauses), weite Reisen in Verbindung mit Gesundheit oder beruflichen Fertigkeiten (als neuntes vom sechsten Haus).

3. Haus
Kurze Ausflüge (1–2 Stunden), Alltagsdenken, Kommunikation, Grundschulbildung, Nachbarn; das Zuhause, Nicht-Verwandte, die in deinem Heim leben, Freunde der Kinder (als elftes vom fünften Haus), Fernreisen des Lebenspartners (als neuntes des siebten Hauses).

4. Haus
Weniger dominanter Elternteil, Familienangelegenheiten, Grundbesitz, meditative und sexuelle Erfahrungen auf weiten Reisen (als achtes vom neunten Haus), Autos.

5. Haus
Liebesaffären, Kinder, Sport, Glücksspiel, Unterhaltung, Kreativität, kurze Reisen von Brüdern und Schwestern (als drittes vom dritten Haus), weite Reisen der Enkel (als neuntes vom neunten Haus).

6. Haus
Gesundheitsbewußtsein, Angestellte, berufliche Fähigkeiten, Streitkräfte, Fernreisen des dominanteren Elternteils und Geschäftsreisen (als neuntes vom zehnten Haus), kleine Tiere.

7. Haus
Heirat, Partnerschaften, die Öffentlichkeit, offene Feinde, kurze Reisen der Kinder (als drittes vom fünften Haus), Fernreisen von Freunden (als neuntes vom elften Haus).

8. Haus
Meditation, sexuelle Energie, Geheimnisse, Schlaf, Tod, das Geld anderer, kurze Reisen im Zusammenhang mit Gesundheit (als drittes vom sechsten Haus), berufliche Fähigkeiten, weite Reisen verborgener Feinde (als neuntes vom zwölften Haus), größere Probleme auf Fernreisen (als zwölftes vom neunten Haus).

9. Haus
Weite Reisen (zweistündige Flugzeit), höhere Bildung, Rechtsfragen, höhere Ideale, fremde Länder, Enkelkinder, kurze Reisen des Lebensgefährten (als drittes vom siebten Haus).

10. Haus
Beruf, Stellung, Ziele, Gewinne, dominanterer Elternteil, Autoritäten, weite Reisen im Zusammenhang mit Geld (als neuntes vom zweiten Haus).

11. Haus
Freunde, Gruppenbewußtsein, Wünsche und Hoffnungen, Stiefkinder, lange Reisen von Brüdern und Schwestern (als neuntes vom dritten Haus)

12. Haus
Schwierigkeiten, Isolierung, Verbrechen, große Tiere, Kurzreisen des dominanten Elternteils (als drittes vom zehntes Haus)

Kapitel 4

Der Geomantische Kompaß

Wenn man sich einen geomantischen Kompaß erstmalig intensiver betrachtet, dann wird man unmittelbar erkennen, daß der zweite Ring die vier Elemente in Kombination mit jeweils einer bestimmten Himmelsrichtung anzeigt. Äther, das fünfte Element befindet sich direkt senkrecht darüber im Zenit, während das Individuum am unteren Pol der Mittelachse, dem Nadir, steht. Jeder Mensch trägt die vier Elemente biochemisch und psychologisch in sich. Zu verstehen, wie diese Elemente die persönliche Entwicklung fördern bzw. einschränken können, ist einer der wichtigsten Schlüssel für den richtigen Gebrauch des geomantischen Kompasses.

Der erste Schritt zur Benützung des Kompasses liegt darin, zu ermitteln, welches der vier Elemente in deinem bisherigen Leben am einflußreichsten und am hilfreichsten war. Es ist ziemlich bezeichnend, daß meistens ein Element besonders deutlich wirkt, so daß dessen Qualitäten ganz natürlich zum Ausdruck kommen, getreu der Redensart »jemand ist in seinem Element«. Ein anderes dürfte sich eher schwach manifestieren, während die restlichen beiden irgendwo dazwischen liegen. Manchmal kann es auch vorkommen, daß zwei Elemente gleich stark in Erscheinung treten; seltener ist dagegen der Fall, daß alle vier Elemente ähnlich markant sind (und ein solches Gleichgewicht wäre ein Hinweis auf eine hoch entwickelte Persönlichkeit). Gehen wir also davon aus, daß wir in der Regel eine Rangfolge der Elemente vorliegen haben.

Ich möchte den Leser aber gleich davor warnen, die Qualität der Elemente einfach durch einen Blick ins Geburtshoroskop einstufen zu wollen, denn wir haben es mit einem vielschichtigen Irrgarten von Wechselbeziehungen zu tun — gerade in Bezug auf die Bewertung der Elemente. Jedem Tierkreiszeichen wird ein bestimmtes Element zugeordnet und jeder Planet hat ebenfalls eine elementare Entsprechung, nicht zu vergessen, daß auch die Häuser und Aspekte gewisse Korrespondenzen aufweisen. Ein versierter und intuitiver Astrologe mag zwar in der Lage sein, die Elemente zu klassifizieren, aber meistens ist dies nicht gerade einfach. Ein Erde-Planet kann in einem Feuer-Zeichen und einem Wasser-Haus, mit einem Luft-Aspekt zu einem Feuer-Planet stehen, der wiederum in ein Luft-Zeichen und in ein Erde-Haus fällt.

Glücklicherweise gibt es aber auch noch eine schnellere und einfachere Methode, um die Elemente einzuordnen und dabei Irrtümer zu vermeiden. Besinnen wir uns auf unsere Kindheit und auf unser Verhältnis zu den Elementen. Ich stellte fest, daß das schwächste Element sich in einer Reihe von Kindheitserlebnissen offenbart und manifestiert. Das stärkste Element erzeugt dagegen normalerweise keine angsterregende, alarmierende oder irritierende Erfahrungen. Manchmal ist die Energie dieses Elementes so kraftvoll, daß das Kind als erste Reaktion davor zurückschreckt. Dabei ist es durchaus möglich, daß man zusätzliche Zeit investieren muß, um das Energieniveau zu justieren.

Wenn wir auf unsere ersten Lebensjahre zurückblicken, dann scheinen manche der kindlichen Lern- und Spielerfahrungen spontan verständlich gewesen zu sein, während andere Zurückhaltung und innere Furcht hervorgerufen haben oder eine Herausforderung darstellten. Die meisten Kinder unterliegen in ihrem Wachstumsprozeß einer ganzen Vielfalt von Aktivitäten, die zum großen Teil von den Familienstrukturen, aber auch von der kulturellen und geographischen Umgebung abhängen. Was nun ermittelt werden muß sind nicht so sehr ihre Aktionen, sondern ihre einmaligen *Re*aktionen: der Pegel ihrer Behaglichkeit und Freude oder ihrer Frustration und Schmerzen.

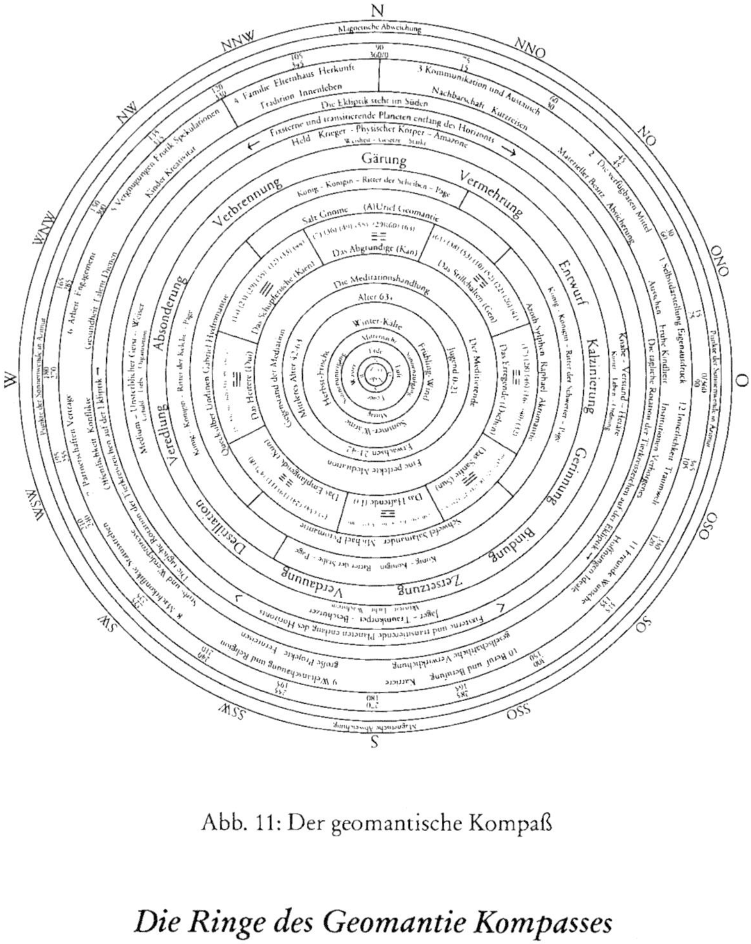

Abb. 11: Der geomantische Kompaß

Die Ringe des Geomantie Kompasses

Eins. Der Zenit steht direkt über dir und der Nadir steht direkt unter dir. Unsere Vorfahren benützten den Drachenkopf/Nordknoten für den Zenit und den Drachenschwanz/Südknoten für den Nadir. Es liegen 90° Höhe zwischen dem Horizont bis zum Zenit und ebenfalls 90° unter dem Horizont bis zum Nadir. Planeten mit geringer Höhe (+/– 10°) haben einen dominaten Einfluß auf diesen speziellen Ort.

Anmerkung: Bei den Ringen 1 – 7 sind in der südlichen Hemisphäre nur die Himmelsrichtungen Nord und Süd vertauscht.

Zwei. Die vier kardinalen Richtungen. Diese sind weitläufig mit den Tierkreiszeichen verknüpft: Widder/Osten, Waage/Westen, Steinbock/Süden, Krebs/Norden. Es ist wichtig, im Auge zu behalten, daß die Zeichen nicht stationär sind, sondern sich täglich mit der Erde bewegen.

Drei. Die vier wichtigsten Elemente, die in beinahe jedem Divinationssystem von Bedeutung sind. Weitere Informationen finden sie in dem Kapitel »Planetare Positionen auf dem Geomantie-Kompaß«, das auf dem chinesischen Feng Shui System basiert.

Vier. Das universelle System der Zeitentsprechungen.

Fünf. Die Jahreszeiten und ihre Wettererscheinungen.

Sechs. Die Lebensabschnitte, so wie sie das Feng Shui aber auch andere Systeme benützen. Die Hindus würden folgende verwenden: Kindheit, Student, Haushaltsvorstand und Entsagung.

Sieben. Die Grundformel des Kriya-Yoga. Der Meditierende wird vom Osten repräsentiert, wo die Sonne aufgeht. Der Prozeß führt zum Westen, wo die Sonne untergeht: dem Nicht-Selbst. Die Energie und Weisheit des Nordens wird angezapft und die vollendete Meditation vermischt sich mit persönlicher Göttlichkeit, welche Gott ist und/oder das wahre Selbst verwirklicht: Süden. In der alltäglichen Praxis wendet der Meditierende sein Gesicht gen Osten.

Acht. Die Spätere Himmelsreihenfolge des I Ging. Die acht Trigramme werden in Übereinstimmungen mit den acht Hauptrichtungen gebracht und wir gelangen erstmals zu einer Bezeichnung der weiteren Himmelsrichtungen: SW, NW, SO, NO. In diesen acht Haupttrigrammen sind ferner die 64 entsprechenden Hexagramme des gesamten I Gings enthalten. Auf der südlichen Halbkugel dürfte es angebracht sein, alle Positionen umzudrehen, da die Trigramme der chinesischen Betrachtung dem Wechsel der Jahreszeiten entstammen (also aus einer Sicht der nördlichen Halbkugel).

Neun. In diesem Ring stehen die Symbole für die vier Elemente im Mittelpunkt. Diese Symbole entstammen der westlichen Astrologie, der Magie sowie der Alchemie. (Die chinesische Elementenlehre positioniert die Erde in die Mitte, Holz in den Osten, Feuer in den Süden, Metall in den Westen und Wasser in den Norden.) Im westlichen System liegt das fünfte Element Äther in der Mitte. Die Lehre der Chakren ordnet das unterste Zentrum in der Steißbeinregion der Erde zu. Das nächste Zentrum am Kreuzbein entspricht dem Wasserelement, gefolgt vom Feuerzentrum in der Lendengegend. Das nächste Chakra an den Rückenwirbeln ist Luft und das Element Äther wird dem Zentrum im Bereich der Halswirbel zugeordnet. Die beiden Kopfzentren Medulla und Cortex entsprechen dem Zenit. Der Nadir repräsentiert die unterhalb des Steißbeins verborgenen Zentren. Ferner enthält dieser Ring auch die Erzengel der westlichen Magie und des Volksglauben. (Bei Eliphas Levis kabbalistischem Ansatz und bei den Gnostikern finden wir z. T. andere Begriffe und Zuordnungen). Die Namen für die niedrigere Ordnung der Engel oder Elementale werden hier aufgeführt. Diese unsichtbaren Kräfte sind die Erschaffer und Erhalter in der Biosphäre der Erde — die verborgene Intelligenz hinter der Natur. Sie sind im abendländischen Volksglauben als Elfen, Feen, Kobolde oder Schutzgeister verkörpert. Die vier Grundsubstanzen der Alchemie werden ebenfalls aufgelistet, zusammen mit den divinatorischen Systemen (Nord und Süd sind auf der Südhalbkugel umgedreht).

Zehn. Die Namen für die vier Farben der Hofkarten des Tarot. Die vier Ritter versinnbildlichen die vier Himmelsrichtungen, wobei die besonderen Farben (Elemente) ein allgemeiner Indikator für die Richtungen sind. Darüberhinaus gibt es zusätzlich 10 Karten für jede Richtung, was insgesamt die 56 Karten des kleinen Arkanums ergibt (4 x 14 = 56). Die Karten des kleinen Arkanums werden ähnlich verwendet wie die Häuser und Aspekte bei der astrologischen Deutung. Die 22 Karten des großen Arkanums (56 + 22 = 78) korrespondieren mit den Zeichen und Planeten. Die Zeichen und Planeten sind ständig in Bewegung und dies ist der Grund, warum sie nicht einer bestimmten Himmelsrichtung zugeschrieben werden (Süden und Norden sind unterhalb des Äquators umgekehrt).

Elf. Die alchemistischen Stufen, so wie sie zu den Zyklen der Natur in Bezug stehen.

Zwölf. In diesem Ring werden die unterschiedlichsten geomantischen Entsprechungen mit diversen Faktoren aus verschiedenen Quellen miteinander verknüpft. Zunächst werden die vier Funktionen bzw. Zustände des menschlichen Bewußtseins in Betracht gezogen: der physische Körper/Wachzustand, denkender Verstand/Wach- und Schlafzustand, der Traumkörper/Tiefschlaf sowie die Essenz oder der Geist in einem selbstverwirklichten Zustand. Links und rechts dieser Zentralaussage finden wir die Schlüsselbegriffe für die männlichen und weiblichen Archetypen, welche der Tiefenpsychologie von Wolff entnommen wurden (näheres hierzu in Tab. 11). Unmittelbar unter der Zentralaussage stehen die in der westlichen Magie benützten Grundbegriffe. Links und rechts davon finden wir Ergänzungen aus indianischen Quellen wie Hyemeyohsts Storm oder Don Juan. (Umkehrung von Nord und Süd auf Südhalbkugel).

Dreizehn. Dieser Ring steht für die Positionen der Planeten, der Fixsterne und alles weitere, was sie in ihrem persönlichen Standorthoroskop finden. Der 16. Ring enthält die Azimut. Feststehende oder transitierende Positionen können für jeden Ort beobachtet und verglichen werden. Ring 13 und 16 können zusammen benützt werden oder aber Ring 13 wird für die transitierenden Planetenpositionen und Ring 16 für die Radixplaneten benützt.

Vierzehn. Dieser Ring soll daran erinnern, daß die Ekliptik, die scheinbare Sonnenbahn und die Tierkreiszeichen für uns auf der nördlichen Halbkugel immer im Süden liegen, auch wenn wir uns auf den Himmelshorizont um uns herum konzentrieren.

Fünfzehn. Dies sind die Stichworte für die herkömmlichen astrologischen Häuser. Es mag einem merkwürdig vorkommen, daß das 4. Haus oben steht, aber wir sollten uns daran erinnern, daß die Spitze des 4. Standorthauses auf der Nordhalbkugel nach Norden weist. Wenn man mit dem Standorthoroskop in der Hand und parallel (also flach) zum Horizont nach Osten blickt, dann umfaßt das 1. Haus die ersten 30° Azimut am Horizont in Richtung Norden. Ebenfalls im 1. Haus, nämlich 22,2° Azimut nördlich von Osten, liegt ONO. Die Himmelsrichtung Nordosten befindet sich genau in der Mitte des zweiten Hauses usw.

Sollte sich dein Aufenthaltsort unterhalb 30° nördlicher Breite (oder oberhalb 30° südlicher Breite auf der Südhalbkugel) befinden, dann wende dich nach Norden und halte das Standorthoroskop senkrecht, also vertikal zum Horizont. Blicke nach Osten entlang den ersten 30 Graden über dem Horizont; über deinem Kopf steht das 1. Campanus-Haus auf der Nullvertikale. Die Häuser entsprechen einer Zwölfteilung der Erdoberfläche und in der gängigen Astrologie werden die Tierkreiszeichen über die Häuser gelegt. Die proportionale Aufteilung der Zeichen durch die Häuser hängt von der Distanz zum Äquator ab. Je weiter die Entfernung, um so größer ist die unproportionale Ausrichtung zwischen Zeichen und Häusern. Am Äquator sind Zeichen und Häuser beinahe identisch, da die Ekliptik und die Äquatorebene enger beieinander liegen. Bewegt man sich oberhalb von 40° nördlicher oder unterhalb 40° südlicher Breite, so kann sogar ein ganzes Zeichen von einem Haus eingeschlossen sein. In polaren Regionen können sogar mehrere Zeichen eingeschlossen sein, während sich auf der gegenüberliegenden Seite ein einziges Zeichen über mehrere Häuser erstreckt. Mehr hierzu in Kapitel 5.

Sechzehn. Die 360 Azimut-Grade sind zweifach in diesem Ring aufgelistet, weil es manche Astrologen vorziehen, von Osten aus zu zählen. Standard ist der Beginn im Norden. Diesen Ring verwendet man, um die genauen Positionen der Planeten in Azimut zu erkennen (bezieht sich auf das Standorthoroskop).

Siebzehn. Dieser Ring wird benützt, um anzuzeigen, ob irgendwelche Planeten in der Nähe der Azimut-Grade der Sonnwendpunkte stehen. Diese Punkte können sich nur in der östlichen oder westlichen Hälfte befinden (siehe Tabelle 7).

Achzehn. Im Norden und im Süden sehen wir die Punkte der magnetischen Deklination (siehe Abb. 5).

Neunzehn. Der letzte Ring enthält die 16 Haupt- und Nebenrichtungen des Kompasses.

Beinahe alle Kinder lieben es, mit Sand und Wasser zu spielen, aber es wäre nun völlig verkehrt einfach zu sagen, daß bei ihnen die Elemente Erde und Wasser besonders stark ausgeprägt wären, denn wir wissen weder, wieviel ihrer Zeit sie mit diesen Aktivitäten verbringen, noch ist uns bekannt, in welchem Ausmaß ihnen dies Freude bereitet. Erinnerungen an die Kindheit sind meistens sehr lebhaft und man wird überrascht sein, wie leicht es ist, bestimmte emotionale Reaktionsmuster wieder nachzuvollziehen. Nur man selber weiß, was einem einst gefallen hat oder was nicht, und es dürfte nicht viel Zeit in Anspruch nehmen, dies für sich zu klären. Anschließend wird man von dem geomantischen Kompaß sehr viel mehr profitieren können.

Sollte Erde dein stärkstes Element sein, dann dürfte das ausgedehnte Spielen mit lockerem Boden oder Gegenständen der Erde einen Großteil deiner Spielzeit in Anspruch genommen haben. Solche Beschäftigungen wären zum Beispiel: den Garten bepflanzen, mit Holz arbeiten, Sammeln von Steinen, Kochen oder Geld sparen im Sparschwein. In ihren frühen Lebensjahren haben manche Erde-Kinder eine Neigung, ihren Rotz zu essen und denken kaum über ihre derbe Verlotterung nach. Ich gebe zu, dies ist klingt ungehobelt und primitiv, aber Erde *ist* nun einmal ziemlich grobschlächtig. War das Element Erde bei dir nicht besonders betont, dann hattest du eine Aversion gegen diese Betätigungen oder hast sie ganz vermieden. Wenn du es nicht ausstehen konntest schmutzig, zu werden, so war Erde bestimmt nicht dein stärkstes Element.

Luft-Kinder mögen es, sich kleine Briefe zu schreiben, mit dem Telefon umzugehen, in Bäume zu klettern und den Wind zu spüren, Drachen steigen zu lassen und Flugzeuge aus Papier oder Plastik zu bauen. Ferner mögen sie schon sehr früh Bücher. Findet man unter dem Bett eines Erde-Kindes Steine oder Lebensmittel versteckt, so sind es beim Luft-Kind Buntstifte und Berge von Papier. Viele Luft-Kinder reden sich auch in den Schlaf und ihre Eltern sind sich darin einig, daß diese Kinder überhaupt mehr sprechen als nötig. Falls Luft nicht dein starkes Element ist, dann findest du nicht, daß diese Aktivitäten für dich von so großer Bedeutung waren oder du könntest dich darüber sogar geärgert haben. Wie reagierst du, wenn der Wind bläst und heult?

Feuer-Kinder lieben es unglücklicherweise, mit Streichhölzern zu spielen und empfinden eine Freude daran, ein Feuer zu beobachten. Sie mögen die Hitze der Sonne und übernehmen oft eine Führerrolle unter ihren Spielkameraden. Sie neigen gerne zu »Doktorspielen«, weil sexuelle Themen anregend auf sie wirken. Wo auch immer es Reibung gibt, sei es emotional oder körperlich, sie fühlen sich davon angezogen. Wie dramatisch erlebtest du es, als du dich das erste Mal verbrannt hast? Alle Kinder sind vom Feuer fasziniert, aber nur ein Feuer-Kind geht darauf zu und spielt gerne damit.

Wasser-Kinder schwimmen gerne und viele erlernen es schon in frühesten Jahren. Ein Aquarium, Angeln, Segeln und überhaupt alles, was mit Wasser zu tun hat, wirkt anziehend auf sie. Sie fallen durch intensive emotionale Reaktionen auf: Weinen, Lachen oder das Ausleben von Stimmungen über längere Perioden hinweg. Wenn du es als störend empfunden hast, in oder unter dem Wasser zu sein, dann wird dies nicht dein stärkstes

Element gewesen sein. Oder wie groß war deine Angst, als du erstmals mit dem Kopf unter Wasser gingst?

Nachdem wir nun einige Hinweise aus unseren Kindheitserlebnissen erfahren haben, wollen wir uns die Rangfolge der Elemente in der Gegenwart und ihre Auswirkungen auf das Dasein des Erwachsenen näher betrachten. Dazu braucht man lediglich wieder auf einige astrologische Grundzüge zurückzugreifen.

Als Erde-Mensch neigt man dazu, sich mit dem Leben auf einer praktischen Ebene zu befassen. Selbstverständlich müssen wir alle mehr oder weniger praktisch tätig sein, aber Menschen mit einem starken Erdelement haben meist eine glücklichere Hand in Geldangelegenheiten oder materiellen Dingen. Sie können langweilig und dickköpfig sein und tragen oft eine selbst geschaffene Last mit sich herum, die sie ständig loswerden möchten. Selten sind sie der Puls einer Party, sondern eher der Zahlmeister.

Als Luft-Charakter legt man sicher in der einen oder anderen Weise starken Wert auf Kommunikation. In der Regel weiß man ganz genau, wie man mittels Reden oder Schreiben einen Pluspunkt gewinnen kann, allerdings kann man auch kopflastig auftreten (also mit viel Kopf und wenig Herz).

Die Feuer-Menschen sind Initiatoren. Sie stiften an und verursachen Reibungen und Aktionen, sie haben ferner die Energie, etwas zu *tun*, aber es ist nicht gerade ihre Stärke, die Ziele auch zu einem erfolgreichen Abschluß zu bringen. Sie setzen in Gang, beenden aber nicht.

Als Wasser-Person liebt man Stimmungen, Emotionen und Gefühle, welche man oft zur Übermittlung seiner Intentionen benützt. In der Tat kann man schwierige Zeiten hinsichtlich der Beherrschung seiner Gefühle erleben. Ferner mögen Menschen des Wasserelements die Flucht vor der Wirklichkeit, weil sie dann eben einfach »nur fühlen«. Oftmals schwelgen sie in einem aktiven Traumleben und sie akzeptieren intuitive Kräfte in höherem Maße als andere Menschen.

Ein ganz wesentlicher und nicht zu vergessender Faktor ist,

daß man immer vom schwächsten Element angezogen wird. Die Lebensumstände, welche einem die Möglichkeit zum Erfahren eines schwachen Elements geben, werden sich als wertvoll erweisen, ebenso wie die Kontakte mit Menschen, Orten und Fähigkeiten, die für dieses spezielle Element charakteristisch sind. Dies ist der einfachste Weg, um sich zunächst mit einem schwächeren Element auseinanderzusetzen.

Immer wieder konnte ich bei persönlichen Beziehungen folgendes beobachten: zum Beispiel braucht der eine den anderen, weil dieser eben mit beiden Beinen auf dem Boden steht (starkes Erd-Element) und beständig ist, oder ein Partner braucht die Feuerenergie des anderen, um sich vitaler zu fühlen. Ich kenne Luft-Menschen, die sich jemand mit starken Wasser-Qualitäten gesucht haben, weil sie unbedingt ihre eigenen Gefühle besser verstehen mußten.

Dieses Konzept, daß man die Elemente ausbalanciert, trifft auch bei Umzügen zu. Wenn die kalten Planeten (Saturn, Uranus und manchmal Pluto) in einem Horoskop vorherrschen, so wird man innerlich die Tendenz verspüren, in ein wärmeres Klima zu wechseln. Wenn die heißen Planeten (Sonne, Mars, Jupiter und manchmal Pluto) die Oberhand haben, dann ist man eher in der Lage ein kühles Wetter zu tolerieren, ja vielleicht genießt man dieses sogar. Verallgemeinert könnte man sagen, tropische Strände sind für Menschen mit starken kalten Planeten und Skifahren ist für Geborene mit dominanten heißen Planeten geeignet.

Die Kombinationsmöglichkeiten der Elemente sind sehr zahlreich, aber ein wichtiger Punkt steht eindeutig fest. Solange man ein besonders schwach ausgebildetes Element in sich trägt, wird dieses einen mehr kontrollieren, als man es selber unter Kontrolle halten kann. Sobald man jedoch dessen Botschaft begriffen hat und es in seine ganze Persönlichkeit aufnimmt, wird man dessen Aussage zu seinem eigenen Vorteil benützen können.

Im Rückblick auf das eben Gesagte fragen wir uns einmal: »Mangelt es mir immer an Geld, Stabilität und praktischem

Know-How?« Dies bedeutet ein schwaches Element Erde. »Habe ich Probleme über meine Gedanken und Gefühle zu reden oder zu schreiben?« Dann könnten die Luft-Qualitäten nicht besonders ausgeprägt sein. »Fehlt mir der Antrieb und die Energie, um Neues in Angriff zu nehmen?« Dies könnte ein Mangel an Feuer sein. »Habe ich die Angewohnheit, meine Emotionen zu unterdrücken, betrachte ich sie als außer Kontrolle oder verwirrt es mich, wenn jemand seine Gefühle zum Ausdruck bringt?« Ein geschwächtes Wasser-Element ist zu vermuten.

Der ganze Prozeß des Kennenlernens der persönlichen Elemente kann einem offenbaren, welche Richtung dem Leben hilft oder es eher behindert. Falls Feuer das wesentliche Element sein sollte, dann weißt du vermutlich bereits, daß deine Energien um die Mittagszeit kraftvoller sind, und daß du in den Sommermonaten produktiver arbeitest. Gegenstände im südlichen Teil der Wohnung oder des Büros werden eine größere Kraft haben (siehe Abb. 11 und Tab. 11).

Eine starke Richtung ist immer und überall gültig, wohin man auch geht. Sie kann vor Unglück bewahren, welches daraus resultiert, daß bestimmte antagonistische Planeten auf dieser Linie liegen (mehr hierzu in Kapitel 5). Die Planeten im Standorthoroskop werden sich auch mit einem Ortswechsel verändern, aber eine günstige Richtung wird immer hilfreich bleiben. Unglücklicherweise werden die schwierigen Richtungen einen aber weiterhin beständig herausfordern.

Praktische Benützung des Geomantischen Kreises

Wenn du dein Standorthoroskop schon vorliegen hast, dann kannst du es mit den Kardinalrichtungen des geomantischen Kompasses in Deckung bringen und es lassen sich bereits einige interessante Vergleiche ziehen. Dieses Kapitel gibt einen ersten Einblick in die Arbeit mit den Hauptachsen, aber es soll auch dazu anregen, sich selber zu erforschen.

Um zu besten Ergebnissen mit dem »magischen Geomantie-Kompaß« zu kommen, ist es zwingend notwendig, daß du neu über dein Verhältnis zur Natur nachdenkst. Manche Menschen, die einen großen Teil ihrer Zeit in der freien Natur verbringen wie etwa Förster, Jäger, Naturführer usw. entwickeln gelegentlich (bewußt oder unbewußt) eine besondere Beziehung zu den Elementarkräften und zu bestimmten Himmelsrichtungen. In landwirtschaftlich geprägten Gesellschaften gehört das Wissen um die Naturkräfte und die Einflüsse des Horizonts zum allgemein verbreiteten Volkswissen.

Die Mehrheit der Menschen lebt heute jedoch in der Stadt und sie sehen sich dadurch einem ganz schwierigen Problem gegenübergestellt. Stadtbewohner haben keinen Kontakt mehr zum Leben der Tiere, sie sind von den Energieströmen der Natur isoliert und sie leben ohne einen Bezug zum Nachthimmel. Der Lernprozeß und die Kommunikation mit der Natur findet viel zu selten statt, als daß er von dauerhafter Hilfe sein könnte. Dennoch ist diese Situation nicht völlig hoffungslos, denn jeder kann für sich daran arbeiten und sie schrittweise ändern.

Zusätzlich zu dem bislang Gesagten sollten wir im Gedächtnis behalten, daß manche Elemente antagonistisch sind und sich sogar gegenseitig beeinträchtigen. Wenn wir den geomantischen Kompaß betrachten (Abb. 11), so stellen wir fest, daß es Erde, Wasser, Feuer und Luft Planeten gibt. Die Astrologie lehrt uns, daß Wasser und Erde miteinander auskommen und daß auch Feuer und Luft verträgliche Elemente sind. Es ist ferner bekannt, daß Erde Feuer löscht und auch nicht mit Luft vereinbar ist, während Wasser Feuer in Dampf verwandelt. Deswegen harmonieren Norden und Westen generell gut miteinander. Oder ist es nicht etwa so, daß alle nennenswerte Feuchtigkeit dem Norden entzogen wird und von Westen kommt (einer nassen und einer kühlen Richtung)? Süden und Osten arbeiten ebenfalls in Einklang: die Hitze entströmt dem Süden und die Temperatur steigt, wenn die Sonne im Osten aufgeht (was trocken und warm entspricht).

Aufgrund der Verknüpfung von Planet, Element und Himmelsrichtung sind die Wasser– und Erde-Planeten (Saturn, Transpluto, Neptun und Mond) sehr viel konstruktiver, wenn sie in der nördlichen oder westlichen Hälfte des Standorthoroskops stehen. Vergleichbar hierzu werden die Luft– und Feuer-Planeten (Mars, Jupiter, Venus, Merkur, Uranus und Sonne) besser wirken, wenn sie auf der südlichen oder östlichen Seite des Horoskops stehen.

Grundkenntnisse in Astrologie und den okkulten Prinzipien sind für den Umgang mit diesem System äußerst hilfreich, doch bei der Geomantie verhält es sich wie mit jedem anderen Lehrgebäude auch: je mehr man über dessen Grundinhalte nachdenkt und diese in der Praxis umsetzt, umso größer der Gewinn.

Jeder Ring des Kompasses repräsentiert ein anderes Erkenntnissystem; manche sind sehr einfach verständlich, aber dennoch nicht unbedeutend. Man denke nur an die Vierteilung in Himmelsrichtungen, Elemente oder Jahreszeiten. Vordergründig handelt es sich um kurze Feststellungen, doch im Vergleich zu manchen anderen Systemen ermöglichen sie in der Geoastrologie eine Vielfalt an interessanten Einsichten und Erkenntnissen. Falls man mehr mit dem Weg der abendländischen Magie als mit der Alchemie vertraut ist, könnte das Befragen des Tarots sehr wertvoll sein. Aber das I Ging ist ebenso darin zu finden, wie indianische oder tiefenpsychologische Ansätze (näheres hierzu finden sie in Tabelle 11).

Die unterschiedlichen Bedeutungen der Planeten in der jeweiligen Himmelsrichtung stehen in besonderer Verbindung zu dem geomantischen Kompaß. In Kapitel 3 wurden die Planeten in Konjunktion zu den Hauptachsen auf eher herkömmliche Weise beschrieben und ich meine, man sollte sich diese Deutungen für einen umfassenden Einblick zu Rate ziehen. Im vorliegenden Kapitel wollen wir uns jedoch auf die materielle und symbolische Bedeutung der vier Himmelsrichtungen konzentrieren und der mystische Zusatz erfolgte unter Berücksichtigung von praktischen Hinweisen.

Die wahre Schönheit des geomantischen Kompasses (eine statische und universelle Form des Standorthoroskops) liegt darin, daß er ein direktes Wechselspiel zwischen der intuitiven und der rationalen Welt zuläßt, gleichzeitig aber auch den Zugang zu manchen Wissensbereichen eröffnet, die wir im herkömmlichen Geburtshoroskop nicht finden. Der kulturverbindende und vielschichtige Ansatz bringt eine unbegrenzte Anzahl an Möglichkeiten zur Interpretation hervor, die sich auf die verschiedene Lebenserfahrungen beziehen (Abb. 11 und Tab. 11).

Beim Erklären der Kompaßrichtungen des Horizonts (vor allem von Vertex/Westen und Anti-Vertex/Osten), neigt man dazu, tatsächliche Begebenheiten zu erfahren. Das Horizontkoordinatensystem positioniert uns auf der Erdoberfläche und verwurzelt alle unsere Handlungen. Die ganz alltäglichen Ereignisse können nicht mehr nur passiv beobachtet werden, was ja bei der Aszendent/Deszendent-Achse häufig der Fall ist. Mit größerer Häufigkeit können direkte Betroffenheit und Aktivitäten erwartet werden. Ereignisse in Form von Konfrontationen, herausfordernden Verwicklungen und Lernerfahrungen sind sehr wahrscheinlich.

Um sich selber in die richtige Position zu bringen (in allgemeinen oberhalb des 30. nördlichen Breitengrades bzw. unterhalb des 30. südlichen Breitengrades) legt man einfach seinen geomantischen Kompaß und/oder sein Standorthoroskop flach und waagerecht auf den Tisch, sodaß es sich in derselben Ebene befindet wie der Horizont. Es empfiehlt sich dabei, eine exakte Orientierungshilfe zu verwenden, z.B. eine Landkarte mit Nordpunkt oder ein Horoskopbild mit Angabe der Himmelsrichtung.

Nehmen wir nun Osten als Beispiel, so wendet man sich zunächst selber in diese Himmelsrichtung. Dann sollte man überprüfen, wo die Planeten des eigenen Standorthoroskops auf dem geomantischen Kompaß (in Azimut) liegen, wobei wir nicht vergessen dürfen, daß letzterer den real uns umgebenden Horizont repräsentiert. Die Häuser teilen den Kreis des Horizonts in zwölf gleiche Abschnitte, wobei das 1. Haus im Osten steht, das 7. Haus im Westen, das 4. Haus im Norden und das 10. Haus im Süden (immer bezogen auf die Nordhalbkugel).

Unterhalb 30° nördlicher Breite bzw. oberhalb 30° südlicher Breite, also in der Region des Äquators, ist ein anderes Verfahren der Positionierung notwendig. Hier geht man vom Nullvertikalkreis aus, aufgrund des Bündelungseffektes auf dem Horizont in äquatorialen Breiten. Blicke nach Norden oder Süden und halte das Horoskop bzw. den Kompaß senkrecht vor dich, d.h. vertikal zum Horizont. Nun liegen die Häuser des Standorthoroskops auf dem Nullvertikalkreis von Osten nach Westen, d.h. sie befinden sich nun also nicht mehr in einem Kreis rund um dich herum, sondern stehen senkrecht über dir bzw. unter dir. Das 1. Haus steht senkrecht über dem Horizont im Osten, das 2. Haus liegt darüber und die Spitze des 3. und 4. Hauses befinden sich über deinem Kopf im Zenit. Direkt unter dir am Nadir befinden sich das 9. und das 10. Haus, während das 6. und 7. Haus nach Westen zeigen. Hierbei gilt es besonders alle Planeten zu beachten, die einen sehr geringen oder einen sehr starken Neigungswinkel aufweisen, z.B. wenn sie nahe des Zenits oder des Horizonts liegen. Diese werden einen besonders starken Einfluß auf die Örtlichkeit haben.

Planetare Positionen auf dem Geomantie-Kompaß

Die Lebensenergie (Ch'i oder Prana) um uns herum unterliegt aufgrund der Tatsache, daß die transitierenden Planeten sich ständig bewegen, während die Erde gleichzeitig rotiert, einer permanenten Veränderung. Um zu verstehen, ob die elektromagnetischen Kräfte, welche die Natur durchdringen, gut oder bösartig sind, muß man sich mit den Prinzipien von Feng Shui und dem Geomantie-Kompaß vertraut machen und über ein fundiertes astrologisches Wissen verfügen. Es gibt noch weitere bedeutsame Feinheiten, aber man kann nicht schon als Spezialist beginnen.

Behalte aber noch im Gedächtnis, daß die an einem Ort dominanten Planetenpositionen deine Interpretationen beeinflussen. Hier ein Beispiel zur Verdeutlichung: stelle dir vor, bei dir läge der Jupiter im Norden und in eben dieser Richtung befände sich auch eine nicht bekanntgegebene vergiftete Müllhalde. Jupiter würde dich auf seine Weise vor diesem gefährlichen Einfluß beschützen. Es könnte sein, daß du nicht in der vorherrschenden Windrichtung lebst oder du erhälst vielleicht vor allen anderen in Flaschen abgefülltes Wasser usw. Dagegen wäre Neptun an gleicher Position am Horizont äußerst schädlich, da er eine Entsprechung zu giftigen Substanzen hat. Die Betrachtung der Welt mit den Augen Jupiters oder Neptuns kann sich jeweils ziemlich voneinander unterscheiden.

Was ist, wenn 500 Meter westlich von deinem Haus ein Wasserfall pläschert und Saturn steht im Westen? Vermutlich wärst du nicht in der Lage, die heilenden Kräfte zu empfangen, aufgrund gewisser einschränkender saturnaler Umstände. Wie auch immer die Qualitäten der natürlichen oder von Menschenhand geschaffenen Umgebung sein mögen, ihre jeweilige Auswirkung hängt in ganz entscheidendem Maße von der Stellung deiner Planeten in dieser ganz speziellen Gegend ab. Die nachfolgend beschriebenen Deutungen gelten für Planeten mit 3° Orbis zu den Spitzen der Kardinalhäuser. Die Höhe wird aufgrund des zuvor beschriebenen Bündelungseffektes zunehmend wichtig, sobald wir uns südlich 30° Breite auf der Nordhalbkugel oder nördlich 30° Breite auf der Südhalbkugel befinden.

Die Deutungstexte lassen sich auch für jeden Planet benützen, der sich 7° unter oder über dem Horizont befindet und zudem in der Nähe einer Hauptachse steht. Sagen wir einmal, Jupiter hat eine Höhe von 2°+, was ihm eine enorme Bedeutung verleihen würde. Ein Jupiter mit geringer Höhe könnte in jeder der vier Kardinalrichtungen bzw. der zwölf Nebenrichtungen stehen. Befindet sich Jupiter nun etwas näher in östlicher Richtung, so könntest du die Hinweise im Text zu »Jupiter im Osten« ansehen.

Was nun aber, wenn der Planet nicht nahe der Haupthimmelsrichtung liegt sondern nordwestlich oder südöstlich? Dann ist man auf die Aspekte, Häuser, die Sonnwendpunkte und die

Deklinationen angewiesen, um richtig verstehen zu können, wie der jeweilige Planet wirkt. Fixiere dich jedoch nicht nur auf diese Indikatoren, denn es sind viele andere Korrelationen möglich wie zum Beispiel die Jahreszeiten, meditative Zustände, das I Ging, Tarot oder die Elemente, um nur einige zu nennen (siehe Abb. 11 und Tab. 11).

Nun mag man sich fragen: Wie realistisch sind die Aussagen zu den *Schlüsselerlebnissen*? Hierzu ist zu sagen, daß damit beabsichtigt ist, die symbolische und annähernde Umschreibung eines einschneidenden Vorkommnisses wiederzugeben. Die Wahrscheinlichkeit, daß die Erlebnisse so exakt wie beschrieben eintreten, ist gering, doch die vorgetragene Symbolik bleibt bestehen. Diese Kernsätze sind für die verschiedensten Deutungen offen.

Im eigenen Heim können die Menschen oder Ereignisse im wahrsten Sinne des Wortes in dein Leben eintreten. Diese Vorfälle können auf deinem Grundstück oder im Haus selber stattfinden, und oftmals korrespondieren (und geschehen) sie mit einer bestimmten Himmelsrichtung. In der Gemeinde könnte es die Richtung sein, die du für bestimmte Begegnungen einschlägst, oder aber die Richtung, aus der jemand Kontakt mit dir aufnimmt. »Aus dem Westen« kann sowohl eine Person aus Amerika, als auch ein Nachbar aus derselben Straße sein; es hängt jeweils von den übrigen beteiligten Planeten und deren Aspekten ab.

Der lyrische Inhalt in den *Naturzeichen* war für mich die beste Ausdrucksform. Die scheinbar abstrakten Formulierungen werden klar, sobald eine Erfahrung oder die Erinnerung an eine solche wach wird oder sich vollzieht und bemerkbar macht.

Bitte daran denken, daß Nord und Süd auf der Südhalbkugel vertauscht werden müssen.

SONNE im Osten

Hier wird dein Selbst und deine Identität vom Wind des Ostens genährt. Luft unterhält die Flamme und so kommt deine spirituelle und körperliche Vitalität ganz natürlich und lebenssprühend aus sich heraus. Dein Wille, auf neue Weise zu kommunizieren, sucht eine kreative Ausdrucksmöglichkeit. Jedes Wort verfügt über eine ureigene Kraft, und dieses Wissen kann deinen Geist reinigen oder aber dein Ego aufblasen. Hier finden wir eine eindeutige Konzentration auf die individuelle Entwicklung von Führungsqualitäten. Dieser Ort verlangt Identifikation der persönlichen Macht und Kreativität. Bis zu einem gewissen Grad muß man sich mit Narzißmus und Arroganz in sich selber und bei anderen auseinandersetzen.

Naturzeichen: Lese die Schatten auf dem Hügel. Nimm die rotgelbe Hitze in dir auf, zerebrale Blumenblätter entfalten sich — der Tanz von Photonen und Infrarotlicht — und erzählen individuelle Geschichten.

✱Schlüsselerlebnis: An einem warmen und luftigen Frühlingsmorgen nähert sich ein ehrbarer und attraktiver junger Mann von Osten und trägt eine wichtige Botschaft mit sich.

SONNE im Süden

Der Glanz des äußeren Ansehens und das innere Licht des Selbst leuchtet hell. Hier unterstützen sich externe Berühmtheit und interne Verwirklichung. Das Erringen der Ziele und kreatives Wachstum sind reichlich vorhanden. Autorität hat großen Wert, aber Egoismus und Einbildung könnten einige Probleme aufwerfen. Laß dir deine Klarheit nicht nehmen vom Gewicht deiner Person oder von dem, was andere repräsentieren.

Naturzeichen: Die weißen Flammen des Sonnenlichts erhellen eine Landschaft, welche zerstreute und feuchte Schatten zurücklenkt. Reflektierende Luftspiegelungen regen die Vorstellungswelt an, Zeit für die innere Frische — die Siesta, die Ruhe.

✱Schlüsselerlebnis: Ein Mann kommt an einem sonnigen Sommerabend aus dem Süden, um mit einem neuen Aktionsplan zu helfen.

SONNE im Westen

Die Erlebnistiefe der anderen strahlt auf einen zurück und bestimmt die Werte der Bedürfnisse. Man wird von seinen Mitmenschen mit Egoismus, blinden Ambitionen und Selbstsucht konfrontiert. Die Überwindung des starken Einflusses der anderen wird neue Bekanntschaften und Freundschaften fördern. Die mitmenschliche Verbundenheit wird sodann ein Licht an dunklen Orten leuchten lassen ... indem es Unbewußtes bewußt, Unbekanntes bekannt und Ungesehenes sichtbar macht.

Naturzeichen: Lange Schatten, der Regen läßt nach, die Lebenskraft kommt zur Ruhe, das rosa Dämmerlicht gleitet in die Dunkelbläue der Nacht, in den Sternhimmel und am Medizinrad wird ein Feuer entzündet.

*Schlüsselerlebnis: An einem kühlen Herbstabend enthüllt ein reifer Mann aus dem Westen in aller Ruhe die verborgenen Tatsachen über andere.

SONNE im Norden.

Das Familienleben kann zu einem Bereich schöpferischer Aktivität, zu einer Aussage über deine Charakterreife werden. Gehe vorsichtig damit um, denn was du für dich selber willst, wird deine dich umgebende Familie stark beeinflussen. Die Stärke deiner Identität verlangt, daß du das Beste gibst. Eltern, Kinder, ja selbst Freunde bauen auf dich, damit du Normen setzt und den Ruf des Hauses bewahrst. Du kannst sehr schnell ein großer Fisch in einem kleinen Teich werden, aber manchmal dehnt sich auch der Teich aus und der Fisch muß weiterhin mit ihm wachsen.

Naturzeichen: Schwaches Licht, die Sterne sind erleuchtet, der Kampf von Feuer und Wasser. Andere Sonnen schimmern in der Dunkelheit. Höre den kosmischen Widerhall, sieh' das Polarlicht — die Bewegung der Stille.

✱Schlüsselerlebnis: In einer kalten Winternacht wurde im Norden, dort wo er lehrte, ein älterer, praktisch denkender Mann beobachtet.

MOND im Osten

Ein objektives Verständnis deines starken Gefühlslebens und deiner Stimmungsschwankungen ist notwendig, um nicht übermäßig defensiv zu werden. Bestimmte Eindrücke der vom Menschen ausgehenden Gewalt und der Naturkräfte in deiner Umgebung können ganz unterschiedliche emotionale Reaktionen hervorrufen. Furcht und Unsicherheit können zutage treten, aber es liegt ebenso nahe, daß deine Vorgefühle und Ahnungen deine Befähigung verstärken, Entscheidungen zu fällen.

Naturzeichen: Eine Brise auf dem Wasser, Tau in der Luft, es ist Morgen im Tal; Mensch und Tier werden aufgeweckt.

✱Schlüsselerlebnis: An einem feuchten Morgen übergibt eine junge Frau ihre Botschaft aus dem Osten.

MOND im Süden

Die Beteiligung an den Stimmungen der Masse ist in gewisser Weise intensiviert. Die Umstände geben vor, daß du lernst, wie man mit den verschiedenen Einstellungen, Zielen und Lebensstilen zurecht kommt und sich ihnen anpaßt. Anpassung heißt allerdings nicht sich auszuliefern; schütze dich und steuere dann über die emotionalen Stürme hinaus. Halte vor Augen, daß sich das äußere Leben immer verändert, während das Innenleben konstant bleibt.

Naturzeichen: Die Fülle zerbirst, vervielfältigt sich und spinnt Fäden von Mondlicht, webt neue Körbe der Schöpfung.

✱Schlüsselerlebnis: Eine erleuchtete Frau und ein kleines Kind aus dem Süden machen Fortschritte auf der Suche nach dem Sinn.

MOND im Westen

Die Menschen, mit denen du in Kontakt kommst, scheinen einen tiefen, emotionalen Eindruck bei dir zu hinterlassen. Ziemlich häufig ist deren emotionaler Zustand widersprüchlich und disharmonisch und drängt dich in eine Abwehrstellung. Die gegenwärtige Herausforderung liegt darin, die Rolle des Verteidigers spielen zu müssen, ohne dem anderen zu folgen; das heißt, im Meer der Gefühle ist es notwendig, den Kopf über dem Wasser zu halten. Wenn du anderen zugestehst, daß sie sich an dich klammern und sich in dein Leben einmischen, oder wenn du dich selber derartig verhältst, so kann dies Abhängigkeiten erzeugen, die keiner Beziehung wirklich helfen.

Naturzeichen: Wasser — wirbelnd, schäumend, sich drehend und Ionen versprühend, vorwärts, abwärts, einwärts, ein Träger der Gefühle.

✻Schlüsselerlebnis: An einem regnerischen Tag spiegelt eine reife, aus dem Westen kommende Frau die unbewußte, auslösende Innenschau und Erleuchtung wider.

MOND im Norden

Starke Bindungen an die Familie und das Zuhause können die eigenen persönlichen Ansprüche aufheben. (Unter Familie verstehe ich Eltern, Geschwister, Ehepartner, Kinder und nächste Verwandte). Hierbei handelt es sich nicht um eine besonders vorteilhafte Mond-Position, vor allem, wenn die persönlichen Entscheidungen immer davon gefiltert werden, was die Familie denken würde. Es gibt bestimmt immer wieder Zeiten, in denen Entscheidungen oder auch Opfer notwendig werden und ein wichtiger Bestandteil des Familienlebens sind; aber zu lernen, irgendwo eine klare Abgrenzung zu schaffen, ist genauso wichtig. Der Unterschied liegt meiner Meinung nach darin, ob man mit der Familie arbeitet oder ob man von ihr bearbeitet wird.

Naturzeichen: Hängende Eiszapfen, kühler Regen überschüttet die Erde, feuchte, brachliegende und halb schlummernde Plätze.

✻Schlüsselerlebnis: in einer kalten Nacht spinnt eine ältere Frau aus dem Norden ihr Garn und erzählt die weise Geschichte der Frauen, welche ihr von Natur und Leben gelehrt wurde.

MERKUR im Osten

Hier spielt die Entdeckung der Gedankenkräfte und die Entwicklung von Begabungen eine sehr gewichtige Rolle. Die Umstände zwingen einen, permanent zu sagen, was man denkt und seine Meinung zu äußern. Flexibles Denken eröffnet eine Ideenwelt, die intensiv erforscht werden kann.

Naturzeichen: Schwirrende Worte, Schlüsselbegriffe fallen ins Gespräch, ein Wort ist ein Symbol und ein Ding. Gegenstände und Gedanken vernetzen sich zum Wind der Neudefinition. Kleine Gestalten offenbaren ihre alltäglichen Bräuche auf ihre jeweils verschiedene Weise und eine Botschaft wird überbracht.

✻Schlüsselerlebnis: Eine junge und gewandte Person aus dem Osten teilt dir mit, was sie zu sagen hat; ihre Nachrichten kannst du gut gebrauchen.

MERKUR im Süden

Diejenigen, die dich beruflich umgeben, können nicht mißachten, was du sagst; deine Worte scheinen sich in ihren Köpfen eingeprägt zu haben. Deswegen ist es besonders wichtig genau zu erwägen, welche Worte du wählst, wie du sie sagst und wann du dies tust. Problemfelder könnten dann entstehen, wenn du intellektueller und schlauer wirst als dir selbst gut tut.

Naturzeichen: Die endlose Aktivität der Bewegung in diesem

Öko-System. Jede Phase innerhalb eines Zyklus erzählt ihr eigene Geschichte.

✳Schlüsselerlebnis: Eine jüngere Person aus dem Süden redet in einer Weise, die Erfüllung und eine Leitlinie verspricht.

MERKUR im Westen

Eine Fülle an Fakten, Gedanken und Ideen kommt in dein Bewußtsein. Dein Verstand wird scharfsinniger werden und die Gedanken stärker anregen. Du wirst feststellen, daß du den Unterschied zwischen dem Einreden auf andere Menschen und dem Sprechen zu ihnen kennenlernen mußt. Vielleicht wirst du entdecken, daß langes Nachgrübeln über eine Sache dieser dazu verhilft, Realität zu werden. Deswegen mußt du die vorteilhaftesten Wege finden, damit du nur in geeignete Gedanken Energie steckst. Gelegentlich kann dich das, was du sagst oder schreibst in Schwierigkeiten bringen oder aus Konflikten herausführen.

Naturzeichen: Kurze Phasen zwischen Arbeit und Spiel, Ruhe und Bewegung, Dunkelheit und Licht — eine Zeit der tiefen Gedanken.

✳Schlüsselerlebnis: Eine jüngere Person aus dem Westen flüstert (wie in einem Traum) kaum aussprechbare Gedanken und sagt Dinge, die man sonst nicht sagt.

MERKUR im Norden

Kleine Sorgen können sich zu innerer Unruhe anhäufen. Sich ein System einzurichten, das die alltäglichen Angelegenheiten in Ordnung hält, kann den Unterschied zwischen innerem Frieden und geistiger Frustration bedeuten. Größeres objektives Verhalten zu lernen kann dabei helfen, denn sehr oft beherbergen höchste persönliche Ideen auch engstirnige Perspektiven. Von Zeit zu Zeit können geringfügige Zerstreuungen deine Konzentrationsebene behindern.

Naturzeichen: Die Erde lehrt jedem Menschen durch ihre eigene Zeit auf direktem Weg das Wissen über den Boden, den Wert der Mineralien und definiert die speziellen Aufgaben von Lebewesen, Klassifizierungen und Ordnungen.

✱Schlüsselerlebnis: Eine jüngere Person aus dem Norden entfaltet die Tugenden der Geduld und des Eifers.

VENUS im Osten

An diesem Punkt kommen Talente, Geselligkeit und Freundlichkeit zum Ausdruck. So erhebt sich die Frage: bist du bereit, deine Fähigkeiten zu zeigen und umgänglich zu sein? Es gibt keine Garantie dafür, daß die Schönheit von Venus ein Ventil findet; es kann sein, daß Zügellosigkeit und eine »Party«–Mentalität zu einem hohlen Sozialleben führen. Um das Gleichgewicht aufrecht zu erhalten, muß man sich entspannen, aber nicht zusammenbrechen; geben, aber nicht vollkommen nachgeben. Sehr vieles hängt von der Beschaffenheit deiner Wünsche ab. Die alten Philosophen sagten: *wir* bringen die Schönheit in den Sonnenaufgang.

Naturzeichen: Die auf der Leinwand des Lebens enthüllten Konturen und wohl gerundeten Figuren. Die stille Sprache der Farbe sucht mit ihrer Ergänzung zu verschmelzen.

✱Schlüsselerlebnis: ein attraktiver und talentierter junger Mann aus dem Osten sehnt sich nach Kameradschaft, so wie sich Worte nach einer Melodie sehnen.

VENUS im Süden

Popularität bedeutet manchmal, daß diejenigen um dich herum von der Qualität deines Erfolges mehr angezogen werden als von dem, was du bist. Der Ruhm, welcher mit größerer Popularität kommt, sollte zweitrangig hinter der inneren Freude stehen, die einer wachsenden Anerkennung entspringt. Laß nicht zu, daß berufliche Befriedigung deine Begabung vernachlässigt oder auf ein totes Gleis führt. Ausgewogene Kooperation und das Teilen der Augenblicke des Glücks mit anderen kann ziemlich üblich werden, allerdings ist es dabei auch möglich, daß eine narzistische Reserviertheit entsteht.

Naturzeichen: Das Licht vom einen zum anderen, die leidenschaftliche Umarmung von Pflanzen mit der Erde. Die Symmetrie und Düfte der Landschaft erklären dem Herzen viele Dinge.

✳Schlüsselerlebnis: Ein geistvoller junger Mann aus dem Süden sehnt sich nach Liebe und Aufmerksamkeit.

VENUS im Westen

Das starke Verlangen nach den richtigen Beziehungen und Geschäftspartnern steht an übergeordneter Stelle. Der Wunsch zu gefallen oder von anderen zu erwarten, dir gefällig zu sein und sich generell zurückzuhalten, kann übertrieben stark ausgeprägt sein. Das Entwickeln positiver Bande zu anderen Menschen ist eine zweispurige Straße des Teilens, jedoch ist es mit Venus in dieser Stellung nicht ganz einfach, andere so zu erkennen, wie sie wirklich sind. Viele Verführungen kreuzen deinen Weg und du solltest ihnen das richtige Maß an Vertrauen und Realitätssinn schenken, um zu verhindern, daß dir gute Gelegenheiten entschlüpfen.

Naturzeichen: Alles vermischt sich in der Nähe von Wasser, selbst die Partikel der Erde rollen unter seinem Oberflächenspiegel. Der vollkommene Wellenkamm, seine Gischt, wird kurz vor dem Aufschlagen an der Küstenlinie umgekehrt.

✳Schlüsselerlebnis: Eine junge Frau aus dem Westen zeigt die tiefen Verbindungen, die sie zu anderen hat.

VENUS im Norden

Die starken Gefühle, die du im Kreise deiner Familie empfindest, sind eine eindeutige Quelle der Stärke. Komplikationen entstehen, wenn diese verwandtschaftliche Harmonie zu einer Abhängigkeit führt. Der bequemste Weg ist jedoch nicht immer auch der beste Pfad. Man kann in seiner kleinen Nische stecken bleiben. Naive und oberflächliche Tendenzen können definitiv ein ansonsten liebevolles Familienleben trüben.

Naturzeichen: Die Gesetze des Landes; die Zusammensetzung des Bodens. Der stille Öko-Zyklus, Verdauung und Gärung.

✱Schlüsselerlebnis: Eine junge Frau aus dem Norden bietet ihre Waren an und kocht in Mildtätigkeit die benötigte Nahrung auf.

MARS im Osten

An diesem Ort sind mehr als genug Antriebskräfte vorhanden. Man kann sich seiner eigenen Fähigkeiten sicher sein und will sie auch unter Beweis stellen. Ferner kann man auch impulsive und halsstarrige Eigenschaften entwickeln, wodurch man aggressiver wird als nötig, was sich wiederum schädlich auf die eigene Vollendung auswirken kann. Meist nimmt man eine zu selbstzentrierte und konkurrierende Haltung an und fühlt sich ständig angegriffen. Gesunde Ventile für geistige und körperliche Aggressionen dienen nicht nur dazu, einen vor Überhitzung zu bewahren, sondern werden ebenso deine Einstellung vorteilhaft verbessern. Das Gefühl, für etwas kämpfen zu müssen, ist sehr stark unter diesem Einfluß, man muß jedoch auch einige Energie in den Umgang mit den eigenen Unzulänglichkeiten stecken.

Naturzeichen: Die innere Hitze, die Spannung des Tuns, der Muskeln und der Maschinen, die das rollende und zermalmende Drehmoment ausführen, welches die Naturkräfte gestaltet und nutzbar macht.

✱Schlüsselerlebnis: ein vitaler und kräftiger Mann aus dem Osten startet Aktivitäten durch Konfrontation, Ausdauer und Kampf.

MARS im Süden

Eine unermüdliche Zielstrebigkeit ist in Aussicht. Es wird zur Regel, Dinge auf flotte und intensive Weise zu erledigen. Möglicherweise führst du ein Leben auf der Überholspur, was gleichzeitig auch einige Schwierigkeiten mit Autoritätspersonen aufwerfen könnte. Ferner kann das Problem anstehen, daß dir jemand den Wind aus den Segeln nimmt. Das Üben von Toleranz und das Wissen, wann Handeln angebracht ist, ist ganz wichtig. Widme dich den in Reichweite liegenden Aufgaben und halte dich fern von allen großen Egos mit (oftmals) schwacher Persönlichkeit.

Naturzeichen: Steigende Temperatur, Hitzewellen tanzen im Feld der Vision. Eine brennende Dürre.

✻Schlüsselerlebnis: Ein starker und fähiger Mann aus dem Süden übernimmt die Leitung und übt Autorität aus.

MARS im Westen

Um es in einfachen Worten zu sagen: die Menschen, mit denen du hier in Kontakt trittst, können streitlustig, unangenehm, ja sogar gewalttätig sein. Unter bestimmten Umständen kannst du ehrliche und vertrauenswürdige Kameraden finden, aber dies ist eher die Ausnahme als die Regel. Bei dieser Marsposition handelt es sich um so etwas Ähnliches wie eine Kriegszone und du mußt dich abhärten, um zu überleben.

Naturzeichen: Die schlagenden Trommeln des Donners, wenn sich die Extreme von Hoch- und Tiefdruck begegnen, der wilde Sturm hämmert weiter. Die Verbrennung fossiler Brennstoffe verändert die Atmosphäre.

✻Schlüsselerlebnis: Ein leichtfertiger und starker Mann aus dem Westen weckt ungeheure Gefühle und stiftet Verwirrung.

MARS im Norden

Die Naturkräfte um dich herum sind eine Energiequelle, die potentiell zerstörerische Mächte in sich birgt. Manchmal ist es notwendig, sich am Riemen zu reißen, sich einzusetzen und zu kämpfen, damit man das behalten kann, was man hat oder jenes bekommen kann, was man sich wünscht. Es besteht ein Kampf um die greifbaren und ungreifbaren Lebensnotwendigkeiten zu schützen. Familiäre Aktivitäten können emotional und explosiv sein und möglicherweise kommt es zu vielen internen Streitereien.

Naturzeichen: Die dominierende Vorsehung der Naturkräfte begegnet und überwältigt schwächere Gegenwehr. Die Zeichen des Menschen über dem Land.

✳Schlüsselerlebnis: Ein imponierender und wissender Mann aus dem Norden unterjocht Zufluchtstätten, fordert Struktur und zwängt Regeln auf.

JUPITER im Osten

Dieser Bereich ist ohne Zweifel von großen und guten Dingen erfüllt; die einzige Frage ist, ob es dir gelingt, den dargebotenen Überfluß für dich nutzbar zu machen. Hier wird man vermutlich schnell verwöhnt und hält zu vieles für selbstverständlich. Extravaganz ist Geldverschwendung und führt außerdem oft auch zu einem Verlust an Zeit und Energie. Die Menschen können einem hier mehr Vertrauen entgegenbringen und ohne es zu wissen, ziehst du vielleicht unfaire Vorteile daraus. Ganz sicher eröffnen sich einem Chancen, aber es wäre unklug, sein Glück herausfordern zu wollen.

Naturzeichen: klare, trockene und dünne Wolken verteilen sich am Morgen.

✳Schlüsselerlebnis: Ein Lehrer oder Wohltäter aus dem Osten bringt Klärung und Verständnis.

JUPITER im Süden

Man kann Ziele erreichen, lukrative und bedeutende Stellungen bieten sich an. In so vielversprechenden Situationen ist es lebensnotwendig, daß man dem Leben etwas zurückzugeben versucht — einerseits um sein Glück zu teilen, aber auch um sich vor korrupten Einflüssen zu schützen. Sei auf der Hut vor Selbstgefälligkeit und Dogmen; sie können eindeutig einen Verlust an Respekt mit sich bringen und zu gewissen Fehleinschätzungen führen.

Naturzeichen: Ein schöner Tag bringt die Idee von Erfolg und Glauben in die natürliche Ordnung der Dinge, ebenso die Vision dessen, was getan werden kann.

✱Schlüsselerlebnis: Ein Lehrer und Wohltäter aus dem Süden erklärt große Ideen und Ideale; expansiver Fortschritt erfolgt.

JUPITER im Westen

Toleranz ist ein erstaunliches Mittel im Umgang mit anderen; sie gewährt ihnen Entspannung, motiviert sie aber auch, ihr Bestes zu geben. Gegenseitige Akzeptanz ist in diesem Bereich sehr lebendig und läßt sich in Gewinn und Zufriedenheit verwandeln. Man wird ohne Zweifel recht vielen Großmäulern und Snobs begegnen, aber auch freundlichen und netten Menschen, die sich bemühen, einem zu helfen. Wichtigtuerische Narren sind in deiner Umgebung, folglich hängt der Lernprozeß der richtigen Entscheidungsfindung unmittelbar mit dem eigenen Glück zusammen.

Naturzeichen: Die klare und brennende Spur des Sonnenuntergangs; das Versprechen eines erfüllenden Morgens.

✱Schlüsselerlebnis: Ein Lehrer oder Wohltäter aus dem Westen lindert Konflikte und führt gespaltene Gruppierungen zusammen.

JUPITER im Norden

In dieser Umgebung herrscht relativer Wohlstand. Ein angenehmes Familienleben, basierend auf Verständnis und Würde, ist angezeigt. Selbstverständlich gibt es hier auch die Tendenz, sich zurückzulehnen und anzunehmen, alles würde sich von selber erledigen; dies ist töricht, denn solche »Unterlassungssünden« können auf einen zurückfallen. Der ehrliche und gesunde Lebensstil, den diese Region fördert, ist ein Segen für alles, was du zustande bringen möchtest.

Naturzeichen: Die Härte der Natur wird zurückgehalten und umgeleitet, so daß brüchige Ökosysteme neues Leben schaffen können.

*Schlüsselerlebnis: Ein Lehrer und Wohltäter aus dem Norden bringt Wohlstand und Ansehen über das Land.

SATURN im Osten

An diesem Ort kannst du stärker als sonst irgendwo ein realistisches Gespür dafür entwickeln, woran du arbeiten mußt. Diese Arbeit wird dich letzten Endes zu einer besseren Persönlichkeit reifen lassen, aber manchmal spürst du vielleicht, daß die Erfahrungen generell zu hart und schwer sind. Viele deiner Ängste und unentwickelten Eigenschaften scheinen solange vorgespielt zu sein, bis du die richtige Konzentration anwendest. Eigene Anstrengung, Disziplin und kontinuierliche Organisation sammeln sich zu einem Pfad, dem man folgen muß. Selbstverständlich gibt es auch das potentielle Problem, mit seiner Weltanschauung zu rigide zu werden. Der Lernprozeß über Beschränkungen kann dazu führen, daß du dich selber unterschätzt.

Naturzeichen: durch Hitze, Kälte und Wind zerfallen die Felsen zu Sand; Druck verwandelt Sand wieder zu Stein — die antiken Zyklen der Zeit. Die Kerbe im Gestein markiert einen Kalender des Lichts.

✳Schlüsselerlebnis: Eine reife Person aus dem Osten hilft geduldig, das Abstrakte in Realität umzuwandeln.

SATURN im Süden

Die Gesetze der alltäglichen Welt erscheinen eindrucksvoll klar. Man ist von orthodoxen und prüden Konventionen umgeben. Die Arbeit kann hart und undankbar sein und die Bezahlung unter dem herkömmlichen Schnitt liegen. Gelegentlich ist der Job verläßlich, aber ziemlich langweilig. Wichtige Situationen hängen von dir ab, dir werden Pflichten und Verpflichtungen aufgezwungen und mit der Zeit tendiert deine Erfahrung dazu, dir noch weitere Verantwortung aufzubürden. Ohne Zweifel also ein Ort, an dem du solide Reife erlangen kannst und wo du an dem festhältst, was du für dein bisheriges Leben gelernt hast.

Naturzeichen: Gebrannte, flache Steine; heiße Steinbrüche; versteinerte Bilder, statisch und erhaben.

✳Schlüsselerlebnis: Eine reife, ältere Person aus dem Süden haftete an der Struktur, die der Beharrlichkeit zum Aufblühen verhilft.

SATURN im Westen

Es besteht eine Notwendigkeit, im Umgang mit anderen Vorsicht und Zurückhaltung walten zu lassen. Lerne was du *nicht* tun sollst, indem du die Handlungen deiner Mitmenschen beobachtest. Bei den meisten Beziehungen, die du mit anderen eingehst, scheint etwas zu fehlen. Obwohl einige stabile und einfache Beziehungen entstehen, werden die meisten Kontakte von emotionalen und/oder finanziellen Mängeln belastet. Enttäuschungen und die Engstirnigkeit der anderen kann einen zum Rückzug veranlassen, was manchmal zu einem spärlichen Sozialleben führen kann.

Naturzeichen: Kühle Schatten von Felsen; heilige Formationen, feucht und tief liegend; düstere Einsamkeit.

✳Schlüsselerlebnis: Eine reife Person aus dem Westen kommend verfestigt Beziehungen und löst Bindungen.

SATURN im Norden

Der Umgang mit Beschränkungen und das Beschreiten eines langen Weges ist üblich. Es scheint immer Zerreißproben oder nahe bevorstehende Schwierigkeiten zu geben, die eine bereits mühselige Existenz noch schwieriger gestalten. Die Unfähigkeit, zu einem Ende zu finden, kann dir Steine in den Weg legen. Jeder Fortschritt gelingt nur teilweise und nur ganz allmählich wird es möglich sein, die (vielleicht sogar selbst auferlegten) Schranken zu überwinden. Eine Möglichkeit, um hier eindeutig voran zu kommen, ist ganz offensichtlich: umziehen!

Naturzeichen: Bergketten; hügeliges Grenzgebiet, das feste Regionen umschreibt; Monolithen verweisen auf antike Pfade, das Netzwerk der Vergangenheit.

✳Schlüsselerlebnis: Eine reife Person aus dem Norden kontrolliert, drosselt und verdichtet die Ressourcen.

URANUS im Osten

In deiner Persönlichkeit werden neue und originelle Ideen erweckt, ob du dafür bereit bist oder nicht. Es gibt ziemlich viele rastlose Energien, die diese Kombination begleiten und es besteht keine Garantie, daß es dir auch gelingt, alle praktisch nutzbar zu kanalisieren. Möchtest du ein Reformer oder ein Störenfried sein? Zerstreust du leicht deine geistigen Energien? Hast du zwar alle möglichen aufregenden Ideen, aber die anderen glauben, daß du vom eigentlichen abschweifst? Vieles was du tust oder sagst scheint fortschrittlich zu sein, aber wenn du lange genug innehälst, nur objektiv zu sein, wirst du häufig feststellen, daß du in vielen Fällen lediglich gelernt hast, anders zu sein, damit du von einer Sache auf die nächste ablenken kannst. Ist die Freiheit der uneingeschränkten Ausdrucksmöglichkeit den Preis wert? An diesem Ort wird das Leben nicht in Selbstgefälligkeit enden. Es wird turbulent bleiben in dem Versuch, ein zufriedenstellendes Ventil für deine unstete und ängstliche Energie zu finden.

Naturzeichen: Plötzliche Winde brausen über die obere Atmosphäre, die Luftströmung ändert ihre Richtung.

✱Schlüsselerlebnis: Unbemerkt unterbricht und verändert ein Reiz aus dem Osten deinen Bewußtseinsstrom.

URANUS im Süden

Deine Unabhängigkeit steht auf dem Spiel und die entscheidende Frage lautet: Wie kannst du das beste aus deinem Talent machen? In deinem Tätigkeitsbereich könnten sich Menschen mit leerem und arbeitshinderndem Idealismus befinden, während sich andere als glorreiche Führer einer aussichtslosen Sache entpuppen. Es liegt in deiner Macht, zum Katalysator für Veränderungen zu werden und du mußt dich auf deine eigene Erfindungsgabe berufen, um diese zu realisieren. Das Sammeln deiner Kräfte wird nicht einfach sein. Unsicherheiten scheinen dich zu umgeben, doch bringst du den Willen auf, einzigartige Erneuerungen zustandezubringen.

Naturzeichen: Elektromagnetische Blitze wirbeln über die Subtropen und kanalisieren die Ionen.

✱Schlüsselerlebnis: Plötzlich tauchen aus dem Süden aufregende und ungewöhnliche Wünsche und Anweisungen auf.

URANUS im Westen

Die Kontakte zu anderen Menschen können sehr hektisch und zerrüttend sein, während gleichzeitig paradoxerweise frische und innovative Ausblicke erwachen. Auch wenn es schwierig ist, Menschen an diesem Schauplatz zu kategorisieren, wird man kaum in der Lage sein, ohne gewisse Annahmen über sie leben zu können. Den Partnerschaften kann es am gegenseitigen Geben und Nehmen mangeln, was eine unerläßliche Voraussetzung ist für eine beständige und gesunde Fortdauer. Es entstehen Konflikte, weil Forderungen gestellt werden ohne die Verpflichtung, sie durchzuführen. Das abrupte und alarmierende Verhalten der anderen kann manchmal eine gewisse Entfremdung verursachen.

Naturzeichen: Die reinigenden Stürme, krachender Donner und Blitze, welche die Atmosphäre neu laden.

✳Schlüsselerlebnis: Eine Person vom Westen, mit einer widersprüchlichen aber erfinderischen Persönlichkeit, bringt ganz unerwartet geniale und außergewöhnliche Ideen mit.

URANUS im Norden

Hier ist das persönliche Leben alles andere als typisch. Ungewöhnliche Bedingungen kommen ins Spiel und zwingen dich, das standardisierte Verhalten und traditionelle Glaubensmuster zu verändern. Man kann an diesem Platz auch einen Blick darauf werfen, an welcher Stelle die familiären Pflichten (oder der individuelle Lebensstil) sich gegen die unpersönlichen und selbstsüchtigen Einstellungen wenden. Die Menschen in deiner unmittelbaren Reichweite (einschließlich dir selber) können in einer Art Zukunftsschock gefangen sein. Der Ansturm neuer Ideen und Technologien könnte Unsicherheiten und Ungewißheiten auslösen. Diese rapiden Veränderungen bürden dem häuslichen Leben Unregelmäßigkeiten auf und können eventuell dazu führen, daß man die Fundamente dessen hinterfragt, wofür man steht.

Naturzeichen: Gewölbte Tafelberge als natürliche Festung. Verwerfungen und Furchen markieren die Hülle der Erde, die flexible und rigide Kruste des elektromagnetischen Kristalls.

✳Schlüsselerlebnis: Ein unnachgiebiger und revolutionärer Einfluß aus dem Norden entzweit und erobert.

NEPTUN im Osten

Abstrakte, mystische und trügerische Einflüsse durchdringen diesen Platz. Du spürst bislang unbewußt verborgene sensitive Veranlagungen anscheinend zum ersten Mal. Die Psyche wird oft von unzähligen Eindrücken überflutet, welche sich nicht einfach trennen oder begreifen lassen, ohne daß erhebliche Verwirrungen entstehen. Der persönliche Charme wird deutlich, aber auch Gefühle von Unzulänglichkeit und vielleicht ein schwaches Selbstbild. Man muß seine Wahrnehmungen gebrauchen, um sich von den unsichtbaren, jedoch realen Täuschungen zu schützen. Das Traumleben sollte aktiver sein und mit der Zeit könnte man sich zu einem Spiegel für andere entwickeln.

Naturzeichen: Die Morgenbrise über dem Wasser, feuchter Dunst dampft und benetzt.

*Schlüsselerlebnis: Subtile und komplexe Gefühle aus dem Osten inspirieren einen empfänglichen Geist.

NEPTUN im Süden

Das Berufsethos und die Tauglichkeit deiner Ziele werden getestet. Humanitäre Gerechtigkeit ist ein akutes Thema, das nicht einfach zu beantworten ist; mit anderen Worten, es ist sehr wichtig für dich, ein gutes Gefühl bezüglich deines Auskommens zu haben. Die verschiedensten Intrigen und Skandale können entstehen, wenn man es zuläßt, daß man sich falschen Ideologien verschreibt. Man fühlt sich vielleicht enger mit der eigenen Spiritualität verbunden, aber ohne entsprechende Führung können diese Gefühle in Wirklichkeitsflucht oder bizarren, phantastischen Emotionen ausarten.

Naturzeichen: Insektenlarven auf dem See, Plankton auf dem Ozean, eine Oberfläche, welche die Chemie des Lebens widerspiegelt und ernährt.

✳Schlüsselerlebnis: Hingebungsvolle Eindrücke aus dem Süden fördern die Entwicklung von Mitgefühl und innerem Wissen.

NEPTUN im Westen

Hier erwartet uns eine ganze Ansammlung von doppelsinnigen und mysteriösen Umständen. Es kommt an diesem Ort sehr leicht vor, daß man sich von einem Heer von Teufeln und Engeln umgeben fühlt. Menschen hinterlassen eine starke Wirkung auf einen und sie können sowohl eine Quelle für spirituelle Höhenflüge als auch für große Enttäuschung sein. Beziehungen können einen stark zersetzenden Einfluß haben; die Gewohnheiten der anderen und selbst produzierte innere Gespenster beeinträchtigen die eigene Vertrauensfähigkeit. Es zahlt sich aus, sehr kritisch zu sein, denn oft stellt man fest, daß die Mitmenschen nicht das sind, was sie zu sein scheinen.

Naturzeichen: Große Wellen und Strömungen, welche den ozeanischen Planetenpuls steuern und antreiben.

✳Schlüsselerlebnis: Eine undefinierbare Macht aus dem Westen enthüllt in einem Traum die Bedeutung bestimmter Symbole der Wirklichkeit.

NEPTUN im Norden

Dies ist ein einsiedlerischer Platz mit einer Atmosphäre von psychischen Eskapaden. Chronische Familienprobleme können auftreten und zu depressiven Situationen führen. Ein Leben voller Verzweiflungen ist angesagt, es sei denn, andere positive Faktoren wirken dagegen. Man kann über die Vergangenheit nachgrübeln und für die verborgenen Heilkräfte der Natur empfänglich sein. Es scheint mehr Leiden in das Alltagsleben hereinzuspielen und die Problemlösungen scheinen größere

Energien zu erfordern. Das Verlangen, diesen Ort zu verlassen und eine generelle Tendenz zur Wirklichkeitsflucht ist in dieser Zone immer vorhanden.

Naturzeichen: Das Gewicht von Packeis, der Zyklus von Gefrieren und Tauen, ein Schlitten poltert nach unten. Dichter Nebel verhüllt die materielle Welt, aber kondensiert in der spirituellen.

✱Schlüsselerlebnis: Ein aus dem Norden kommendes transzendentes Mysterium wird Wirklichkeit; imaginative Zeichen werden konkret.

PLUTO im Osten

Unter diesem Einfluß werden die besten und die schlechtesten Züge deiner Persönlichkeit zum Ausdruck gebracht. Du lebst ein Leben in vollen Zügen und reagierst intensiv auf viele Streitpunkte. Man schießt ziemlich schnell über das Ziel hinaus und leidet anschließend an den Konsequenzen, brennt aus und kommt aber wieder rasch auf die Beine. In verschiedenen Bereichen wird man seine Grenzen testen und dabei seine eigenen Ressourcen wirklich kennenlernen. Aus dem Gefühl heraus, daß man immer etwas oder jemand bekämpfen muß, entsteht das eindeutige Verlangen, ständig seine Position zu festigen. Man neigt tendenziell dazu zwanghafter, aufdringlicher und nerviger zu sein, und erweckt dadurch den Ärger und den Unmut der anderen. Die Weltanschauung könnte zu schwarz /weiß geprägt sein. Es ist nicht nur gesund, Wege zum Entspannen und Abkühlen zu finden, sondern auch geistig anregend.

Naturzeichen: Platzregen, dampfende Morgendämmerung, das Wasser bis an die Ufer steigend.

✱Schlüsselerlebnis: Eine Macht aus dem Osten entziffert kryptische Botschaften aus dem Unbewußten.

PLUTO im Süden

An diesem Ort erwarten einen die transformierenden und korrumpierenden Einflüsse von Macht. Es ist ganz üblich, daß man in irgendeine Hierarchie verwickelt wird, welche mit improvisierter Schnelligkeit belohnt und bestraft. Man kann auf eine Ansammlung von Despoten und kleinlichen Tyrannen treffen, aber genausogut auch auf hochspezialisierte und hingebungsvolle Menschen. Unter diesem Einfluß kann man in einer selbst geschaffenen Welt leben oder sich ins Gesellschaftsleben hinein manövrieren. Man kann seine natürlichen Begierden kontrollieren, um an die Spitze (oder das was man dafür hält) zu gelangen.

Naturzeichen: Dampfender Dunst, eine triefende Feuchtigkeit, die Leben zeugt und verbraucht.

✱Schlüsselerlebnis: Ein dynamischer Ansturm von Macht aus dem Süden transformiert, verbraucht und verändert Schicksale.

PLUTO im Westen

Psychologische Vorbereitung auf diesen Ort ist unabdingbar (wie z. B. leise zu sprechen oder sich einen Stock mitzunehmen). Alles von totaler Isolation bis zu Massenhysterie ist möglich. Von Zeit zu Zeit könnte es schwierig sein, sich der Zuneigung und dem Schicksal größerer Gruppierungen zu entziehen. Vielleicht spielt man auch denjenigen, der immer eine Nasenlänge voraus sein will und dabei viele Unterströmungen spürt, die sowohl manipulativ als auch entzweiend wirken können. Es kann auch sein, daß andere regelrecht versuchen, dein Leben zum Besseren oder Schlechteren zu wenden.

Naturzeichen: Große Wassermassen: die Flutwelle, Wirbelstürme. Gewaltige Wellenbrecher und von den Gezeiten abhängige, kleine Buchten und Becken, Speicher des Lebens.

✱Schlüsselerlebnis: In tiefer Stille dringt eine Kraft aus dem Westen ins Innere und entlockt Gefühle und Erneuerung.

An diesem Ort wird allmählich aufgedeckt, was lebendig und von persönlicher Bedeutung ist, allerdings geschieht dies nicht ohne Härte. Häufig spürt man tiefliegende, unbewußte Bewegungen. Vielleicht muß man sich vielleicht daran gewöhnen, mit einem stattlichen Maß an Druck zu leben. Man fühlt sich möglicherweise bedroht, was erklären könnte, warum man in persönlichen Dingen so defensiv reagiert. Es kann zu heftigen Reaktionen und Ausbrüchen kommen, welche die innersten Gefühle enthüllen.

Naturzeichen: Das Sprudeln einer heißen Mineralquelle, welche reinigt und säubert. Strukturen von Eiskristallen, die sich in stillem Wasser widerspiegeln; eine gefrorene, zeitlose Welt.

✱Schlüsselerlebnis: Die aus dem Norden kommenden Kräfte der Vorsehung kontrollieren, beherrschen und verändern Form und Struktur.

Der interkulturelle und vielschichtige Geomantie-Kreis

Die Entsprechungen und Wechselbeziehungen, die man der Tabelle 11 auf den folgenden Seiten noch hinzufügen könnte, sind zahlreich. Dementsprechend mußte ich beim Erstellen dieses Geomantie-Kreises sehr sorgfältig auswählen, und ich habe die allerwichtigsten übergreifenden kulturellen Daten aufgenommen. Alle hier verwendeten Systeme standen in gegenseitiger Übereinstimmung, von kleinen Diskrepanzen abgesehen. Dies ist wirklich erstaunlich, da die Daten aus geographisch und kulturell ganz verschiedenen Regionen stammen.

Manche Details konnte ich nicht hinzunehmen, weil sie entweder nicht mit den vier Himmelsrichtungen in Einklang zu bringen waren, oder weil sie kulturell bedingt und deswegen nicht universeller Natur sind. Beispiele für solche kulturelle Einteilungen wäre etwa Zuordnung von Farben oder Tieren, die sich von Kulturkreis zu Kulturkreis unterscheiden.

Tabelle 11

Der interkulturelle und vielschichtige Geomantie-Kreis

1	**Norden**	**Süden**
2	Mitternacht	Mittag
3	Winter	Sommer
4	Die Gesetze	Licht
5	Techniken	Selbstverwirklicht
	Der Akt der Meditation	eine vollendete Meditation
6	**Erde**	**Feuer**
	Die Ch'i Pfade von Luft und Wasser	Elektromagnetismus, Blitze
7	Kalt und feucht	Warm und trocken
8	Die späten Jahre (63+)	Erwachsen (21–42)
9	Winter, Sonnwende	Sommer, Sonnwende
10	Saturn, Transpluto	Sonne, Mars, Jupiter
11	Frontalschild	Kraftobjekte
	Scheiben/Münzen	Stäbe
12	Uriel, Pandochus	Michael, Thoth
13	Gnome, Körper, Salz	Salamander, Seele, Gedächtnis
	Geomantie	Pyromantie
14	3. — 4. Haus; Heimat und Haus	9.—10. Haus Höheres Wissen
	ein Elternteil, Grundgedanken, Auto	Bildung, Beruf, ein Elternteil
15	Geduld/Reinheit, Erneuerung	Liebe und Freundschaft
16	Kraft und Weisheit	Unschuld Vertrauen, Wachstum
17	Schlechte Einflüsse,	Gute Einflüsse
	Ödland, die Toten, Mysterium	Wachstum, Fruchtbarkeit
18	Frau	Reise
19	Geschäftliche Gewinne	Ruhm
20	Stärke	Wachstum
	erfinderische, direkte, verläßliche Frau	nährende, scheue, warmherzige Frau
21	Wissend	Aktiv
	Gelehrter, nobler, ruhiger, abhängiger Mann	sehr lebhafter Mann
22	Amazone	Mutter
	Praktisch, helfend, stark, wirksam	fürsorgend, nährend, hingebungsvoll
23	Held/Krieger	Vater/Jäger
	Geschäftsmann, Einflußreichtum, Soldat, Staatsmann, Mut, Antrieb	unterstützend, schützend, sichernd, Familienwerte

1	**Osten**	**Westen**
2	Sonnenaufgang	Sonnenuntergang
3	Frühling	Herbst
4	Leben	Liebe
5	Das Selbst	das Nicht-Selbst
	Der Meditierende	Der Gegenstand der Meditation
6	**Luft**	**Wasser**
	Holz/Vegetation	Metallige Leiter
7	Wind	naß und kalt
8	Jugend (0 – 21)	Mittleres Alter (43 – 63)
9	Frühling, Tagundnachtgleiche	Herbst, Tagundnachtgleiche
10	Merkur, Venus, Uranus	Mond, Neptun, Pluto
11	Magische Waffen	Geistfänger
	Schwerter/Kristalle	Kelche
12	Raphael, Horus	Gabriel, Elurus
13	Sylphen, Geist, Azoth	Undinen, Verstand, Quecksilber
	Aeromantie	Hydromantie
14	12. — 1. Haus Persönlichkeit,	6. – 7. Haus, Öffentlichkeit
	Aussehen, Kindheit,	Partnerschaft,
	Einstellungen,	Arbeitsmethoden
15	Energetische und irdische Arbeit	Lehren, Führen, Beurteilung
16	Weitsicht, reflektierte Gesetze	Introspektion, Wechsel
17	Guter Einfluß	neutral
	Neugeburt, Überfluß	Niedergang
18	Leben	Kinder
19	Gute Familie	Ruhm der Kinder
20	Ordnung	Gefühl
	Optimistische, fröhliche,	introspektive, listige,
	sanfte Frau	drollige Frau
21	Der Bote	Der Organisator
	Assistent, ein stiller,	mysteriöser, geheimnisvoller
	melancholischer Mann	Mann
22	Hetäre	Medium
	begabt, raffiniert, liebevoll,	prophetisch, visionär
	Ungebunden	intuitiv, seherisch
23	Knabe/Intellektueller	Weiser Mann
	jugendlich, flexibler Geist,	Einsicht, Vision, Krativität
	inspiriert, lebhaft	ein Magier

Erklärung der Quellen

Eins: Die üblichen Hauptrichtungen des Kompaß.

Zwei: Universelles System für die Nordhalbkugel[31]. Auf der Südhalbkugel sind Mittag und Mitternacht vertauscht. Dasselbe gilt für das System der Tolteken.

Drei: Auf der Südhalbkugel gilt die umgekehrte Reihenfolge, d.h. Sommer entspricht Winter und Frühjahr entspricht Herbst. Dies ist ebenfalls eine universelle Festlegung, aber als Quelle diente die magische Tradition Europas gemäß Grays Buch[32].

Vier: Ein in der westlichen Magie übliches System (ebenfalls bei Gray[32] entnommen).

Fünf: Kriya Yoga Meditationsformel.

Sechs: Die vier Elemente, die in beinahe jedem System vorkommen und akzeptiert werden. Die Zusatzinformationen entstammen dem chinesischen Feng Shui.[33]

Sieben: Wetter Ch'i des Feng Shui.[33]

Acht: Ebenfalls eine Einteilung des Feng Shui[33].

Neun: Die mit den Jahreszeiten verknüpften Kardinalzeichen (trifft nur auf der Nordhalbkugel zu), also Wintersonnwende – Steinbock, Frühjahrs-Tagundnachtgleiche – Widder, Sommersonnwende – Krebs sowie Herbst-Tagundnachtgleiche – Waage.

Zehn: Bei keinem der Systeme für den geomantischen Kreis wurde die Entsprechung für die zehn bekannten und die noch nicht gesichteten Planeten genannt. Nach einigen Überlegungen habe ich die Planeten zugeordnet; sie folgen dem Muster von Wetter und Elementen und korrespondieren also nicht unbedingt mit ihrem jeweiligen Zeichen. Selbst wenn die Planeten keine zugewiesenen Plätze haben, sollte man in Erinnerung behalten, daß sie variabel sind und überall im geomantischen Kreis gefunden werden können. Im Feng Shui werden die Planeten zwar den Himmelsrichtungen zugeordnet, aber scheinen deplaziert zu sein im Vergleich zu den übrigen direktionalen Entsprechungen. Nur wenn wir die Plazierungen im Feng Shui mit den Begriffen Erhöhung und Fall kombinieren, ergeben sie einen Sinn. Merkur im Norden würde bedeuten, daß du über die Mysterien des Nordens reden mußt. Mars im Süden heißt, Hand anlegen für das Entwickeln von Vertrauen und das Eintreten von Wachstum. Venus im Westen legt nahe, daß Ruhe und Gleichgewicht erforderlich sind, um die Emotionen zu bewältigen, die eine feinstoffliche und abstrakte Wirklichkeit erfordern. Jupiter im Osten könnte andeuten, daß Reisen und Ausdehnung zur intellektuellen und künstlerischen Entwicklung beitragen. Beim Feng Shui besetzt Saturn die fünfte Richtung, die Mitte, und deutet eine zentrale, strukturelle Dauer und Stabilität von Körper, Geist und Ich an.[33]

Elf: Hierbei handelt es sich um eine Kombination der Kategorien aus William Grays magischen Ritualen[32] und Don Juans toltekischem System.[34]

Zwölf: Die üblichen Plazierungen der Erzengel in der westlichen Magie[32]. Es sind die christlichen und die ägyptische Namen angegeben. Die hebräischen und gnostischen Erzengel nach Levi unterscheiden sich an manchen Stellen[35].

Dreizehn: Diese Liste stammt von Eliphas Levi; sie ist griechischen und ägyptischen Ursprungs[36].

Vierzehn: Gekürzte Wiedergabe der Horoskophäuser, welche auf der Nordhalbkugel an den Kardinalrichtungen stehen.

Fünfzehn: Eine Auflistung aus Sun Bears »Astrologie der Erde«.[36]

Sechzehn: Diese Gruppierung stammt von Hyemeyohsts Storms »Sieben Pfeile«. Der korrekte Begriff für dieses System lautet Medizinrad, eine bei den Indianern gebräuchliche Methode zur Selbstfindung und Divination.[38]

Siebzehn: Hierbei handelt es sich um die stark vereinfachte Version der Zuweisungen in der aztekischen Astrologie.[39]

Achzehn: Dies entspricht dem antiken Octopus-System mit acht Häusern, welches die Griechen ursprünglich benützten. Ich halte es für Spekulation, daß dieses System einen Einfluß auf den Standort hatte. Aber ein Bezug zu den Himmelsrichtungen liegt vor, so daß ich es hier aufgenommen habe.[40]

Neunzehn: Hier finden wir die dem Feng Shui System entnommenen Entsprechungen des I Ging.[41]

Zwanzig: Dies sind die vier Winde, zu denen sich die Frauen hingezogen fühlen. Überliefert von Don Juan in »den Regeln des Adlers«.[42]

Einundzwanzig: Die männlichen Gegenstücke zu den weiblichen Richtungen.[43] Obwohl den Männern keine speziellen Himmelsrichtungen zugewisen werden, paßt die Auflistung hier dennoch ganz gut.

Zweiundzwanzig: Dies sind die vier Typen des Weiblichen gemäß dem tiefenpsychologischen System von Wolff. Sie können auch als die Anima betrachtet werden, die innere weibliche Hälfte des männlichen Unbewußten. Die Begriffe am Anfang beschreiben sowohl für Männer wie für Frauen die Grundcharakteristik, das sogenannte »helle Gesicht«. Am Ende stehen die Qualitäten des »dunklen Gesichts«.

Dreiundzwanzig: Dies ist Whitmans Typologie des Männlichen, aber auch eine Beschreibung der inneren männlichen Hälfte der Frau, Animus genannt.[45]

Kapitel 5

Das Standorthoroskop und Gesundheit

Das Standorthoroskop kann eine Blaupause liefern, die das Mysterium enthüllt, auf welche Weise der jeweilige Aufenthaltsort körperliche, geistige und seelische Funktionen beeinträchtigt. Geomantie und Mystik haben gelehrt, daß der Mensch Teil der Natur ist und nicht von ihr getrennt betrachtet werden kann. An diese Tatsache werden wir durch die Astrologie des Raumes ständig wieder erinnert.

Wenn man sich mit dem Körper näher befaßt, so ist es enorm wichtig, sich zu vergegenwärtigen, daß er aus ganz ähnlichen Einzelteilen aufgebaut ist wie ein Hinterhof. Der Körper besteht tatsächlich aus einem Leitungssystem und biochemischen Reaktionen und in vielerlei Hinsicht ist der Mensch eine Art organischer Computer, der schon auf die feinsten Reize reagiert. Sogar der Verstand registriert ein durchschnittliches Gehirnwellenmuster mit 13 — 15 Zyklen pro Sekunde, was mit der Frequenz der Ionosphäre sehr identisch ist.

Obwohl die Medizin die mittlere Lebenserwartung in der jüngsten Vergangenheit um 25 Jahre verlängert hat und viele Alterskrankheiten heilen kann, gibt es nach wie vor noch etliche gesundheitliche Probleme, die sich derzeit nicht einfach beseitigen lassen. Ist dies der Fall, so bietet sich die Alternative der körperlichen Betätigung und des Essens von hochwertiger und frischer Nahrung, nicht zu vergessen das Bewußtsein über die Auswirkungen der näheren Umwelt. Bei dem Versuch, wirklich gesünder zu leben, ist es unumgänglich, Veränderungen vorzunehmen. Dabei stößt man schnell auf alte, liebgewordene Einstellungen, aber auch auf festgefahrene Gewohnheiten und emotionale Verhaltensmuster.

Die Astrologie besagt, daß diese ungesunden Charakterzüge bis zu einem gewissen Grad aus dem Horoskop herausgelesen werden können, zudem wissen wir, daß das Geburtsbild mit den genauen Koordinaten des jeweiligen Geburtsortes erstellt wird. Die Soziologie geht davon aus, daß die meisten Menschen das Produkt ihrer Umgebung sind. Kann man seine Gesundheit und Vitalität verbessern, wenn man in dieses Umfeld eingreift, und damit auch auf das Produkt einwirkt? Die Astrologie des Standortes antwortet hierzu mit einem eindeutigen »Ja!«.

Der Gebrauch eines Standorthoroskopes für einen x-beliebigen Ort eröffnet einem die notwendigen Einsichten, wie die Planeten auf Gesundheit, Innenleben und Gedankenwelt Einfluß nehmen. In Tabelle 12 habe ich die grundlegenden Entsprechungen von Planeten und Zeichen zu den Körperzonen festgehalten. Die Standort-Häuser korrespondieren mit den entsprechenden Zeichen und Planeten (z. B. Mars/Widder/1. Haus etc.). Ich habe die Erfahrung gemacht, daß die Zwölfteilung des Horizonts — also die Standort-Häuser — nur einen schwachen Effekt auf die körperliche Gesundheit ausüben. Am deutlichsten sind die Aspekte spürbar.

Generell kann man sagen, daß Jupiter und Sonne diejenigen Planeten sind, welche die körperliche Gesundheit am stärksten fördern. Wenn sie nahe an den Hauptachsen oder tief über dem Horizont stehen, dann wird dieser Aufenthaltsort die Gesundheit tendenziell verbessern. Alle weichen Aspekte mit Sonne und Jupiter im Standorthoroskop können sich ebenfalls als hilfreich erweisen, meistens jedoch nur in viel geringerem Umfang. Mars und Pluto können sehr wohl einiges zur körperlichen Vitalität beitragen, allerdings sollten sie harmonische Aspekte bilden und im Radix-Horoskop bereits günstig stehen.

Merkur und Venus alleine dürften nicht stark genug sein, um beständig auf die Gesundheit Einfluß zu nehmen, aber in den meisten Situationen kann man sie zu den positiven Wirkfakto-

Tabelle 12

Anatomische und physiologische Entsprechungen der Zeichen und Planeten

Sonne–Löwe: Herz, Wirbelsäule, Konstitution, Kreislauf, rechtes Auge, linke Hirnhälfte, Großhirn.

Mond–Krebs: Psychosomatische Reaktionen, Haut, Allergien, Magen, Blut, Flüssigkeits- und Fetthaushalt, Lymphe, linkes Auge, rechte Hirnhälfte, Kleinhirn.

Merkur–Zwillinge: Arme, Lungen, parasympatisches Nervensystem, motorische Nerven, Denken, Nacken rechts.

Merkur–Jungfrau: Hände, obere Gedärme, sympatisches Nervensystem, konkretes Denken, Nacken links.

Venus–Waage: Eierstöcke (rechts), Nieren (rechts), Bronchien, Gesäß, Rücken (rechte Hälfte).

Transpluto–Stier: Eierstöcke (links), Nieren (links), Schilddrüsen, Rachen, Hals, Speichel, Schweißdrüsen, Rücken (linke Hälfte).

Mars–Widder: Kopf, Muskeln, Körpertemperatur, Sexualfunktionen, weiße Blutkörperchen, Nebennieren, rechter Lendenbereich.

Pluto–Skorpion: Sexualsystem, Rektum, Dickdarm, Schwellungen, starker Willen, linker Lendenbereich.

Jupiter–Schütze: Hüftknochen, Leber, Fettzellen, Regenerationskräfte, Oberschenkel, Kreuzbein (linke Seite).

Neptun–Fische: Füße, Zirbeldrüse, geringe Abwehrkräfte, Traumleben, Kreuzbein (rechte Seite).

Uranus–Wassermann: Hypophyse, Knöcheln, Aura, Steißbeinregion (rechts), Rückenmarksnerven.

Saturn–Steinbock: Knochen, Knie, Zähne, Skelett, Innenohr, Steißbeinregion (links).

ren rechnen. Saturn und Neptun verursachen dagegen oft Schwierigkeiten in der einen oder anderen Form.

Nachfolgend lege ich einen theoretischen Entwurf vor, um zu erläutern, wie stellare und planetare Energien in Bezug zur menschlichen Psychophysiologie stehen und wie die Vitalkraft des Universums in Erde und Mensch funktioniert.

Alle physischen und psychischen Persönlichkeitsanteile orientieren sich immer an den vier Großkreisen des Himmels, egal ob du dich direkt bzw. in der Nähe deines Geburtsortes aufhältst, ob du umziehst oder ob du dich auf einer Reise befindest. Diese Großkreise sind der Äquator, die Ekliptik, der Horizont sowie die Nullvertikale und sie dienen als Meßsysteme, mit deren Hilfe man die Planeten und Fixsterne orten kann. Jedes System entstand unter einem anderen kulturellen Akzent und zu verschiedenen historischen Zeiten. Die Chinesen und Ägypter bevorzugten vermutlich schon um 2000 v. Chr. das äquatoriale System. Ungefähr im Jahre 600 v. Chr. entwickelten die Griechen die Ekliptik. Die arabischen und mittelamerikanischen Kulturen arbeiteten zwischen 700 und 1300 n. Chr. mit dem Horizont und mit der Nullvertikale. Die kulturelle und metaphysische Orientierung eines jeden Großkreises läßt sich nicht leugnen. Die Tatsache, daß jedes System einen dazu veranlaßt, den Himmel auf andere Weise zu sehen, steht in direktem Verhältnis zur eigenen psychophysischen Gesundheit.

Es ist die Lehre westlicher Metaphysiker und der chinesischen Medizin, daß Menschen unbewußt auf vier verschiedenen Ebene existieren, und daß jede dieser Stufen mit einem Zustand des Bewußtseins korrespondiert. Die erste Stufe ist die physische und sie entspricht dem bewußten Wachzustand, wobei die meisten Menschen sich hier auf die fünf Sinne beschränken. Auf der zweiten Ebene folgt der Astralkörper, welcher mit dem Traumzustand in Beziehung steht. Auf der dritten Ebene haben wir den höheren Mentalkörper, der mit der Tiefschlafphase verknüpft ist. Auf der vierten Ebene schließlich befindet sich der Geist oder das Höhere Selbst, welches sich mit dem kosmischen Bewußtsein verbindet.

Gemäß der Theorie und Praxis des Yoga wirken diese vier Bewußtseinszustände innerhalb und durch eine Reihe von Chakren. Bei diesen Chakren oder psychischen Zentren, wie wir sie im Westen nennen, handelt es sich um ein komplexes System von Wechselwirkungen auf verschiedenen Bewußtseinsebenen. Die Chakren sind entlang der Wirbelsäule gelagert und mit einem Nervengeflecht verbunden. Die vitale Lebensenergie des Individuums fließt von den höheren Bewußtseinsebenen in die spinalen Zentren, wo sie zum Kundalini-Strom wird — der aktiven Lebenskraft im menschlichen Körper, welche als Nervenimpuls meßbar ist.

Obwohl die physiologischen und psychischen Funktionen eines jeden Zentrums bekannt sind, wird die genaue Lokalisation, Größe und das innere Gleichgewicht des jeweiligen Bereichs in Abhängigkeit von dem Geburtshoroskop variieren, und dieses wird wiederum von den Koordinaten des Ortes festgelegt.

In Tab. 13 habe ich das zwölfteilige Häusersystem aufgelistet und in Korrelation zu den sechs Chakren gesetzt. Es gibt fünf zweifache und zwei einfache Zentren. Die einfachen Zentren

Tabelle 13

Wirbelabschnitt	*Lage*	*Planeten*	*Zeichen/Haus*
Steißbein	Unteres Rückgrat	Saturn	Steinbock/10
		Uranus	Wassermann/11
Sakralwirbel	Genitalbereich	Neptun	Fische/12
		Jupiter	Schütze/9
Lendenwirbel	Nabelbereich	Pluto	Skorpion/8
		Mars	Widder/1
Rückenwirbel	Herzbereich	Transpluto	Stier/2
		Venus	Waage/7
Halswirbel	Halsbereich	Merkur	Jungfrau 7
		&Asteroiden	Zwillinge/3
Markkanal	Augenbrauen	Mond	Krebs/4
		Sonne	Löwe/5

sind das männliche Sonne/Löwe-Zentrum an der Cortex zwischen den Augenbrauen und das weibliche Mond/Krebs-Zentrum an der Hirnanhangsdrüse (Medulla). Die übrigen fünf Zentren sind zweigeteilt, mit den Wasser- und Erdzeichen auf der linken, weiblichen Seite der Wirbelsäule und den Feuer- und Luftzeichen auf der männlichen, rechten Hälfte.

Wie nun die vier Großkreise hinsichtlich der Bewußtseinszustände wirken, hängt von der Position und dem Standort des Körpers ab, sowie dem Maß an Selbstbewußtsein, das man als Individuum erlangt hat.

Die Sechzehner-Teilung wird als ein beinahe vergessenes System angesehen, welches in der Evolution des Bewußtseins auf ein früheres Datum zurückreicht. In unserem Beispiel gibt es neun Zentren — sieben doppelte und zwei einfache. Letztere entsprechen den Mondknoten, wobei der nördliche Mondknoten den Kopf repräsentiert (Drachenkopf). Der Mond war das duale Zentrum im Kopf, die Sonne befand sich am Brustbein zwischen den Zentren von Mars und Venus.

Der Äquator ist in Wirklichkeit nur ein geographisches Maß; deswegen steht er für die Verknüpfung von Geist und Körper in jeder beliebigen Position oder Ausrichtung.

Aus Tabelle 14 wird ersichtlich, daß Schlaf hervorgerufen wird, wenn der Körper parallel bzw. horizontal zur Erde liegt. Andererseits fördert die Aufrechterhaltung einer vertikalen Stellung tiefere und bewußtere Zustände. Folglich ist eine gute Haltung nicht nur für die körperliche Gesundheit von Vorteil, sondern dadurch ermöglichen wir den Energieströmen der Wirbelsäule auch einen ungehinderten Fluß durch die Zentren. Deswegen werden alle Meditationen senkrecht zur Oberfläche ausgeführt, denn sobald sie horizontal liegend praktiziert werden, kommt es leicht zu Träumen und Astralprojektionen; auch diese sind notwendig, aber nicht so erfolgsversprechend wie die Meditation.

In Tabelle 12 auf Seite 154 kann man nachsehen, welcher Bereich des Körpers von einem bestimmten Planeten sensibilisiert wird. Tabelle 13 zeigt, in welcher Weise sich ein dominanter

Tabelle 14

Die Entsprechungen der drei Systeme

Ekliptik

Beobachtbarer Ausschnitt: 180 Grade; geneigt; kippbares Kettenkarussell
Systemtyp: solar, d.h. die Bahn der Sonne am Himmel.
Bewußtseinszustand: Wachsein, Alltagsbewußtsein, die 5 Sinne.
Psychische Zentren: 12er-System, 6 Zentren, 5 duale und 2 einfache.
Richtungen: Nord/Süd (der Tierkreisgürtel), gegenüber der Ekliptik
Körperhaltung: Vertikal; sitzend und stehend
Rotation: Sowohl im als auch gegen den Uhrzeigersinn.

Horizont

Beobachtbarer Ausschnitt: 360 Grade rundum; Karussel
Systemtyp: Lunar, bezieht sich auf terrestrische Vorkommnisse
Bewußtseinszustand: Schlaf; Träume, Wünsche.
Psychische Zentren: 16er-System, 9 Zentren, 7 duale und 2 einfache
Richtungen: Ost/West, Sonnenaufgang/Sonnenuntergang, Osten bevorzugt
Körperhaltung: Horizontal, liegend
Rotation: Nur im Uhrzeigersinn

Nullvertikale

Beobachtbarer Ausschnitt: 180 Grade, senkrecht über dem Kopf, Riesenrad
Systemtyp: Planetare und stellare Einflüsse
Bewußtseinszustand: Tiefer, traumloser Schlaf
Psychische Zentren: die oberen vier
Richtungen: Über dem Kopf, Zenit; unter den Füßen, Nadir
Körperhaltung: Vertikal in der Meditation, aber horizontal im Schlaf
Rotation: Nur im Uhrzeigersinn

Der *beobachtbare Ausschnitt* ist die Richtung, welche der Beobachter sieht; *der Systemtyp* das wichtigste astrologische Konzentrat; *der Bewußtseinszustand* erklärt die hervorgerufenen Zustände; die *psychischen Zentren* die aktivierten Nervenknoten; die *Richtung* die vorteilhafteste Ausrichtung des Körpers; *Körperhaltung* beschreibt diese Position; *Rotation* erklärt die beobachtete Planetenbewegung.

Planet auf die subtilen Zentren auswirkt. Mittels Tabelle 14 läßt sich herausfinden, wie unterschiedlich die Planeten in den drei Großkreisen jeweils wirken.

Ganz verschiedene Betrachtungsweisen des Kosmos wurden erstellt, da die Großkreise in letzter Instanz aus einer Mischung von kulturellen, religiösen Ideen und persönlichen Vorlieben bestehen. Bezüglich der Gesundheit sagten unsere Urahnen: »Was ein Mensch denkt, das ist er.« Der Geist herrscht über den Körper und die Form folgt der Funktion.

Die nachfolgend aufgezählten Planetenpaare werden vorwiegend in der Konjunktion und der Opposition betrachtet, da diese Winkel sich schädlicher auf die Gesundheit auswirken als andere. Bei Quadraten sollte der Orbis 2° oder weniger betragen. Wohlgemerkt, dies ersetzt aber keine Diagnose.

1. *Saturn/Neptun* — Träge und inaktive Physiologie, langsame Genesung, dauernde Blockaden, zurückbleibende Probleme, gehemmter Fortschritt, Gegenreaktion auf die meisten Medikamente.

2. *Mars/Neptun* — Stark anfällig für Infektionskrankheiten, heftige Gegenreaktionen auf Medikamente, Ablagerung von Giften, Schleim oder Eiter.

3. *Mars/Saturn* — Gestörte Vitalität, Zusammenbruch der Organe, Schnitte im Körper, Probleme mit Muskeln und Nähten.

4. *Neptun/Aszendent (Anti-Vertex)* — Psychosomatische Schwierigkeiten, Sinnestäuschungen, Infektionen, Kuriositäten.

5. *Saturn/Aszendent (Anti-Vertex)* — Defekte Organe und (oder) Drüsen, Erbkrankheiten, geschwächte Funktionen.

Wenn drei oder mehr dieser Planeten und/oder Punkte zusammen im gleichen Haus stehen, dann erhöht sich wahrscheinlich die Anfälligkeit für Gesundheitsprobleme. Andere Planeten, die durch harte Winkel mit diesen Planeten im Radix oder Standorthoroskop verbunden sind, verschlimmern die Situation eher.

Kapitel 6

Relokations-Techniken

Die Ekliptik ist das in der Astrologie am häufigsten benutzte Koordinatensystem, und gemeint ist damit die Kreisbahn, welche die Sonne von der Erde aus gesehen scheinbar im Laufe eines Jahres durchwandert. Als Maßeinheit entlang der Ekliptik gelten die von Westen nach Osten gezählten zodiakalen Längengrade zwischen 0° und 360° (vgl. Abb. 12 und Abb. 13).

Unter der Deklination versteht man den nördlichen oder südlichen Winkelabstand eines Gestirns vom Himmelsäquator. Die Deklination wird jeweils von 0° bis 90° gemessen, positiv (+), wenn in Richtung zum Nordpol und negativ (—), wenn in Richtung zum Südpol. Setzen wir die Deklination in Bezug zu den Jahreszeiten, so steht die Sonne am 20. Dezember des Jahres auf 23° 26' südlicher Deklination und am 20. Juni in 23° 26' nördlicher Deklination. Bei den Äquinoktien am 20. März bzw. 20. September steht die Sonne jeweils mit 0° Deklination auf dem Himmelsäquator.

Die 360 Grade des Tierkreises wurden von der Tatsache her abgeleitet, daß die Ekliptik aus der irdischen Sichtweise betrachtet durch zwölf Fixstern-Konstellationen verläuft. Diese Sterngruppierungen wurden später in zwölf gleichmäßige Segmente eingeteilt und als Tierkreiszeichen benannt. Es sind heute zwei Tierkreise in Gebrauch, nämlich einerseits der tropische, von den Jahreszeiten abhängige und festgelegte Tierkreis. Daneben gibt es noch den siderischen Tierkreis, welcher sich auf die Fixstern-Konstellationen bezieht und mit diesen identisch ist.

Die Astrologie arbeitet vornehmlich mit dem tropischen Tierkreis. Dieser basiert auf der Erdrotation und der Kreisbahn, welche die jahreszeitlichen Unterschiede festlegt. Steht die Sonne an ihrem höchsten Punkt in der nördlichen Hemisphäre (siehe Abb. 12), dann erfahren wir dies als den längsten Tag des Jahres: die Sommersonnwende, welche außerdem auch mit dem Eintritt der Sonne in das Zeichen Krebs übereinstimmt. Auf der südlichen Halbkugel entspricht dies gleichzeitig dem kürzesten Tag des Jahres und dem Winteranfang. Die Sonne wandert weiter in Richtung Süden und sobald sie im Herbst an den Äquator gelangt, ist die Tagundnachtgleiche erreicht. Diese fällt gleichzeitig auch mit ihrem Eintritt in das Zeichen Waage zusammen. Steht die Sonne jedoch an ihrem südlichsten Punkt, dann haben wir die Wintersonnwende, welche auf der Nordhalbkugel zugleich den kürzesten Tag des Jahres bzw. den Winteranfang markiert und sich mit dem Beginn des Zeichens Steinbock deckt. (Auf der Südhalbkugel entspricht es dem längsten Tag und dem Sommeranfang.) Um den Kreis zu schließen, bewegt sich die Sonne wieder gegen Norden und gelangt um den Zeitpunkt der Frühjahrs-Tagundnachtgleichen wiederum an den Äquator: dies ist identisch dem Frühlingsbeginn und dem Eintritt in das Zeichen Widder.

Wenn nun das ekliptale Koordinatensystem zur Berechnung des Horoskopes benützt wird, wie erhalten wir dann die für die meisten Häusereinteilungen unentbehrlichen Kardinalpunkte? Betrachten wir zunächst Abb. 13. Wir stellen fest, daß das Medium Coeli (die Himmelsmitte) bzw. die Spitze des 10. Hauses demjenigen Punkt auf der Ekliptik gleichkommt, an dem sich Himmelsmeridian und Himmelsäquator in südlicher Richtung schneiden. Das Imum Coeli (die Himmelstiefe) liegt in direkter Opposition zum MC und befindet sich an demselben Schnittpunkt, allerdings in nördlicher Richtung. Es gibt diverse Methoden zur Bestimmung des Aszendenten, am gebräuchlichsten ist jedoch der östliche Schnittpunkt von Ekliptik und Horizont. Analog verhält es sich mit dem polar gegenüberliegenden Deszendenten im Westen.

Der zweite wichtige Großkreis ist das Äquatorkoordinatensystem, dessen hauptsächlicher Bezugspunkt der Erdäquator

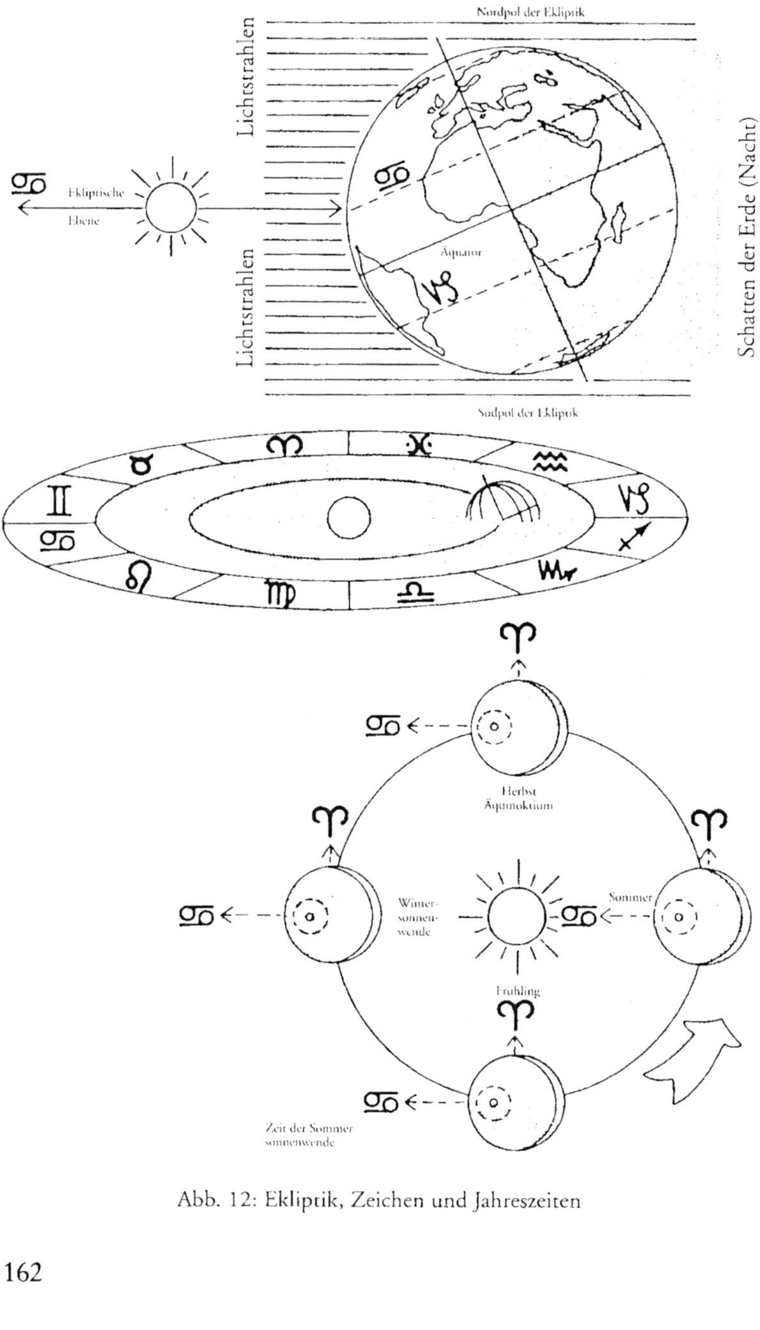

Abb. 12: Ekliptik, Zeichen und Jahreszeiten

Abb. 13: Standorthäuser

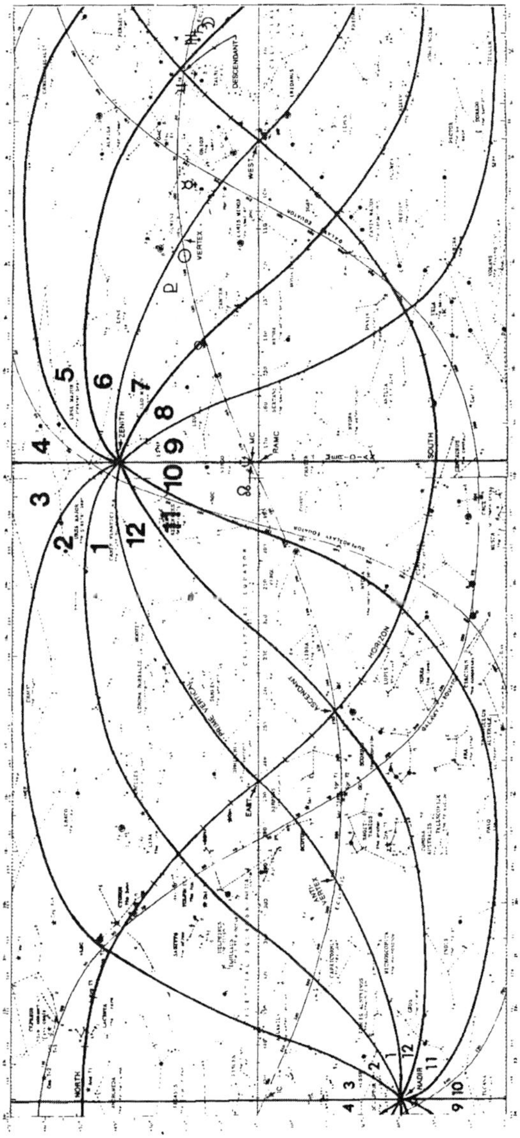

ist, wie der Name schon sagt. Die Messungen auf dieser Ebene erfolgen in den Graden der Rektaszension (0° bis 360°, gezählt von Osten nach Westen), welche den Sternzeitabstand zwischen Frühlingspunkt und dem betreffenden Objekt mißt. Auf den Erdball übertragen entspricht die Rektaszension der geographischen Länge. Der gebräuchliche Begriff für eine sich in Nord/Süd-Richtung erstreckende Linie heißt »Meridian«, und der Meridian durch Greenwich wurde als Nullpunkt für die geographische Länge festgelegt.

Die Abstände nördlich und südlich vom Äquator werden in Breitengraden (0° bis 90°) gemessen, deren Entsprechung am Himmel die bereits erwähnte Deklination ist. Steht ein Planet nun im Äquatorkoordinatensystem in Rektaszension, so muß er auf der Ekliptik nicht notwendigerweise an derselben Stelle stehen. Bei näherer Betrachtung der Abbildungen 13, 14 und 15A läßt sich sofort erkennen, daß die Großkreise von Ekliptik und Äquator im rechten Winkel zueinander stehen, außer wenn ein Planet zufällig in die Nähe der Schnittpunkte von 0° Widder bzw. 0° Waage gelangt — denn diese Stelle ist sowohl mit 0° als auch mit 180° zodiakaler Länge identisch. Pluto tanzt aufgrund seiner variierenden Umlaufgeschwindigkeiten in der Regel am häufigsten aus der Reihe.

Wenden wir uns nun dem Horizontkoorinatensystem zu und überlegen uns, wo es zu den anderen beiden paßt oder, was noch wichtiger sein dürfte, sich von diesen unterscheidet. Der eigentliche Bezugspunkt hierbei ist unser Gesichtskreis, also der uns umgebende, sichtbare Horizont. Dies bedeutet im Idealfall, daß man auf einer ebenen Oberfläche, wie zum Beispiel einer Wüstenlandschaft, den Horizont nach allen Seiten gleichermaßen sehen kann, vorausgesetzt es gibt keine Hügel oder Berge. Dieser Horizont verläuft in Wirklichkkeit geradlinig zur Oberfläche. Der gesamte uns umgebende Kreis wird in Azimut gemessen und umfaßt 360°. Die andere Koordinate im Horizontsystem ist die Höhe. Die Höhe eines Gestirns über dem Horizont bezeichnet man als Elevation oder Polhöhe. Auch wenn wir die jeweilige Höhe der Planeten nicht berücksichtigen wollen, so sollten wir dennoch unbedingt festhalten, daß diese sich innerhalb der 360° Azimut messen lassen, und deswegen mit den Himmelsrichtungen wie auf einem Kompaß zusammenfallen können. Eben darin liegt die Schönheit dieses Systems: *die Bewegung der Gestirne in der Zeit und der am Ort tatsächlich sichtbare Himmel lassen sich mit den Kompaßrichtungen verbinden.* Eine weitere Besonderheit des Horizontsystems entdecken wir darin, daß der Zenit immer senkrecht über dem Kopf und der Nadir direkt unter den Füßen steht. Dies entspricht einer exakten Darstellung von Raum und Zeit, ja diese ist sogar noch genauer als im Geburtshoroskop, weil sie anzeigt, wie der Kosmos an jedem x-beliebigen Ort und in jedem Augenblick von einem Beobachter gesehen wird.

Aus eben diesem Grunde ist der Standort-Horizont nicht nur symbolisch, sondern sogar aus einer empirisch beobachtbaren Perspektive heraus korrekt. Oder um es anders auszudrücken: du selber wirst zum Zentrum des Horizonts, weil du immer der Mittelpunkt deines eigenen Universums bist.

Bei der Betrachtung der Abb. 13, 14 und 15B stellen wir ferner fest, daß auf dem Horizont, genau nach Osten, der Schnittpunkt der Nullvertikale mit dem Himmelsäquator liegt (Anti-Vertex); der Vertex befindet sich diametral entgegengesetzt hierzu im Westen. Außerdem schneidet der Himmelsmeridian den Horizont im Norden und Süden.

Es gibt noch ein viertes Koordinatensystem, welches zwar nicht so oft Erwähnung findet, aber dennoch ganz wichtig ist.

Abb. 14: Die Himmelssphäre
(Medium Coeli und Imum Coeli sind in der südlichen Hemisphäre umgedreht)

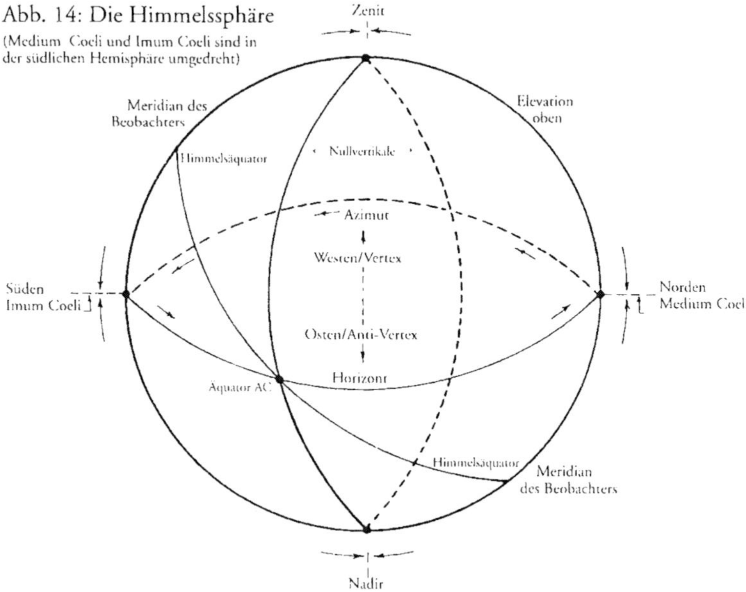

Abb. 15 A:
Das Horizont-
koordinatensystem

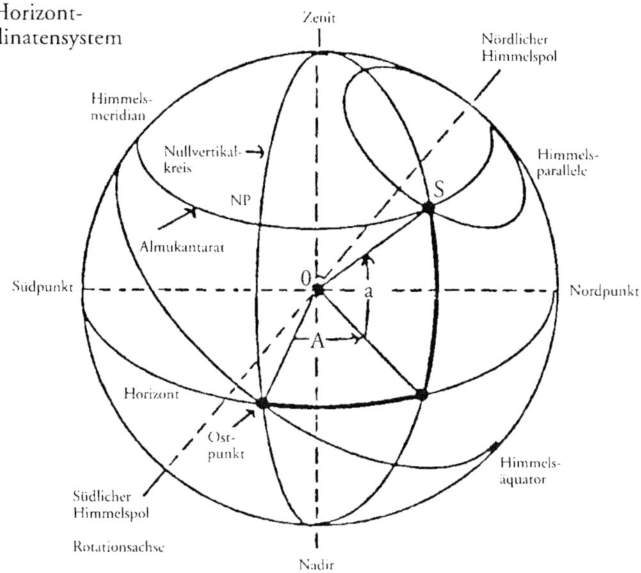

Abb. 15 B:
Das ekliptale Koordinatensystem

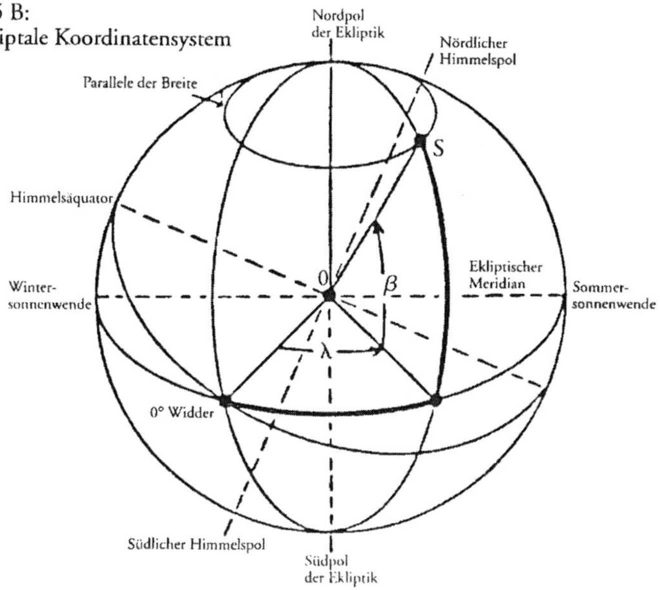

Abb. 15 C:
Das Äquator
koordinatensystem

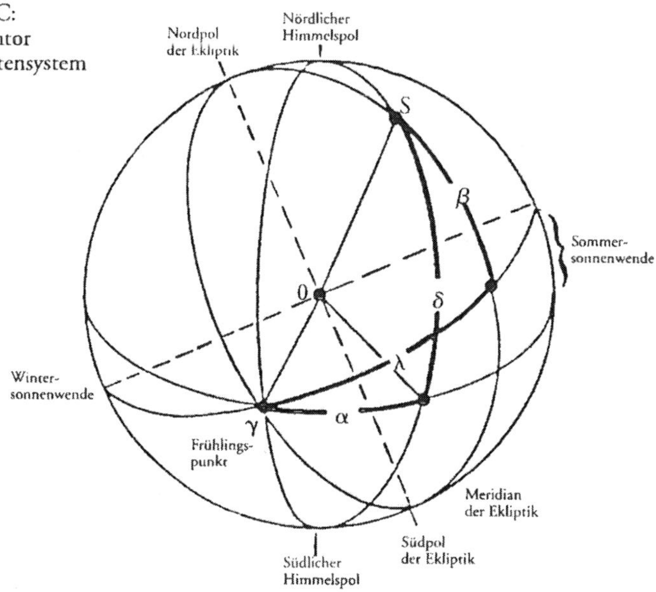

Der Ausgangspunkt für dieses System ist der gerade erwähnte Nullvertikalkreis, also der Ost/West-Kreis, welcher 90° senkrecht zur Horizontebene verläuft. Dieser Großkreis steht immer direkt über und unter dem jeweiligen Aufenthaltsort; er erstreckt sich genau von Westen nach Osten und stellt somit die Verbindung her zwischen Zenit und Nadir. Der Faktor des Höhenabstandes wird in diesem Zusammenhang Amplitude genannt. Es handelt sich hierbei um eine Messung, welche den Abstand eines Planeten südlich oder nördlich der Ebene des Nullvertikalkreises angibt, der sich seinerseits ja direkt vertikal über uns von Osten nach Westen ausdehnt. Die Amplitude erstreckt sich von 0° bis 90° unter und über dem Horizont, d.h. es gibt insgesamt vier 90° Winkel, zwei oben und zwei unten.

Das System der Nullvertikale ist besser bekannt unter dem Namen Campanus Häusersystem oder Mundoskop. Es ist besonders hilfreich in der geoastrologischen Arbeit, wenn sich der fragliche Ort unterhalb 30° N 00' geographischer Breite (oder oberhalb 30° südlicher Breite) befindet. Je näher ein Ort beim Äquator liegt, um so stärker laufen die drei Großkreise zusammen, was sich auf die eklipitische Schiefe und deren Neigungswinkel von 23,5° zurückführen läßt, welche sich am Äquator nicht so deutlich bemerkbar macht. Man steht nämlich im Zentrum der Sphäre und nicht an einem der beiden Pole. Zwar ist diese Konvergenz der Systeme nicht hundertprozentig vorhanden, aber einige speziell auf den Horizont bezogenen Messungen heben sich auf. Ganz besonders ins Gewicht fällt dies im Horizontsystem, denn bei einem Standorthoroskop in Äquatornähe ballen sich die Planeten in östlicher und westlicher Richtung. Dagegen bleibt der Nullvertikalkreis unangetastet und die Planetenstellungen lassen sich auf diesen Bezugsrahmen übertragen (siehe Kap. 5).

Edward Johndro umschrieb die obigen Koordinatensysteme sehr anschaulich: Das Horizontsystem bezeichnete er als ein »Karussell«, das ein klares Bild dessen ergibt, was es repräsentiert: den Gesichtskreis des Horizonts mit uns selbst in der Mitte. Der Nullvertikalkreis ist sozusagen ein »Riesenrad«, welches in 90° zu dem »Karussell« steht. Auch hier sind wir nach wie vor im Zentrum, aber das Riesenrad bewegt sich eben vertikal. Wenn wir den Vergleich fortführen, dann müßte die Ekliptik ein »kippbares Kettenkarussell« sein. Auf der Nord- und der Südhalbkugel ist die Ekliptik über oder unter den Horizont geneigt. Diese Neigung scheint sich am Äquator aufzuheben, wo Horizont und Ekliptik nahezu deckungsgleich sind.

Die Beiträge von Edward Johndro

Es existiert keine bessere Einführung in die Relokations-Techniken als in dem Werk von L. Edward Johndro. Er war neben Sepharial der wichtigste Pionier dieses Gebietes und im Jahre 1929 führte er eine ganze Reihe seiner neuen Theorien in die astrologische Literatur ein.[46]

Es ist sehr faszinierend zu sehen, daß bereits in den Zwanziger Jahren auf dem Gebiet der Standortastrologie gearbeitet wurde. Wenn sich Johndro zu den verschiedenen Methoden dieses Gebietes äußerte, dann erklärte er sie, indem er sie mit den seinerzeit neuesten Theorien von Physik und Elektromagnetismus in Bezug setzte. Er unterließ es zwar, alle seine Theorien ausgiebig zu erforschen und zu verifizieren, aber nichtsdestotrotz legte er die Grundsteine für einige der originellsten und interessantesten Ideen der Astrologie.

Eines seiner Hauptanliegen bezog sich auf die Kardinalachsen und elektromagnetische Erscheinungen. Er stellte einen Zusammenhang her zwischen einem Kristall und der Erde — der Globus als ein elektrisch geladenes Objekt, das im All rotiert, vergleichbar mit Buckminster Fullers Vorstellung des »Raumschiffes Erde.« Johndro legte dar, daß die Beziehung der Erde zum Kosmos mittels astrologischer und astronomischer Großkreise gemessen wird: der Ekliptik, dem Äquator, dem Horizont, der Nullvertikale und den Meridianen.

Er schrieb der Ekliptik und der Achse Aszendent/Deszendent eine »elektromagnetische« Grundstruktur zu, und der

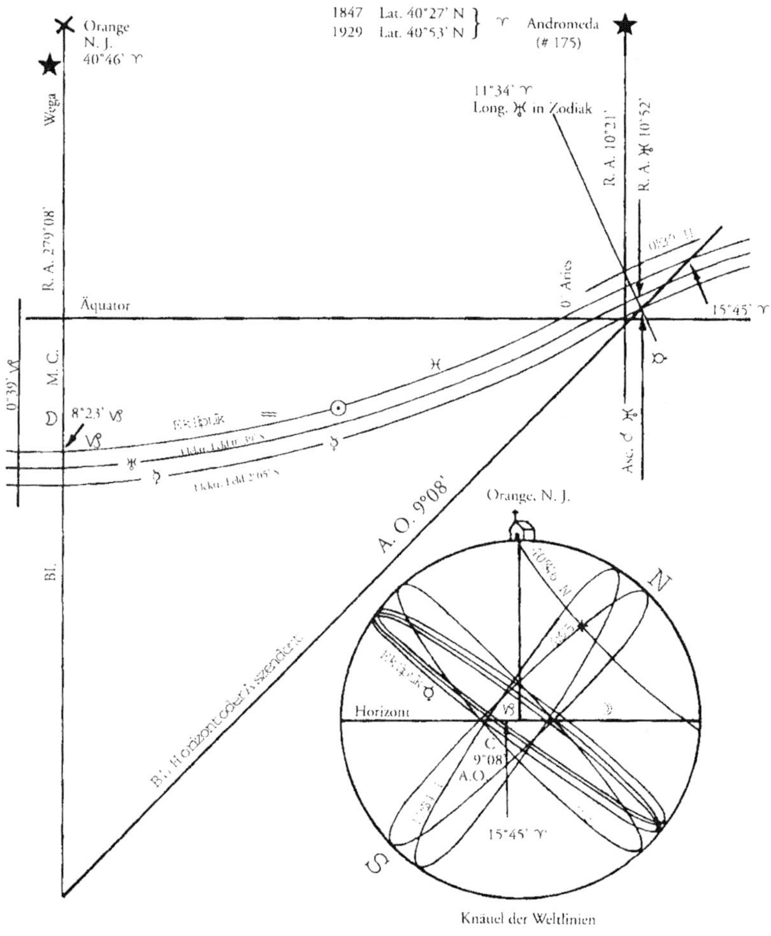

Abb. 16: Johndros Linien zur Sternlokalisation

Rektaszension bzw. der MC/IC-Achse eine »elektrodynamische«. Darüberhinaus erklärte er, daß jene Planeten, welche die AC/DC-Achse aspektieren, sich als psychologische Reize wie etwa Anziehung oder Zurückweisung äußern. In Johndros Theorie enthüllen Aszendent und Deszendent die »Strömungsintensität« — die Ladung in ihrem ruhenden Zustand.

Was MC und IC anbelangt, so trifft Johndro hier eine sehr wichtige Unterscheidung. Planeten im Aspekt zu diesen Punkten sind grundsätzlich elektrodynamischer Natur, d.h. sie sind »Strömungslieferanten« und sie erzeugen somit laufende Ereignisse oder bringen die Wendepunkte.

Anläßlich dieser Differenzierung folgerte Johndro weiterhin, daß es tatsächlich zwei Aszendenten gäbe: einen elektrischen und einen magnetischen. Der Magnetstrom entspricht der herkömmlichen Polarität von Aszendent/Deszendent, während der elektrische Strom nichts anderem als der in der Geoastrologie gebräuchlichen Achse von Vertex und Antivertex gleichkommt. Johndro ging davon aus, daß alles, was mit der Ekliptik zusammenhängt normalerweise auf vorhandene Potentiale hinweist. Was jedoch mit der Rektaszension (also MC, IC und Äquator) zu tun hat, löst die Ereignisse aus. Wenn man vom MC oder IC spricht, die tatsächlich mit Süden und Norden identisch sind, so muß man selbstverständlich auch Osten und Westen bzw. den Vertex und den Antivertex des Horizontsystems mit in seine Überlegungen aufnehmen. Dies ist eine Erklärung dafür, warum viele Astrologen eine charakteristische Übereinstimmung zwischen direkten Ereignissen und den vier Himmelsrichtungen bzw. Hauptachsen des Standorthoroskopes fanden.

Johndro wies ferner darauf hin, daß sich die elektromagnetischen und elektrodynamischen Strömungen in permanentem Fluß und Wechselspiel befinden und viele der Auswirkungen erzeugen, welche die Astrologie in einem zeitlichen Rahmen zu identifizieren versucht. Was das Timing anbelangt, so empfahl Johndro, daß ein Orbis von 0° 16' verwendet werden sollte, was er darauf zurückführte, daß die Lichtfrequenzen der Sonne

32 Minuten betragen (die Ekliptik ist ungefähr 16' breit). Seiner Meinung nach treten Ereignisse gewöhnlich am Anfang, in der Mitte oder am Ende des Orbis, also bei 0', 16' oder 32' ein. Er führte seine Analyse dahingehend fort, daß die Art der Ereignisse und die beteiligten Planeten bzw. Aspekte, aber auch die hervorgehobenen Eckpunkte, seiner Meinung nach besonders wichtige Faktoren sind. Er bezeichnete diese als »Verbindungen« und verknüpfte die verschiedenen Systeme und Planeten mit den geometrischen und trigonometrischen Problemen vom Einstein'schen »Knäuel der Weltlinien« (siehe Abb. 16).

Um sein System zur Vorhersage von Ereignissen zu vervollständigen, benützte er auch stationäre Planetenphasen, Eklipsen, Sekundär- und Sonnenbogendirektionen, aber gleichzeitig erreichte er damit auch eine größere Komplexität.

Johndro beschränkte seine Theorien nicht rein auf die planetaren Einflüsse. In seinem zweiten Buch *The Stars* erforschte er Methoden, um die Fixsterne mit bestimmten geographischen Regionen in Verbindung zu setzen. Er war nicht der Meinung, daß die Sterne an und für sich spezifische Qualitäten besaßen; stattdessen war er überzeugt davon, daß sie strahlende Energiepunkte seien, welche dadurch verstärkt wurden, daß die Planeten sie aspektierten. Er betonte, daß Fixsterne mit großer Helligkeit wesentlich bedeutender seien, als die übrigen sichtbaren oder gar die 71000 nur schwach leuchtenden Sterne. Laut Johndro lag die Hauptaufgabe der Fixsterne darin, die guten, schlechten oder gemischten Planeteneinflüsse auf einen bestimmten Ort zu verstärken. Er meinte, daß sie in manchen Fällen dafür verantwortlich seien, daß planetare Auswirkungen wesentlich länger gespürt wurden, als man normalerweise erwartet hätte. Dies läßt sich darauf zurückführen, daß sich die Fixsterne in 72 Jahren ungefähr um 1° weiterbewegen. In einem späteren Kapitel werden wir nochmals auf die Fixsterne eingehen.

Johndros Betrachtungsweise der inneren Abläufe der Astrologie sind zugleich sowohl revolutionär als auch komplex. Grundsätzlich hielt er die Erde und alle Planeten für geladene Himmelskörper. Er beschrieb die Erde als einen aufgeladenen

Kristall, der auf einer bestimmten Frequenz mit Sonne, Mond und den anderen Planeten Schwingungen aufnimmt. Deswegen befand sich das Sonnensystem seiner Ansicht nach im Hinblick auf die elektromagnetischen Felder der geladenen Massen in einem permanenten Zustand der Induktion[47]. Johndro meinte, daß jeder Planet die verschiedensten Obertöne widerspiegelte, während er gleichzeitig in seiner eigenen Frequenz und Grundtonleiter verblieb. Außerdem glaubte Johndro, daß Ereignisse aus den verschiedensten Formen der elektromagnetischen Induktion hervorgehen, die aus der Wechseltätigkeit von Planeten und Ebenen resultieren, was sich in Lichtgeschwindigkeit vollzieht. Schließlich war er auch davon überzeugt, daß unser Bewußtsein das Geschehen von Einzelereignissen nur deswegen wahrnehmen kann, weil die Schwerkraft innerhalb des Rahmens dieser Koordinaten wirkt.

Zu Ehren des Werkes von Johndro wird alle zwei Jahre der begehrte ›Johndro Preis‹ für herausragende Leistungen auf dem Gebiet der astrologischen Forschung verliehen (seit 1986 geändert in ›Johndro-Jayne-Preis‹, zum Gedächtnis an Charles Jayne, einen weiteren vielseitig begabten Astrologen und Wegbereiter).

*Relokations-Horoskope und Astro*Carto*Graphy*

Das einfache Relokations-Horoskop für die Deutung eines Wohnortwechsels ist altbekannt. Seine Existenz läßt sich bis ins Mittelalter zurückverfolgen, und es basiert auf der Tatsache, daß der Aszendent und das MC mit Hilfe der geographischen Länge und Breite ermittelt werden, die den exakten Standort auf der Erdoberfläche festlegen. Geographische Länge und Zeitmeridiane werden in Rektaszension gemessen. Der Begriff »Meridian« wird deswegen benützt, weil diese Linie den Äquator stets in einem rechten Winkel kreuzt. Der Meridian bzw. die geographische Länge verläuft immer vertikal und 90° zu dem horizontal liegenden Äquator. Jede Zeitzone umfaßt 15° Längengrade, wobei der Nullmeridian und damit der Ausgangspunkt der Zeitzonen durch Greenwich geht. Jeder Schritt um 15 weitere Längengrade in die eine oder andere Richtung entspricht einer Stunde siderischer Zeit. Will man also ein Horoskop für einen neuen Wohnort berechnen, so braucht man einfach nur die veränderte Länge einzusetzen. Pro Längengrad östlich oder westlich des Geburtsortes wird das MC ungefähr um 1° verschoben. Das Geburtshoroskop dreht sich sozusagen weiter – gegen den Uhrzeigersinn, wenn man sich nach Westen bewegt bzw. im Uhrzeigersinn, wenn man gen Osten zieht.

Will man sein eigenes Umzugshoroskop berechnen, so muß man zunächst die Differenz der Längengrade zwischen dem Geburtsort und dem jetzigen Wohnort feststellen. Die Länge läßt sich ganz leicht in Minuten umrechnen, indem man die Summe aus obiger Subtraktion mit dem Faktor 4 multipliziert. Das Ergebnis in Minuten wird dann zur siderischen Geburtszeit addiert oder davon subtrahiert.

Ein Beispiel: Angenommen man wurde auf 90° W 00' geboren und ist umgezogen an einen Ort auf 120° W 00'. Die Differenz der Längengrade beträgt 30°. 30 x 4 = 120' oder 2 Stunden. Diese zwei Stunden werden nun von der Sternzeit der Geburt abgezogen, da es ein Ortswechsel in Richtung Westen war. Bei einem Umzug nach Osten hätten wir die Verschiebung von zwei Stunden addieren müssen. Der entsprechende Aszendent läßt sich daraufhin wie üblich aus der Häusertabelle entnehmen (selbstverständlich für die *neue* Breite). Die Rektaszension bzw. das Medium Coeli wird sich nicht verändern, lediglich der Aszendent variiert entsprechend der geographischen Breite.

Selbst wenn die Längengrade des Geburtsaszendenten und des Radix-MC immer benützt werden, ganz egal wo wir leben, so bleibt doch eine Tatsache bestehen: daß sich nämlich unser Horoskopbild verändert, *sobald wir umziehen*. In der Verschiebung der Eckfelder des Horoskopes liegt selbstverständlich die Grundlage der Astrologie des Ortes überhaupt.

Um nicht gleich zu optimistisch zu werden, sollten wir im Gedächtnis behalten, daß sich die Winkel zwischen den Planeten nicht verschieben. Wie sollte dies auch geschehen können, angesichts des Tatbestandes, daß sich die Winkelkonstellationen, die wir aus unserer irdischen Perspektive wahrnehmen, weit draußen im All vollziehen. Die Radix-Winkel stehen fest und es verbleibt uns nur eine Wahl: die Verlegung der Kardinalpunkte, zu denen ich übrigens auch Vertex und Anti-Vertex mitzähle. Es ist uns nicht möglich, am Zeiger unserer Geburtszeit zu drehen, aber wir können den Ort ändern, indem wir an einen anderen Platz umsiedeln oder verreisen.

Eine Mars/Saturn-Konjunktion kann im Radixhoroskop im 5. Haus stehen und somit auf die Kinder des Geborenen einwirken. Will der Betreffende nun nicht, daß seine Kinder davon berührt werden, so kann er die Konjunktion ins 6. Haus (durch eine Bewegung nach Westen) oder ins 4. Haus (durch einen Umzug in Richtung Osten) verlagern. Es ist nicht möglich, in das Aspektgefüge von Mars und Saturn verändernd einzugreifen, aber durch den Ortswechsel wird dieses aus dem 5. Haus herausgelöst. Je nachdem in welche Richtung der Geborene umsiedelt (weniger als 1500 Kilometer), wird die Mars/Saturn-Konjunktion entweder die Gesundheit (6. Haus) oder das Familienleben (4. Haus) stärker beeinflussen.

Die freie Entscheidung zur Umsiedlung steht jedem offen, aber erst in den letzten 75 Jahren erhielt eine beträchtliche Anzahl von Menschen die finanziellen und technischen Möglichkeiten, um nach Belieben umzuziehen oder zu verreisen. Dennoch hindert die politische und wirtschaftliche Realität auch heute noch in den meisten Ländern die Mehrheit der Bevölkerung an ihrer Bewegungsfreiheit.

Statistische Erhebungen der US-Regierung ergaben, daß der amerikanische Bürger in den vergangenen 40 Jahren durchschnittlich mindestens viermal seit seiner Geburt umgezogen ist. Zugegeben, manche dieser Umzüge waren nur in die nächste Straße, aber wie wir im Standorthoroskop gesehen haben, kann schon eine kleine Bewegung enorme Veränderungen hervorrufen. In Zukunft werden die Amerikaner weniger mobil sein. Hierfür gibt es vielfältige Gründe, ein Hauptfaktor dürfte die Baby-Boom-Generation sein (bei der zu 90% Pluto im Löwen steht). Sie lassen sich aufgrund ökologischer Trends nieder und leben mit einem stärkeren Empfinden für Regionalismus. Außerdem kann Reisen vorübergehend aus ökonomischer Sicht oder aus Gründen der nationalen Sicherheit eingeschränkt werden. Diese Tendenzen sollten uns veranlassen, die geoastrologischen Einflüsse auf Heim und Gemeinde mit intensiverem Nachdruck zu erforschen. Ferner sollte dies den einzeln dazu ermutigen, einen genaueren Blick auf die lokalen Auswirkungen zu werfen, sei es nun am Geburtsort oder in der Wahlheimat.

Das Vor- und Zurückschieben des Horoskopes kommt in der Tat einer Suche nach dem richtigen Kanal für die eigenen Ausdrucksmöglichkeiten gleich — einem Ort, an dem man sich in Einklang befindet und sich vitaler erlebt. Angenommen Neptun stand bei der Geburt in Konjunktion zum MC. Was tun? Bewegt man sich nach Westen oder Osten, so entfernt sich Neptun etwa alle 75 km um ungefähr 1° von der Himmelsmitte. Nehmen wir weiterhin an, Saturn befindet sich darüberhinaus im 1. Haus und 10° vom Aszendenten entfernt. Siedelt man sich nun aber zu weit im Süden und im Osten (Drehung im Uhrzeigersinn) an, dann würde Saturn in die Nähe des Aszendenten rücken. Im Endeffekt könnte dies bedeuten, daß man von den auflösenden Wirkungen des Neptuns nur Abstand gewinnen kann, indem man sich den verfestigenden Qualitäten Saturns ausliefert. Mit der grundlegenden Fragestellung nach der Auswahl der Hauptachsen wird jeder Astrologe von seinen ängstlichen Klienten permanent konfrontiert: »Wo ist der beste Wohnort für mich? Welches ist die beste Stadt für meine Karriere?« Dies sind häufig gestellte Fragen von essentieller Bedeutung für das Individuum, aber sie lassen sich nicht so einfach beantworten. Früher bedeutete dies für den Astrologen, daß er unzählige Horoskope von Hand berechnen mußte, um die richtigen Antworten zu finden, und es handelte sich um eine sehr aufwendige Angelegenheit. Aber zum Glück gibt es seit 1977 die Astro*Carto*Graphy®.

*Die Bedeutung der Astro*Carto*Graphy*

Mit dieser von Jim Lewis erfundenen Weltkarte bewahrheitet sich das alte Sprichwort »ein Bild ersetzt 1000 Worte«. Man hat die gesamte Erdoberfläche auf einen Blick und die geraden bzw. gekrümmten Linien, welche die Planeten des Geborenen an den vier Kardinalpunkten repräsentieren, befinden sich auf einem einzigen Computerausdruck. Diese Technik brachte unzähligen Menschen urplötzlich mundane Fragestellungen und Überlegungen nahe und sie wurde für professionelle Astrologen zu einem zuverlässigen und exakten Arbeitsmittel, mit dem sie bedeutsame Schauplätze festlegen konnten.

Die Astro*Carto*Graphy Karten sind ausschließlich in Rektaszension berechnet, d.h. sie geben die Schnittpunkte der Nord/Süd-Meridiane mit dem Äquator wieder. Diese nennt man Mundanpositionen oder »in mundo« (vgl. Abb. 17). Ganz vorzüglich funktioniert dies bei allen Planeten in Konjunktion zum Medium Coeli oder zum Imum Coeli. Wenn der Planet allerdings in Konjunktion zu dem üblichen (auf der Ekliptik liegenden) Aszendenten oder Deszendenten steht, dann ergibt sich eine Differenz, die nicht auf den astrokartographischen Kurven abgebildet ist. Am markantesten tritt dies bei Pluto, Mond oder Venus in Erscheinung, denn diese drei Himmelskörper erreichen höhere ekliptische Breitengrade: der Mond 5,5°, Venus 8,5° und Pluto 18°. Mit der Himmelsbreite wird der senkrechte Winkelabstand zwischen Ekliptik und Planet angegeben. Diese extremen Himmelsbreiten ergeben eine Differenz von 1° bis 6° zwischen der herkömmlichen (ekliptalen) aufsteigenden Position und dem äquatorialen Aszendenten, welcher in Wirklichkeit als Aszendent auf 0° Breite berechnet ist und immer im Winkelabstand von 90° zum MC liegt.

Dadurch kann sich der Mond um 1° bzw. 75 Kilometer und die Venus um 3° oder 225 Kilometer verlagern. Pluto ist grundsätzlich verschoben und zwar bis zu 6°, was etwa 450 Kilome-

Abb. 17: Astro*Carto*Graphy

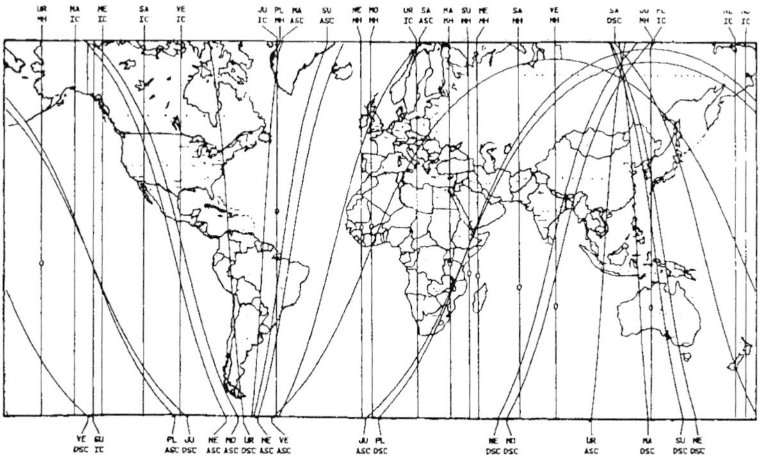

Abb. 18: Astro-Karte mit Aspekten

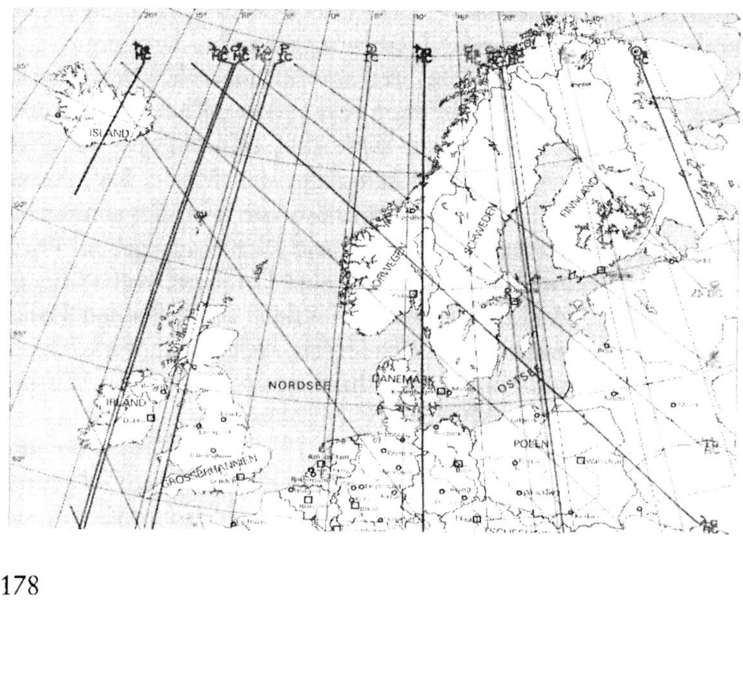

tern entspricht. De facto bedeutet dies, daß es *immer* zwei Pluto-Linien gibt und manchmal gilt dieses Prinzip auch für die anderen beiden erwähnten Planeten.

Die Linien auf der Astro-Weltkarte werden also in Rektaszension ermittelt; sie geben die exakten Positionen für den Aufgang und Untergang des Himmelskörpers wieder. *Nicht* enthalten sind jedoch die Positionen für den herkömmlichen Aszendent oder Deszendent (diese erlangt man durch die Berechnung eines üblichen Relokations-Horoskopes); deren Linien liegen normalerweise westlich der Rektaszensionslinien auf der Weltkarte. Worin der eigentliche Unterschied besteht und welche Kurve besser funktioniert ist Ansichtssache. Mundanastrologen sind von den Vorzügen der Aufgangs- und Untergangspositionen überzeugt. Ausgehend von Johndros Theorien würden die ekliptalen Himmelsstellungen von Aszendent und Deszendent Beweggründe anzeigen, während die äquatorialen Positionen für Auf- und Untergang eher Ereignisse auslösen.

Astro-Karten

Astro-Weltkarten zeigen alle zehn in der Astrologie gebräuchlichen Planeten in Konjunktion zum aufsteigenden oder absteigenden Punkt, zur Himmelsmitte oder zur Himmelstiefe, welche die für das Individuum wichtigsten Orte auf der Erde repräsentieren. Es ist allgemein bekannt, daß die Konjunktion wohl der am stärksten wirkende Aspekt ist, weil er die kosmischen Energien der beteiligten Planeten und/oder der Hauptachsen vereinigt und mischt; selbstverständlich können sich noch andere Winkel zu den Eckfeldspitzen bilden; auch wenn sie niemals dieselbe Einflußkraft erreichen werden wie eine Konjunktion, so können sie dennoch für jeden Standort entstehen.

Wenn nun eine Region auf der Astro-Karte gänzlich unbeschrieben zu sein scheint, so darf man sich davon nicht täuschen lassen; denn es bilden sich immer noch weitere Winkel, auch wenn sie zunächst kaum ins Gewicht fallen. Sollten sie jedoch einen Orbis von 1° oder weniger haben oder sind gar zwei oder drei solche Winkelverbindungen gegenwärtig, dann lassen sie sich eindeutig spürbar wahrnehmen. Dies kommt ganz besonders dann zum Tragen, wenn dabei entweder die harten oder die weichen Aspekte überwiegen, also wenn z.B. zwei Quadrate aber keine Trigone und Sextile vorhanden sind oder umgekehrt (vgl. Abb. 18). Erstellen wir zusätzlich noch ein Standorthoroskop für denselben Ort, so werden wir eine Vielzahl weiterer wichtiger Positionen entdecken können.

Wir sollten im Gedächtnis behalten, daß die 40 Planetenlinien auf der Erdoberfläche fixiert sind, was aber noch lange nicht bedeutet, daß wir ebenfalls nur an einem Punkt verweilen müssen. Kommen wir an einen anderen Standort, so mag dieser zunächst eine neue Erfahrung in sich bergen — die Planetenlinie war jedoch schon immer vorhanden. Es ist uns unmöglich, einen Geburtsplaneten aus seiner globalen Ortung zu verschieben, aber wir haben immer die Gelegenheit, von einem bestimmten Ort und dem damit verbundenen Planeteneinfluß wegzuziehen.

Bei nährer Betrachtung der eigenen Astro-Karte wird man vielleicht bedauerlicherweise feststellen, daß manche der wunderbarsten Plätze inmitten des Ozeans liegen; oder es verlaufen äußerst günstige Linien durch Länder, die entweder zu weit weg sind oder in denen politisch schwierige Zustände herrschen. Ebenso kann es auch sein, daß Regionen, welche dir als exotisch und mit unbegrenzten Möglichkeiten geschildert wurden, für dich ganz und gar nicht optimal sind, weil sich genau dort eine deiner schwierigsten Planetenzonen befindet. Mit etwas Übung und der Kenntnis der eigenen Lebensziele wird man einige attraktive Orte der Kraft finden können.

Weiterhin ist es auch ganz interessant, daß man nicht alle diese in Frage kommenden Plätze besucht haben muß, um eine Ahnung davon zu bekommen, wie diese einen beeinflussen können. Oft trifft man Personen aus solchen Gebieten, die man mag oder auch nicht. Offensichtlich tendieren Menschen dazu, hilfreich oder hinderlich zu sein, je nachdem welche von deinen Planetenlinien durch deren Herkunftsort verläuft.

Zusammenfassung:

1. Du mußt selber wissen, was du willst. Definiere deine Bedürfnisse.

2. Durchlebe den Prozeß der Aussonderung.

3. Denke daran, daß die starke oder schwache Energie eines Planeten im Geburtshoroskop viel mit dessen Auswirkungen auf den Standort zu tun hat.

4. Überprüfe die Hinweise aus dem Standorthoroskop, da sie ebenfalls wichtig sind.

5. Berechne ein Relokations-Horoskop auf den jeweils neuen Bezugsort, um die weiteren Winkel auf die Achsenpunkte (einschließlich Vertex und Anti-Vertex) zu finden.

6. Überprüfe die Differenz beim Verlauf der Planetenlinien von Pluto, Venus und Mond.

7. Beachte die Breite: wo kommt es zu Parans, benütze nur die Positionen von oberer und unterer Kulmination (MC/IC), Aufgangs- und Untergangspunkt (siehe folgendes Kapitel).

8. Beobachte die Planeten auf der geodätischen Karte (siehe Kapitel 7).

9. Nachdem du die wichtigsten Hinweise erkannt hast, sieh nach, ob Aszendent und Medium Coeli noch immer in demselben Zeichen stehen. Ferner beachte Planeten, welche in andere Häuser gewechselt haben.

10. Die Halbsummen auf die Achsenpunkte werden sich verändern.

11. Falls du mit sensitiven Punkten arbeitest, so solltest du dir bewußt machen, daß diese sich mit einem Umzug verschieben. Der sogenannte Glückspunkt wird ja dadurch errechnet, daß man den Mondstand zur Gradzahl des Aszendenten hinzuzählt und vom Resultat die Stellung der Sonne abzieht. Der Glückspunkt bleibt immer im gleichen Haus, da der Aszendent proportional zu den Positionen von Sonne und Mond wandert. Er kann jedoch völlig andere Winkelbeziehungen mit den Hauptachsen des Horoskopes für den neuen Wohnort bilden.

Der Einfluß der Breite bei Parans

Der Gebrauch von Parans ist ein weiterer ganz wesentlicher Faktor der standortbezogenen Astrologie. Der Begriff Paran kommt vom griechischen *paranatellonata*, was soviel bedeutet wie »Seite an Seite aufsteigend«. Robert Hand definiert Parans als »simultane Transite von zwei oder mehr Himmelskörpern über den Horizont- oder Meridiankreis eines gegebenen Ortes, und zwar zur *gleichen* Zeit.«[48] Parans liegen demnach also dann vor, wenn Planeten die Hauptachsen des Horizontsystems kreuzen.

Die Wirkkraft eines jeden Planeten verdichtet sich viermal am Tag, nämlich beim Aufgang, bei der oberen Kulmination, beim Untergang und bei der unteren Kulmination. Nehmen wir nun einmal an, zwei Planeten stehen so, daß sie gleichzeitig über die Hauptrichtungen transitieren; sagen wir beide steigen auf oder der eine geht unter, während der andere gleichzeitig kulminiert. Es liegt auf der Hand, daß diese beiden Planeten irgendwie miteinander verknüpft sind, ganz ähnlich wie bei einer Aspektverbindung. Aber dies ist nicht das alles entscheidende Kriterium, sondern vielmehr die Tatsache, daß die Breite und die Deklination mit in Betracht gezogen werden, und nicht zu vergessen, daß die Planeten den Horizont und den Meridian schneiden. Somit stehen Parans auch direkt in Bezug zur geographischen Breite.

Auf dem mundanen Kreisbogen scheinen sieben verschiedene Typen von Parans möglich zu sein. Unter dem mundanen Kreisbogen verstehe ich hierbei die — auf dem Meridian gemessene — Rektaszension von MC oder IC bzw. die jeweils 90° dazu liegenden Aufgangs- oder Untergangspunkte. Die *schiefe Aufsteigung* (ascensio Obliqua; AO) entspricht der Schnittstelle von Himmelsäquator und Horizont, während der herkömmliche Aszendent an der Kreuzung von Ekliptik und Horizont steht. Parans scheinen dagegen *nicht* zu wirken bei Kreuzungen mit dem MC und der gebräuchlichen AC/DC-Achse, sondern nur bei der Kombination von MC/IC mit den Auf- und Untergangspunkten am Horizont. Die Breitengrade der Parans lassen sich auf der Astro*Carto*Graphy Karte übrigens schnell erkennen. Es sind die Parallelen der Breitengrade, die durch jede Kreuzung der MC/IC-Linie mit der AC/DC-Linie verlaufen. Robert Hand benennt sieben unterschiedliche Parans:

1. Zwei Himmelskörper gehen zusammen am Osthorizont auf (in Konjunktion zur schiefen Aufsteigung; AO).
2. Ein Planet steigt auf, während der andere am Westhorizont untergeht (schiefe Auftsteigung in Opposition zur schiefen Absteigung).
3. Einer steigt auf während der andere am oberen Meridian kulmiert oder am unteren Meridian anti-kulminiert (schiefe Aufsteigung Quadrat Rektaszension).
4. Zwei Himmelskörper gehen gemeinsam am Westhorizont unter (Konjunktion schiefe Absteigung).
5. Ein Himmelskörper geht am Westhorizont unter, während der andere am oberen oder unteren Kulminationspunkt steht (schiefe Absteigung Quadrat Rektaszension).
6. Zwei Himmelskörper kulminieren am oberen Meridian oder anti-kulminieren am unteren Meridian (Konjunktion Rektaszension).
7. Ein Himmelskörper kulminiert während der andere antikulminiert (Rektaszension Opposition Rektaszension).

Wenn man sich seine Astro*Carto*Graphy Karte näher ansieht, so lassen sich die Parans der Gattung 2 und 7 nicht sofort erkennen. Diese Parans weisen jedoch auf eine Opposition im Geburtshoroskop hin, so daß sie wahrscheinlich nicht ewig verborgen bleiben werden.

Robert Hand begründet die Stärke der Parans anhand dreier sehr stichhaltiger Gründe. Zuallererst können nur dort Parans existieren, wo die Planeten bereits in engem Konjunktions–, Quadrat– oder Oppositionsaspekt stehen. Die meisten Astrologen werden zustimmen, daß diese Winkelspannungen als solche bereits eine dynamische planetare Beziehung anzeigen.

Der zweite Punkt ist verknüpft mit der Vorstellung von Tagesrhythmen. Ohne dieses Thema hier zu sehr vertiefen zu wollen, kann man vereinfacht sagen, daß Tagesrhythmen auf einer Viertelung des 24-Stunden-Zyklus beruhen, nämlich den vier Punkten von Aufgang, oberer Kulmination, Untergang und unterer Kulmination. Die Methode, nach der wir einen Tag messen, berücksichtigt das Verhältnis von Erde und Sonne innerhalb dieser vierteiligen Struktur, welche tatsächlich einem 24-Stunden-Tag plus oder minus vier Minuten entspricht. Alles innerhalb dieses Zyklus wird in Zeit gemessen; der Abstand zwischen Aufstieg und Niedergang umfaßt 12 Stunden, ebenso der zwischen der oberen und der unteren Kulmination. Die Differenz zwischen Aufgang und oberer Kulmination oder einem Untergang und der unteren Kulmination beträgt jeweils zirka 6 Stunden. Die Tagesrhythmen sind nicht tagtäglich ganz genau identisch, so daß jeder Geborene dem Grundmuster eines bestimmten, individuellen Tagesrhythmus unterliegt, der ihn ständig prägt. Parans machen sich bemerkbar, wenn Konjunktionen, Quadrate und Oppositionen an den Scheitelpunkten des Tagesrhythmus plaziert werden.

Der dritte und vielleicht wichtigste Faktor ist der, daß bei zwei Planeten mit einer Winkelverbindung, insbesondere einer Konjunktion, einem Quadrat oder einer Opposition, ja schon latent eine Paran-Situation vorliegt. Sie wird aktuell, sobald die Planeten auf die Achsen treffen (dies kann auch bei Transiten und Progressionen geschehen). Die meisten Astrologen werden mir beipflichten, daß Planeten in Spannungsaspekten und in Achsenstellung eine der denkbar wirksamsten Konfigurationen anzeigen.

Darüberhinaus werden wir von Robert Hand daran erinnert, daß der wichtigste die Parans betreffende Gesichtspunkt darin zu sehen ist, daß sie »breitenspezifisch« sind. Astrologen sind mit der Tatsache vertraut, daß die Sternzeit ihnen bei der Berechnung des Geburtsbildes die Grade der Rektaszension angibt, welche dem Medium Coeli oder der 10. Häuserspitze entspricht. Der sich ergebende Tierkreisgrad wird sodann als Ausgangspunkt benützt, um die entsprechende Breite bzw. den aufsteigenden Punkt (oder Aszendent) zu bestimmen. Die Grade am Aszendenten oder Deszendent ändern sich mit wechselnder Geschwindigkeit – einige bewegen sich schneller, andere langsamer. Auf der Nordhalbkugel braucht Löwe die längste, Wassermann die kürzeste Zeit; auf der Südhalbkugel ist das Umgekehrte der Fall.

Die Folgerung hieraus wäre, daß ein Paran zu jedem angenommenen Zeitpunkt nur auf einem bestimmten Breitengrad vorliegen kann, aber nicht auch noch an einem anderen. Wenn zwei Planeten in Konjunktion oder Opposition zueinander stehen, dann wissen wir, daß sie zu irgendeinem Zeitpunkt des Tages als Paran in Hauptachsennähe stehen werden. Diese Zeiten verschieben sich dem Breitengrad entsprechend. Ein Blick in die Häusertabelle könnte eindeutig zeigen, wann die oben genannten Aspekte auf die Achsenpunkte treffen.[49]

Tatsächlich sind alle Parans, also die Parallelen der Breitengrade, an denen zwei Planeten gleichzeitig auf einer Achse stehen, mächtige Einflußfaktoren. Doch zwei von den erwähnten sieben Parans, nämlich die Paran-Quadrate oder »Kreuzungen«, weisen ein besonderes Merkmal auf, das sich aus einer Reihe von Faktoren ergibt. Die anderen fünf Parans bestehen nur aus Konjunktion und Opposition. Beide Winkel, sowohl zwischen inneren als auch von inneren mit äußeren Planeten, treten recht häufig auf und jedesmal handelt es sich um potentielle Parans. Sie werden aktuell, wenn sich die aspektierenden Planeten mit einem der Eckpunkte verbinden: das Paran wird aktiviert und zugleich wird enorm viel Energie freigesetzt. Die Quadrat-Parans unterscheiden sich davon insofern, als die zwei beteiligten Planeten möglicherweise überhaupt keinen exakten Aspekt miteinander bilden, weshalb die Parans nicht eher auftreten, als daß der Winkel gradgenau ist. Die Konjunktions- und Oppositions-Parans treffen innerhalb jeder 6-Stunden-Periode auf einen der vier Eckpunkte, wobei der tatsächliche Zeitpunkt vom jeweiligen Breitengrad abhängig ist.

Der allerwichtigste Punkt, der die Quadrat-Parans (oder Breitenkreuzungen) von den übrigen fünf unterscheidet ist die bemerkenswerte Tatsache, daß immer zwei Winkel der jeweils anderen Achse beteiligt sind, und deswegen 90° voneinander entfernt liegen, während bei den Konjunktions- oder Oppositions-Parans immer nur eine Achse und deren polare Spitzen betroffen sind. Sie liegen entweder auf den Achsen von Rektaszensions-MC/Rektaszensions-IC, auf dem Nord–Süd Meridian oder aber auf dem Rektaszensions/AO in Ost–West Richtung. Bei dem Quadrat-Paran sind jedoch *immer* beide Hauptachsen mit eingeschlossen, wodurch sie um so bedeutsamer werden, denn nun ist das Gesamthoroskop angesprochen, da beide Achsen zeitgleich angeregt werden. Außerdem gelten für die Quadrat-Parans viel geringere Orben, wodurch sie wesentlich kürzer wirksam bleiben und auch wesentlich seltener vorkommen.

Diese Quadrat-Parans lassen sich auf der Astro-Karte ziemlich leicht identifizieren, da sie sich als kreuzförmiger Schnittpunkt zweier Linien abbilden. Jim Lewis hat sie deswegen auch folgerichtig als »Kreuzungen« bezeichnet.[50] Die Kreuzungen bei der Astro*Carto*Graphy sind entweder tatsächliche Quadrat-Parans oder technisch-trimetrischer Herkunft aufgrund graphischer Voraussetzungen. Erstere liegen dann vor, wenn auch schon im Grundhoroskop zwei oder mehrere Planeten im Quadrat miteinander verknüpft waren. Die technisch-trimetrischen Quadrate sind anderen Ursprungs. Bei den 360 Graden des Tierkreises sind sie besonders über den Himmelsabschnitt verteilt, dessen Umfang abnimmt, wenn man sich auf die Pole zu bewegt. Beim Blick auf die eigene Astro-Karte wird man feststellen, daß sehr viel mehr solcher Kreuzungen in den Polarzonen auftreten, was direkt daraus resultiert, daß bei den Parans der Äquator als Meßgröße verwendet wird. Im Unterschied dazu bleiben beim Horizont im Standorthoroskop die Hauptachsen übrigens auch in extremen Breitengraden erhalten, da es sich um die Himmelsrichtungen handelt. Diese polaren Kreuzungen von Planetenlinien oberhalb 70° nördlicher oder unterhalb 70° südlicher Breite sollte man bestenfalls ignorieren. Denn diese Regionen sind meist kaum bewohnbar und eigenen sich selten für einen längeren Aufenthalt, auch wenn sie noch so großartige astrologische Potentiale erahnen lassen oder versprechen.

Jedesmal wenn eine AC/DC-Kurve sich mit einer senkrechten MC/IC-Linie kreuzt, handelt es sich um ein einflußstarkes Quadrat-Paran. Diese Kreuzungen markieren Orte von besonderer Kraft für den Geborenen. Dasselbe gilt auch für das Gebiet von ungefähr 350 km Umkreis. Noch eine weitere Tatsache muß erwähnt werden. Liegt ein Ort irgendwo auf der gleichen Linie des Breitengrades wie die Kreuzung, so treffen die Deutungen für ihn ebenfalls zu. Dieser Einfluß ist dann zwar etwas schwächer als im Nahbereich der Kreuzung, aber die Wirkung läßt sich auf der Höhe des Breitengrades überall noch in einem gewissen Ausmaß erspüren.

Die Parans sind nicht alle auf deiner Astro-Karte zu finden, so daß du sie entweder selber einzeichnen mußt oder wenigstens die Kreuzungen markieren und die entsprechenden Breitengrade festhalten solltest. Es versteht sich von selber, daß ein Breitengrad umso wichtiger wird, je mehr solcher Parans auf gleicher Breite liegen.

Da diese Kreuzungen nicht besonders offenkundig sind, außer in den Zonen, in welche sie tatsächlich fallen, können ihre Auswirkungen unbemerkt vorbeigehen. Nehmen wir einmal an, dein Jupiter steht am MC und diese senkrechte Linie verläuft entlang der Ostküste der USA auf 75° westlicher Länge. Die Jupiterenergie wird auf dieser Linie äußerst stark hervortreten. Wenn es nun *keine* aufsteigenden oder absteigenden Kurven gibt, die diese Linie schneiden, warum solltest du dann eigentlich in Boston, New York oder Washington DC leben und nicht in Baltimore. Die Antwort lautet, daß zahlreiche Aszendent- oder Deszendent-Linien an einem anderen Ort dieses Planeten vorhanden sind und folglich die vertikale Jupiter/MC-Linie überkreuzen werden.

Die Parans oder Kreuzungen sind in der Tat gut geeignete Hilfsmittel, um exakte Standorte festzulegen. Jede dieser Kreuzungen hat eine andere inhaltliche Bedeutung, je nachdem welche Planeten daran beteiligt sind. In Kapitel 3 hatten wir solche Kombinationen zweier Planeten kurz beschrieben. Ansonsten enthalten die meisten Deutungstexte, die Planeten in Konjunktion beschreiben, ganz aufschlußreiche und richtungsweisende Auslegungen, die bei dem Verständnis der Breiteneinflüsse helfen.

Eine Relokationstechnik von Johndro

Edward Johndro hat eine Alternative zu den herkömmlichen Relokations-Horoskopen entwickelt. Bei seiner Methode werden nur die Planetenstellungen verändert, aber nicht die Achsen. Die Verschiebung erfolgt in Rektaszension und ist recht einfach zu bewerkstelligen. Man braucht lediglich die Differenz zwischen der Länge des Geburtsortes und dem neuen Ort festzustellen. Das Ergebnis muß addiert werden, wenn man sich östlich seines Geburtsortes niederläßt bzw. subtrahiert, wenn man nach Westen umzieht. Um die genauen Positionen zu erhalten und um den ganzen Vorgang zu vereinfachen, empfiehlt es sich, die Positionen der Planeten allesamt in Rektaszension umzurechnen.

Steht ein Planet zum Beispiel auf 22° Krebs und der Geborene ist 10° in Richtung Westen gezogen, so müssen diese 10° abgezogen werden und wir erhalten als neue Position 12° Krebs; wäre er nach Osten gezogen, so bekämen wir 2° Löwe (22° Krebs plus 10°). Diese Arbeitsmethodik ist besonders dann sehr hilfreich, wenn die genaue Geburtszeit unbekannt ist, denn in diesem Fall ist es ja sowieso unmöglich, die (gar nicht exakt berechenbaren) Achsen zu dirigieren. Die neu kalkulierten Planetenstellungen (einschließlich der Mondknoten) werden anschließend mit den Radixpositionen verglichen.

Es handelt sich bei dieser Methode um eine rein *symbolische* Verschiebung. Bei der im vorigen Kapitel beschriebenen Verfahrensweise wurden die Horoskopachsen im Gegensatz dazu tatsächlich von einem Ort zum anderen verändert, ähnlich wie sich auch die Transite in Wirklichkeit vollziehen. Die vorliegende symbolische Relokationstechnik von Johndro ist vom Prinzip her dagegen eher mit den Sekundärprogressionen oder den Sonnenbogendirektionen vergleichbar, da diese sich nicht real in der Gegenwart abspielen. Doch jeder erfahrene Astrologe, der ernsthaft mit den Progressionen gearbeitet hat, wird bestätigen können, daß sie wichtige Trends und signifikante Lebensereignisse auslösen. Manche Astrologen erachten die Wirkung der Progressionen sogar um ein Vielfaches stärker als die kräftigsten Transite, da vor allem die Konjunktionen und Oppositionen der äußeren Planeten von extrem langer Dauer sind.

Die Fixsterne und die irdischen und himmlischen Sphären

Fixsterne, Planetenknoten, der Äquator und das Zentrum der lokalen, galaktischen und supergalaktischen Ebene, Pulsare, Kometen, Meteore, schwarze Löcher und viele andere astronomischen Phänomene werden von den Astrologen heute in ihre Betrachtungen mit einbezogen. Was sie dabei entdecken kann sich als sehr nützlich erweisen, denn jeder dieser kosmischen Faktoren läßt sich auf einer Landkarte an bestimmten geographischen Orten einzeichnen. Einige Astrologen sind der Ansicht, daß sich die persönliche Mythologie erkennen läßt, indem man den Zenit auf die Länge und Breite des Geburtortes projiziert. Welcher Stern steht am nächsten beim Zenit und zu welcher Fixsternkonstellation zählt er? Jede Konstellation stimmt mit einem Mythos oder einer symbolischen Geschichte überein. Die meisten Bücher zählen 72 verschiedene griechische Mythen auf, aber andere Kulturen haben unterschiedliche oder zum Teil sehr viel detailliertere Deutungen und Beschreibungen für die Sternbilder.

Die Fixsterne wurden in allen Hochkulturen zur zeitlichen

Festlegung von kalendarischen Ereignissen benützt. Edward Johndro[51], Reinhold Ebertin[52], Theodor Landscheidt[53], Joseph Rigor[54], Vivian Robson[55], Philip Sedgwick[56] und andere haben die Fixsterne und sonstige kosmische Einflüsse intensiv erforscht und beschrieben.

Philip Sedgwicks Buch *The Astrology of Deep Space* ist ein erster Ansatz, um auch die Einflüsse des fernen Weltalls zu erläutern. Alice Bailey versuchte in ihrer *Esoterischen Astrologie*[57] ebenfalls einiges zu erklären, aber meines Erachtens zu abstrakt für viele Leser. Ebertins *Fixsterne* liest sich einfach und es ist gut recherchiert. Eines der besten Bücher zu diesem Thema ist *Astrophysical Directions*[58] von Michael und Margret Erlewine. Die Autoren legen den Schwerpunkt nicht auf die Deutung, sondern beschreiben die wichtigsten astrologischen Koordinatensysteme und liefern einen Umriß für alle von Astrologen verwendbaren astronomischen Phänomene.

Composite Standorthoroskope

Schließlich erhebt sich noch die Frage, inwieweit es möglich ist, von Standort- oder Horizont-Horoskopen auch Composite zu erstellen. Das unmittelbarste Problem bei dieser Methode dürfte darin liegen, daß man zwei Menschen finden muß, die so zueinander stehen, daß sie auch tatsächlich als eine Einheit arbeiten. Die Bande von Liebe und Ehe sowie das Zusammenleben bringt die Menschen sicherlich einander näher, aber ich bin nach wie vor unentschlossen, ob die Festlegung von Entscheidungen letzten Endes ein Zugeständnis oder eine gemeinsame Meinung darstellt. Die meisten Entschlüsse werden im Endeffekt von einem Partner getroffen; manchmal handelt es sich dabei um einen Kompromiß, oft jedoch auch nicht.

Die Gegenstände im Haus sind auf ähnliche Weise verteilt: es gibt *seinen* Lieblingssessel etc. und *ihr* bevorzugtes Kissen. Mann und Frau teilen die Haushaltskosten oder die Miete, das

Auto, den Kühlschrank und das Fernsehen, aber persönliche Vorlieben bestimmen jeweils, inwieweit das übrige Haus in souveräne Territorien getrennt wird.

Ich glaube, daß Ereignisse in Heim und Gemeinde oder auf Reisen tendenziell die eigenen planetaren Anordnungen des Betreffenden auslösen. Aber ich möchte nicht bestreiten, daß ein Horizont-Composite tatsächlich funktioniert, doch sollte es nur dann in Betracht gezogen werden, wenn die vorhandenen Informationen in den beiden individuellen Radixhoroskopen dürftig sind.

Astrologen haben bei dem Composite zweier Menschen festgestellt, daß Transite und Progressionen auch hier zu wirken scheinen, aber diese Zyklen hängen unumstritten vom richtigen Timing ab. Bei der ortsbezogenen Astrologie wird jedoch der Raum und *nicht* die Zeit eingeteilt und ich bin mir deshalb nicht hundertprozentig sicher, ob diese räumlichen Proportionen ebenfalls wirken. Ich finde gelegentlich zwar ganz deutliche Hinweise darauf, aber wir sollten diese Problematik vorerst noch eingehender untersuchen.

Transite und Progressionen in Ortshoroskopen

In einem späteren Kapitel werde ich Beispiele zur Deutung des Ortes aufzeigen, wobei ich auch Transite und Progressionen mit in die Arbeit einbeziehe. Hierzu ein ganz wesentlicher Hinweis vorweg: Transite und Progressionen *müssen* innerhalb ein und desselben Bezugssystems gehandhabt werden. Arbeitet man beispielsweise mit einem Standorthoroskop, dessen Ausgangsbasis der Himmelshorizont ist, so müssen alle Transite und Progressionen in Azimut und Höhe erstellt sein. Die meisten Computerprogramme berechnen Transite heute in allen gewünschten Koordinatensystemen, die Progressionen jedoch nur im ekliptalen System.

Progressionen in Azimut zu berechnen klingt zunächst faszinierend und ich mußte feststellen, daß dabei sogar verwertbare Ergebnisse herauskamen. Man kann einen progressiven Aspekt aus dem Grundhoroskop nehmen und in Azimut und Höhe übertragen. Die Planetenpositionen von Solardirektionen oder Sekundärprogressionen werden ausschließlich entlang der Ekliptik gemessen und mit den zodiakalen Längengraden des Geburtshoroskopes verglichen. Ich vermute, daß man die progressiven Positionen wieder in Azimut konvertieren kann und nach Winkeln mit dem Natal-Horizont-Horoskop suchen könnte. Und bitte nicht vergessen, daß Aspektverbindungen in dem einen System nicht mit denen in einem anderen identisch sein müssen.

Unterschiedliche Koordinatensysteme heben tatsächlich verschiedene Einstellungen oder jeweils andere Richtungen von Entwicklungstendenzen und Ereignissen hervor. Obwohl alle in der Astrologie verwendeten Koordinatensysteme sich überschneiden und deswegen auch miteinander verquickt sind, halte ich es dennoch für sehr wahrscheinlich, daß die völlige Verwirrung entstehen könnte, wenn man sie zufällig vermischen würde. Was in dem einen Koordinatensytem zutreffend ist, muß noch lange nicht zwangsläufig für das andere gelten. Ein Trigon auf der Ekliptik kann sich beispielsweise nach der Umrechnung in Azimut als Quadrat entpuppen und so fort. Ähnlich verhält es sich selbstverständlich auch mit der Rektaszension im Äquatorsystem.

Die Hauptachsen bei Ortswechsel

Ich kenne etliche Astrologen, Freunde und Klienten, die ein einschneidendes Ereignis erlebten und keinen auslösenden Transit finden konnten. In solch einem Fall rate ich als erstes, die Grade von Aszendent und MC im Relokations-Horoskop festzustellen. Exakte Winkel auf die Achsen des Umzugshoroskopes, seien sie durch Progressionen und/oder von Transiten der langsamen Planeten gebildet, kann man kaum übersehen (insbesondere nicht Konjunktionen und Oppositionen). Die verschobenen Kardinalpunkte des Umzugshoroskopes zeigen die Bewegung im Raum an und je länger man an einem Wohnort bleibt, umso mehr wird der Einfluß der neuen Achsen an Wirkung gewinnen. Die Relokationsachsen werden meiner Meinung nach die Hauptachsen des Grundhoroskopes zwar nie aufheben können, aber die Erfahrung hat gezeigt, daß ihr Einfluß oft ähnlich stark ist.

Wurde jemand zum Beispiel in Polen geboren, wanderte aber im Alter von zwei Monaten nach New York aus und lebte dort für 87 Jahre, so sind seine Radixachsen zwar noch aktiv wirksam, aber es ist beinahe eine selbstverständliche Schlußfolgerung, daß die Kardinalpunkte für das New Yorker Horoskop nahezu gleichwertig geworden sind. Aber selbst eine weniger spektakuläre Umsiedlung von nur einigen hundert Kilometern kann ein Geburtsbild schon ändern und dabei einen schwierigen Planeten aus seinem Winkel mit einer Achse wegdrehen oder einen günstigen Planeten in Aspekt zur verschobenen Achse bringen.

Die Bedeutung von Mundanhoroskopen

Auch für Staaten, Länder oder Städte gibt es bekanntlich Gründungshoroskope; die Firma, das Auto oder das Haus — sie haben ebenfalls einen Beginn, für den sich ein Entstehungshoroskop berechnen läßt. Selbstverständlich ist es nahezu unmöglich, die Zeit herauszufinden, zu der ein Fahrzeug vom Fließband rollte, aber man kann den Zeitpunkt berechnen, zu dem man den Kaufvertrag unterzeichnet hat und beim Haus oder bei der Wohnung liegen die Dinge ähnlich. Dagegen ist dieser Sachverhalt bei Körperschaften doch sehr viel problematischer und widersprüchlicher. Der Moment der Abstemplung einer Gründungsurkunde von staatlicher Hand kann nicht als eindeutig gültig angesehen werden, da es sich nur um einen formalen Akt handelt. Die eigentliche Eröffnung des Geschäfts oder die erste Zusammenkunft, welche zur Unterzeichnung des Vertrags führte, scheinen da schon eher zutreffende Daten zu ergeben. Hierfür korrekte Anfangsmomente festzulegen ist jedoch recht schwierig, aber mit den Geburtszeiten war es vor der Einführung des standesamtlichen Geburtsregisters nicht viel einfacher.

Die für den Beginn von Staatskollektiven vorgeschlagenen Daten sind immer etwas zweifelhaft, was jeder bestätigen wird, der sich mit dem Horoskop der Vereinigten Staaten schon näher befaßt hat. Selbst wenn man über ein genaues Horoskop für eine Stadt, ein Land oder einen Staat verfügt, so wird es selten präzise Angaben und Aussagen zulassen. Denn wenn wir auch eine Regierung des Volkes haben oder tragen, so können diese Horoskope dennoch nur das enthüllen, was sich bezüglich der Regierungsstruktur abspielt.

Im Hinblick auf die USA war der Entstehungsmoment die Erklärung der Unabhängigkeit, die am 2. Juli 1776 beschlossen und am 4. Juli 1776 unterzeichnet wurde. Die Regierung war jedoch erst 1789 voll funktionsfähig. Sollten die Astrologen sich jemals über das Gründungshoroskop der Vereinigten Staaten einig werden, so könnte es sich zumindest zur Beschreibung des Kollektivs als nützlich erweisen.

Wie verhält sich nun die Mundanastrologie zu der in diesem Buch besprochenen Astrologie des individuellen Standortes? Ich habe den starken Verdacht, daß sowohl die persönlichen Aspekte an verschiedenen Wohnorten als auch die Hinweise aus den Standorthoroskopen Einwirkungen widerspiegeln, die ohne einen einzigen Blick auf das Horoskop des Landes oder der Stadt wirken. Dies schließt aber die Tatsache nicht aus, daß diese mundanen Horoskope zusätzliche Informationen liefern können, wenn man mit den Gesetzen eines Landes in Konflikt gerät oder sonst direkt mit der Regierung zu tun hat.

Die Möglichkeit, spezielle Auskünfte über die Wechselbeziehung des Individuums zu einem Organisationswesen zu erlangen, sei es politisch oder sozial, kann durchaus gegeben sein.

Aber ich meine, daß Kenntnisse über den Geburtsraum und die astrologischen Bezüge des Aufenthaltsortes die ersten Voraussetzungen sind. Nimm dein Geburtsbild und dasjenige von Australien, Texas oder New York. Australien ist ein riesiges Land, Texas ist ein großer Bundesstaat und selbst New York ist noch ein großflächiges Gebilde. Wo genau das Individuum in diesen Territorien steht, diese Erkenntnis läßt sich mit den geoastrologischen Arbeitstechniken gewinnen. Somit wird andererseits die Untersuchung der Gesamtheit überflüssig, wenn man weiß, daß die persönlichen Einflüsse konstruktiv sind. Jeder größere positive Einfluß wird sich als eine intuitive Fügung auswirken und es werden Umstände wachsen, welche dich an dem richtigen Ort ansiedeln. Als Resümee würde ich vorerst festhalten, daß die Mundanhoroskope von Staaten, Ländern und Städten zwar von Bedeutung sind, wenn man sich mit Regierungen, Verwaltungen usw. auseinandersetzen muß, aber sie sind oft viel zu allgemein im Vergleich zu den Informationen aus den Geo-Horoskopen.

Standorthoroskope von Städten

Die Riesenstädte unserer Gegenwart kann man meistens schon mit Staaten oder größeren Verwaltungseinheiten vergleichen, ähnlich den Stadtstaaten der Antike. Ich bin davon überzeugt, daß sich die Wirkungen der Horoskope von Großstädten meistens sogar über das Landeshoroskop hinwegsetzen. Kalifornien wird von San Francisco und Los Angeles dominiert, Texas von Dallas und Houston, New York von New York City. Mag sein, daß die Menschen außerhalb der Ballungsgebiete und Metropolen diese Tatsache herunterspielen, aber die Großstädte haben unbestritten wirtschaftlich und kulturell die stärkere Konzentration und Kraft.

Bei der Durchsicht von Marc Penfields[59] und Moon Moores[60] Büchern über die Mundanhoroskope kam mir die Frage, wie perfekt Standorthoroskope wohl für Städte und Länder sein mögen. Städte und Länder breiten sich über der Erdoberfläche aus und was würde in diesem Kontext die planetaren Einflüsse auf der Horizontebene besser repräsentiern können als die geoastrologischen Standorthoroskope?

Zunächst untersuchte ich Städte, mit denen ich vertraut war, also zum Beispiel Denver oder Chicago. Das Horoskop von Denver scheint ziemlich akurat zu sein[61] (vgl. Abb. 19). Neptun weist nach NNO bzw. SSW, und damit verläuft diese Linie in das nördlich gelegene Rocky Mountain Arsenal, ein Gebiet mit erheblicher Umweltbelastung, in dem früher auch Nervengas gelagert wurde. Neptun auf der SSW-Linie ist ein Hinweis auf die massiven Bodenprobleme in diesem Teil der Stadt. Die Mondlinie liegt in ähnlicher Richtung wie Neptun und durchquert im SSW den größten See innerhalb des Stadtgebietes von Denver. Außerdem kam es in dieser Region zu erheblichen Annexionen. Der nördliche Mondknoten liegt beinahe genau im Nordosten bzw. Südwesten; er ist auf den Flughafen ausgerichtet, wo Menschen Anschlüsse finden. Uranus steht im Quadrat zum Mondknoten, was den Hinweis auf den Flughafen noch unterstreicht. Die Marslinie zeigt in OSO-Richtung und steht dort über einem Ausbildungszentrum und einer Kaserne der US Luftwaffe. Beinahe exakt auf der Ost/West-Achse, auf welcher sich das Verwaltungszentrum von Colorado und das Militärhospital Fitzsimmons befinden, sehen wir die Saturnlinie; im Westen liegen die Armenviertel.

Der Nordwesten bzw. Südosten wird von vier Planeten beherrscht. Jupiter weist im Nordwesten auf die wohlhabenden Stadtteile und den Freizeitpark Elich Gardens, und im Südosten liegen die neu entstehenden Wohlstandsviertel. Auch Venus fällt in diese Zone, was darauf hindeutet, daß sich dort der schönste Teil der Stadt befindet. Eine enge Uranus/Pluto-Linie verläuft durch die Geschäftsviertel zum Denver Technological Center im Südosten. Weiter im Nordosten kommt Rockey Flats, das reichlich an Uran verschmutzt ist. Die Merkur/Sonne-Linie kreuzt im SSO das Universitätsviertel von Denver.

Mein Versuch mit dem Horoskop von Chicago[62] konnte mich dagegen nicht so sehr überzeugen (vgl. Abb. 20), obwohl sich so manche Entsprechungen herausarbeiten ließen. Die Ju-

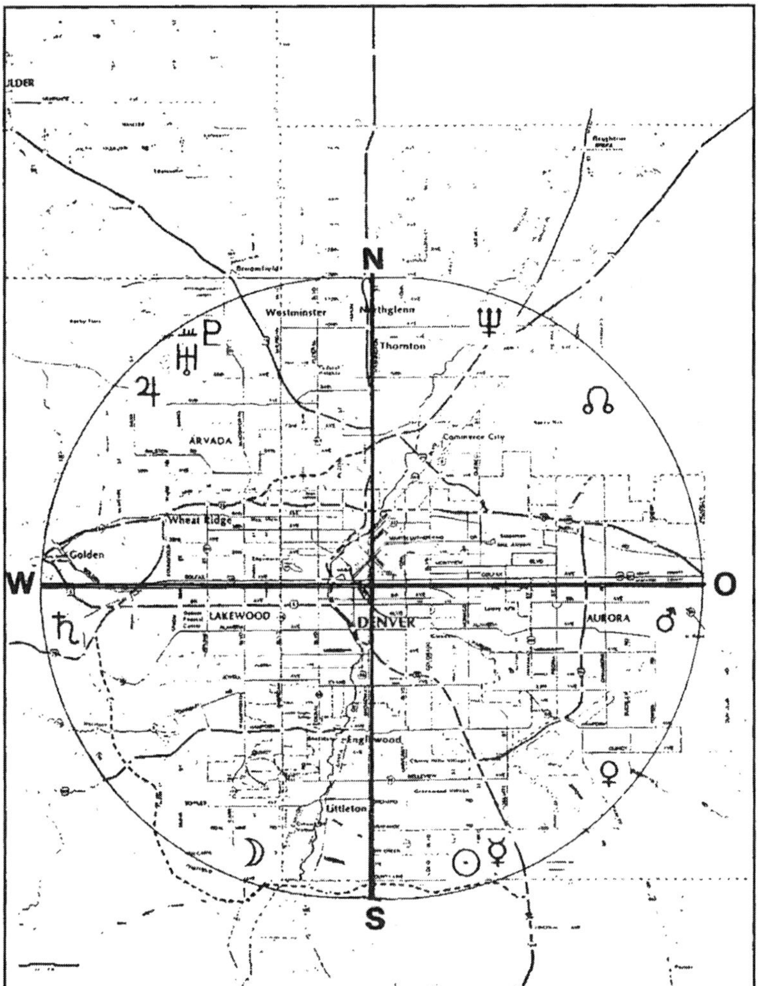

Abb. 19: Denver und der Standort-Horizont

piter/Uranus-Konjunktion (nach NNO) schneidet den Flughafen O'Hare Field. Die Saturnlinie verläuft durch den Süden, einem der größten Armutsviertel der Nation. Die Marslinie mit ihrer leichten SSO-Ausrichtung streift das Gebiet der riesigen und berüchtigten Schlachthöfe. Neptun zeigt nach Gary (Indiana) einer der maßgeblichsten Quellen für Umweltverschmutzung. Die Mondlinie durchquert ein großes Waldschutzgebiet und die nordöstliche Venuslinie streift das berühmte Kunst Institut und den Ort der Weltausstellung von 1933.

Ähnlich wie bei Städten lassen sich die Planeten am Horizont auch für Länder deuten. Ich habe bislang nur wenig mit diesen

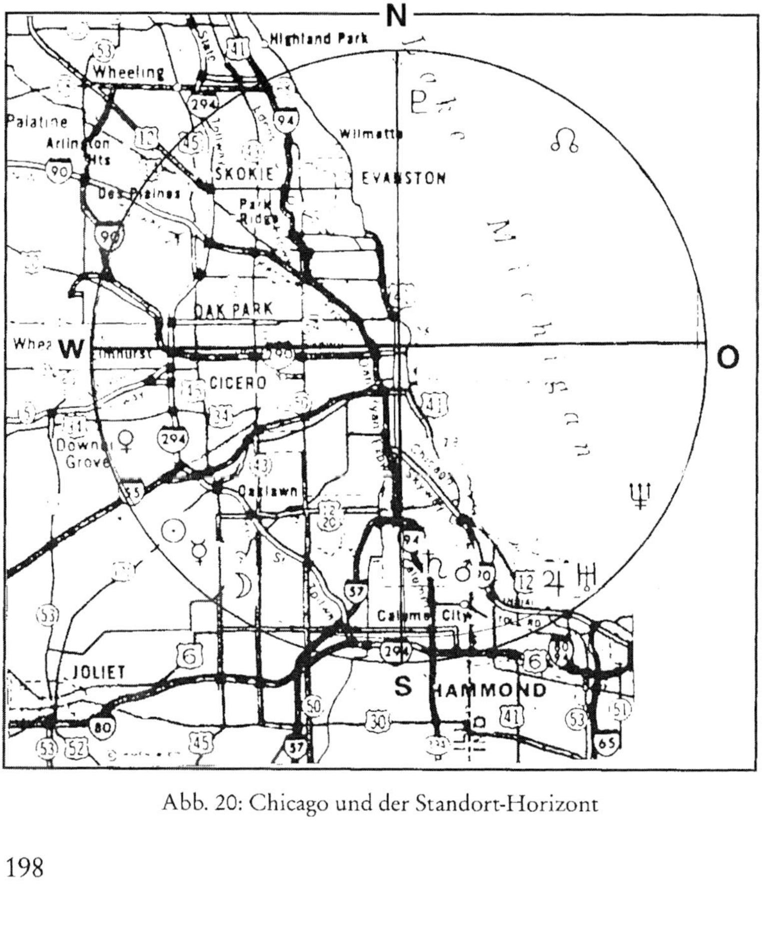

Abb. 20: Chicago und der Standort-Horizont

Überlegungen experimentiert, aber es scheint zu funktionieren. In dem Horizont-Horoskop für die USA (auf den 4. Juli 1776 um 17:10 berechnet) weisen sechs der zehn Planeten nach Westen, was den Zug der Siedler in diese Richtung, aber auch den heute noch starken Einfluß von Kalifornien, dem bevölkerungsreichsten Bundesstaat, verdeutlichen könnte. Washington D.C. wurde zum Mittelpunkt gewählt, obwohl man östlich und südlich davon lediglich im Atlantik landet.

In den Horoskopen von anderen Ländern wie z. B. Israel, liegen Mars, Saturn und Pluto im Nordosten – dort wo die Golan Höhen und Syrien sind und zugleich die mächtigsten Feinde Israels. Im Standorthoroskop von Rußland scheinen die Planeten keine Invasionsgefahr aus dem Osten widerzuspiegeln. Stattdessen läuft die Mond/Mars-Linie in Richtung Südwesten durch China und Afghanistan.

Auch hier haben wir wiederum ein Themengebiet, in dem wir in Zukunft noch einiges erforschen können (und müssen), vor allem wenn wir die verschiedenen Linien der Städte und Länder mit den wichtigsten historischen Ereignissen vergleichen wollen.

Tabelle 15

Planeten in Standorthoroskopen von Städten

Mond: Seen, Flüsse, Park, Wasserversorgung, landwirtschaftlich genutzte Gebiete, von Frauen häufig aufgesuchte Plätze

Sonne: Bezirke, in denen einflußreiche Personen leben und/oder arbeiten, Kunst und Unterhaltung, von Männern häufig aufgesuchte Plätze, Vergnügungspark, Kinderzentren

Merkur: Schulen, von jüngeren Menschen häufig aufgesuchte Plätze, größere Buchläden und/oder Bibliotheken, Radiostationen, Kommunikationszentren

Venus: Schöne Gegend, Kulturzentren, größere Einkaufsstraßen, Geldgeschäfte

Mars: Militärstandorte, wichtige Transportwege, Feuerschaden, Polizeihauptquartier, Straßenschlachten

Jupiter: Hochschulen, Kirchen, Sportplätze, Spielplätze, Krankenhäuser, wohlhabende Gegend

Saturn: Bereich mit älterer oder ärmerer Bevölkerung, dünner besiedeltes Gebiet, Regierungsgebäude, Schranken, Grenzen, archäologische Fundstellen

Uranus: Flughafen, Bahnhof, High Tech Zone, Elektrizitätswerk, Windschaden

Neptun: Ausgangspunkt für Umweltverschmutzung, bekannte Bar, Gefängnis, Hochwassergebiet, mystische und zeremonielle Plätze

Pluto: versteckte Angelegenheiten, Forschungszentrum, Rotlicht Distrikt, Friedhöfe, verbotene Aktivitäten

Transpluto: Erzeugermärkte, berühmte Restaurants, Lebensmittelhersteller

Mondknoten: Kreuzungen, Knotenpunkte, Verbindungen

Kapitel 7

Gitter Systeme

Unter einem planetaren Gitternetz versteht man jede regelmäßige Abfolge von auf die Erdoberfläche projizierten Linien, mit denen versucht wird, ganz bestimmte, vorgezeichnete Gedankensysteme, Korrelationen oder Theorien zu messen. Einige dieser Gitterstrukturen stimmen mit den geographischen Längen- und Breitengraden überein, andere wiederum nicht. Die Grundidee von Gittersystemen wurde in kleinräumigerem Zusammenhang bereits im alten China zur Stadtplanung eingesetzt. Überhaupt scheint die Thematik der Vernetzung tief in der menschlichen Erfahrung zu ruhen: die schöpferischen Linien »der Spinnenfrau« bei den Indianerstämmen im Südwesten, das magische Verweben der Schnittlinien in den Ehe– oder Medizinkörben bei anderen Stämmen oder das Knäuel der Weltlinien, von dem Einstein sprach. Das Grundmuster ist jeweils dasselbe und es entspringt der Suche nach einem System, das Ordnung in das Chaos bringt. Das Globalgitternetz bietet ferner eine Methode, um Kraftzentren, Quellen der Heilung und sonstige Wirbel oder Strömungen zu lokalisieren. Wenn wir diesen unsichtbaren Linien folgen, so werden wir, gemäß der hinduistischen Analogie, zu den Wildgänsen, die ohne Landkarte navigieren und dennoch immer ihren Weg zurück finden.

Die Erdquadranten des Ptolemäus

Die älteste Methode stammt von Ptolemäus und wurde von seinen Nachfolgern rege praktiziert. Seine Vorgehensweise war relativ einfach, denn er teilte die Erde in vier Quadranten, wobei die horizontale Linie ungefähr auf 36° nördlicher Breite angesiedelt war und die vertikale Nord/Süd-Linie ungefähr auf 37° östlicher Länge (siehe Abb. 21). Man vermutet, daß auch 35° O 15' lange Zeit als Vertikale verwendet wurde, also der Längengrad, auf dem Jerusalem liegt (Die Ägypter arbeiteten mit 31° N und 30° O 06'). Es ist interessant, die Ost/West-Linie nach Nordamerika zu verlängern, wo sie den Schneegürtel vom Sonnengürtel zu scheiden scheint, aber auch die Front zwischen den Kampfparteien der Konföderierten und der Union im Amerikanischen Bürgerkrieg markiert.

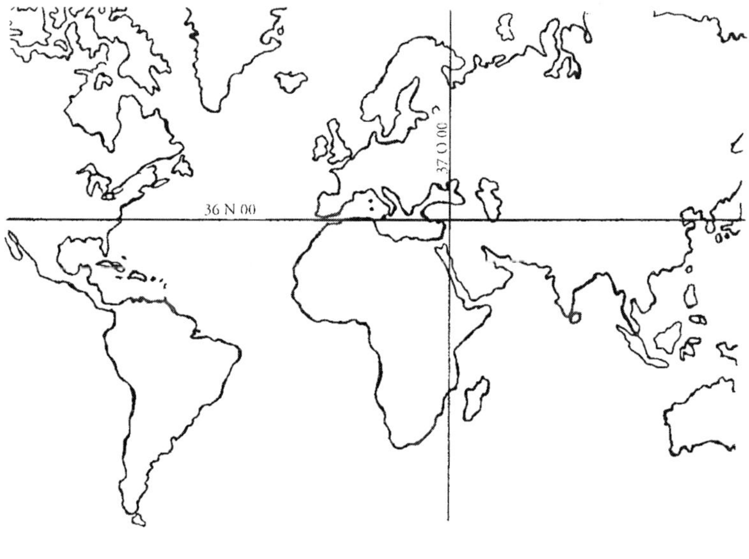

Abb. 21: Die Erdquadranten des Ptolemäus

Ptolemäus teilte die zu seiner Zeit bekannte Welt in vier Viertel ein: das Nordostviertel umfaßte Nordasien, das Südostviertel Südasien, im Nordwesten lag Europa und im Südwesten Afrika. Gleichzeitig wies er jedem Quadranten eines der vier Elemente zu: Europa stehe unter der Herrschaft des Feuers, Nordasien werde von der Luft regiert, in Südasien herrsche die Erde und in Afrika das Element Wasser. Die Länder und Königreiche innerhalb der Quadranten wurden von einem jeweils anderen Zeichen der entsprechenden Elemente regiert. Als Morrison das Buch *Introduction to Astrology* von William Lilly wieder veröffentlichte, wurde ein Kapitel eingefügt, in dem Lilly zwischen fünf und acht Länder zu jedem Tierkreiszeichen aufzählte. Llewellyn George griff dies auf und veröffentlichte eine ergänzte Liste in seinem Buch *A to Z Horoscope Maker and Delineator.*

Sepharials Geodätische Entsprechungen

Ein anderes und bei weitem wichtigeres astrologisches Gitternetz wurde kurz vor dem Ersten Weltkrieg populär, nachdem Sepharial darauf aufmerksam geworden war. Er nannte es »Geodätische Entsprechungen«,[63] da es in der Tat eine Übereinstimmung zwischen den zwölf Tierkreiszeichen und den geographischen Längengraden enthält. 0° Widder wurde auf den Meridian von Greenwich gelegt und die anderen Zeichen folgen in östlicher Richtung um die Erde, so daß beispielsweise 12° östlicher Länge 12° Widder entsprechen oder 15° westlicher Länge 15° Fische. (siehe Abb. 22, 23, 24 und 25).

Aber warum sollten wir ausgerechnet Greenwich als Ausgangpunkt wählen? Dafür gibt es drei gute Gründe: der erste (und vielleicht beste) Grund ist die Meinung vieler Mundanastrologen, daß das geodätische System wiederholt funktioniert hat. Ich selber habe zwar keine verläßlich statistischen Angaben hierzu, aber ich würde empfehlen, selber damit zu experimentieren.

Abb. 22: Geodätische Weltkarte

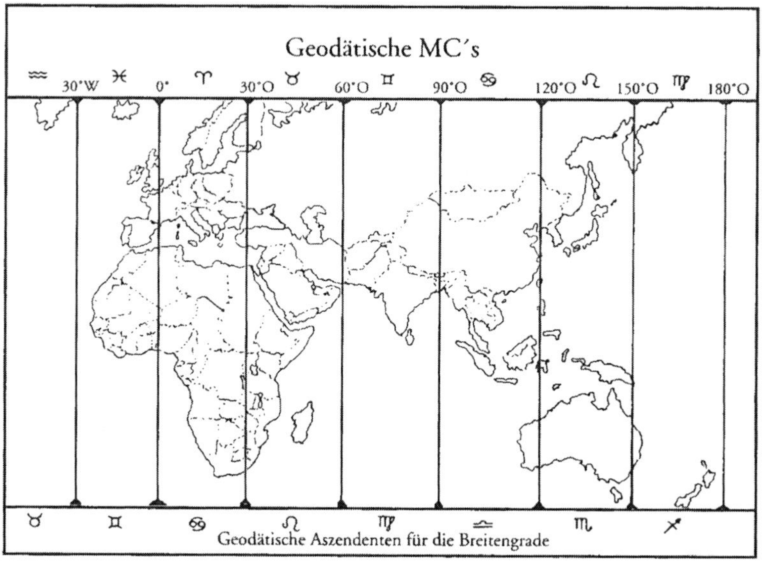

Abb. 24: Geodätische Karte von Nordamerika

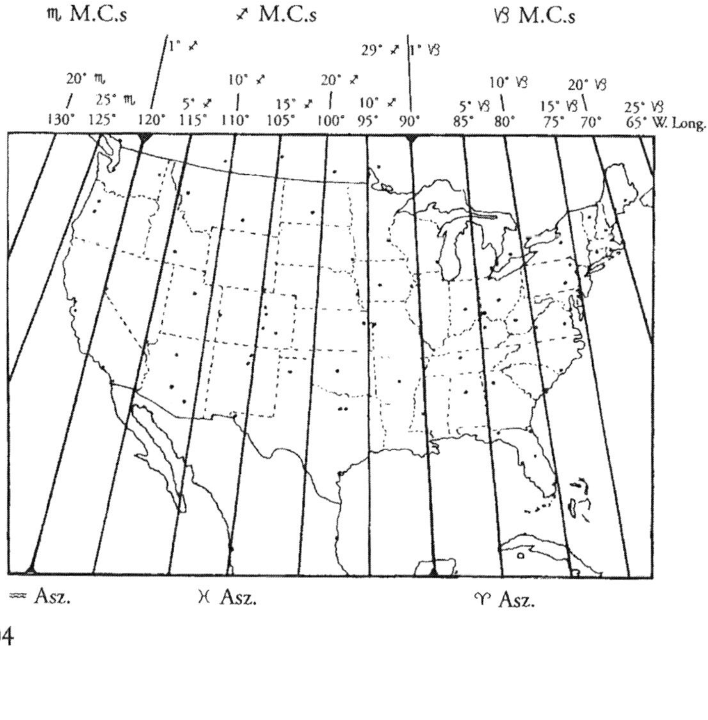

Abb. 23: Geodätische Karte von Amerika

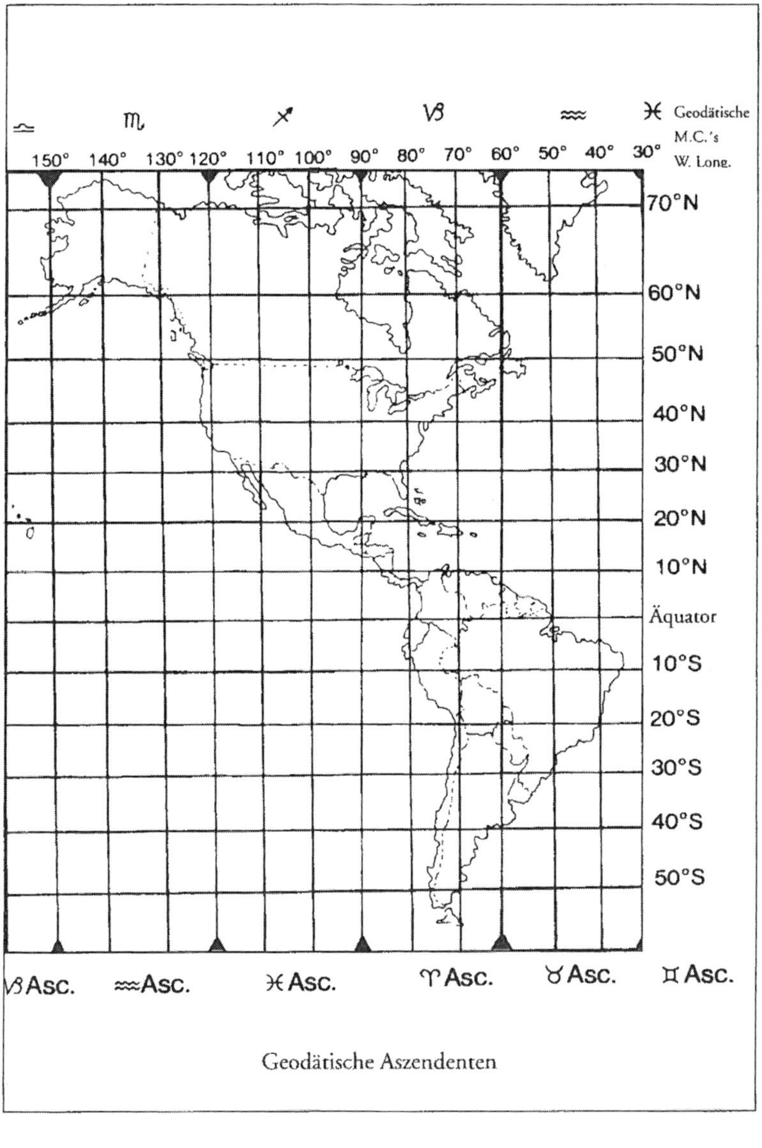

Abb. 25: Geodätische Karte von Europa

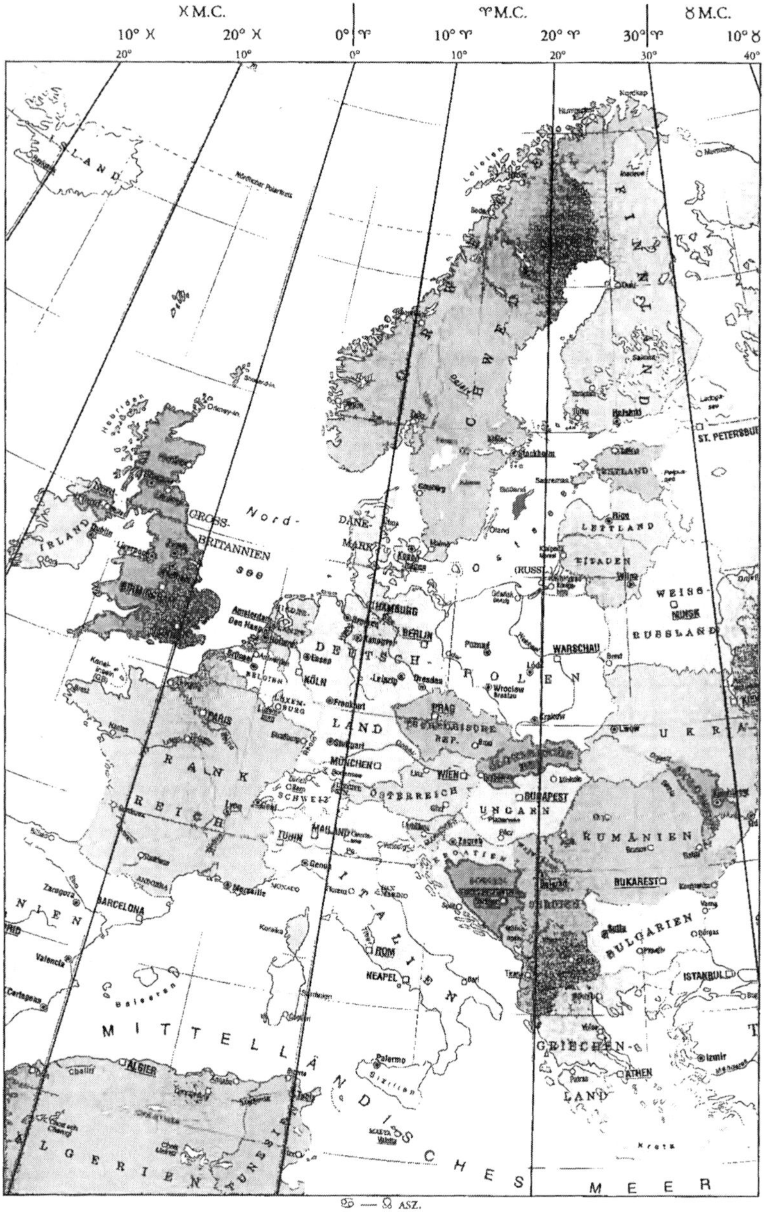

Tabelle 16

Geodätische Entsprechungen für Großstädte

Stadt	Breite	Länge	Himmelsmitte		Aszendent	
Amsterdam	52°22'N	4°53'O	Widder	4°53'	Löwe	0°37'
Athen	37°56'N	23°38'O	Widder	23°38'	Löwe	4°58'
Bangkok	14°00'N	100°30'O	Krebs	10°30'	Waage	11°13'
Berlin	52°45'N	13°24'O	Widder	13°24'	Löwe	6°11'
Brisbane	27°30'S	153°00'O	Jungfrau	3°00'	Schütze	18°30'
Brüssel	50°52'N	4°20'O	Widder	4°20'	Krebs	29°06'
Canberra	35°15'S	149°18'O	Löwe	29°18'	Schütze	20°06'
Chicago	42°00'N	88°00'W	Steinbock	2°00'	Widder	3°53'
Hongkong	22°00'N	114°00'O	Krebs	24°00'	Waage	23°53'
Jerusalem	31°45'N	35°14'O	Stier	5°14'	Löwe	21°54'
Kairo	30°06'N	31°26'O	Stier	1°26'	Löwe	7°53'
Kopenhagen	55°40'N	12°30'O	Widder	12°30'	Löwe	7°50'
Lissabon	38°45'N	9°10'W	Fische	20°50'	Krebs	10°34'
Manila	14°30'N	121°30'O	Löwe	1°30'	Skorpion	2°41'
Mekka	21°00'N	40°00'O	Stier	10°00'	Löwe	11°58'
Melbourne	37°50'S	144°59'O	Löwe	24°59'	Schütze	17°36'
Mexiko	19°30'N	99°00'W	Schütze	21°00'	Fische	17°26'
Montreal	45°30'N	73°38'W	Steinbock	16°22'	Stier	3°00'
New Orleans	30°00'N	90°00W	Steinbock	00°00'	Widder	00°00'
New York	40°45'N	74°00'W	Steinbock	16°00'	Widder	29°15'
Paris	48°50'N	2°20'O	Widder	2°20'	Krebs	26°06'
Prag	50°05'N	14°25'O	Widder	14°25'	Löwe	5°01'
Rio de Janeiro	22°55'S	43°09'W	Wassermann	16°51'	Stier	14°50'
Rom	41°55'N	13°00'O	Widder	13°00'	Krebs	29°13'
San Francisco	37°47'N	122°25'W	Skorpion	27°35'	Wassermann	7°42'
Schanghai	31°30'N	121°30'O	Löwe	1°30'	Waage	28°49'
Stockholm	59°20'N	18°00'O	Widder	18°00'	Löwe	14°45'
Sydney	33°54'S	151°08'O	Jungfrau	1°08'	Schütze	20°33'
Tokio	35°43'N	139°43'O	Löwe	19°43'	Skorpion	12°55'
Toronto	45°38'N	79°30'W	Steinbock	10°30'	Widder	20°53'
Warschau	52°13'N	21°02'O	Widder	21°02'	Löwe	11°08'
Washington	38°53'N	77°03'O	Steinbock	12°57'	Widder	23°09'
Wien	48°15'N	16°20'O	Widder	16°20'	Löwe	5°17'
Wellington	41°16'S	174°47'O	Jungfrau	24°47'	Steinbock	15°43'

Johndro bietet eine zweite und im wesentlichen technische Erklärung an, indem er uns daran erinnert, daß jedesmal wenn der Punkt der Frühlings-Tagundnachtgleichen mit dem Hintergrund der Sterne übereinstimmt, (28.000 Jahre auf dem Äquator bzw. 25.000 Jahre auf der Ekliptik) derselbe 33,5° weiter im Westen steht. Der geodätische Abstand von Greenwich bis zur großen Pyramide in Gizeh beträgt ungefähr 31,5°. Folglich besteht eine eindeutige Beziehung zwischen dem Meridian der großen Pyramide (der bei allen Gitternetzen besondere Beachtung findet) und dem Längengrad von Greenwich.

Die dritte Theorie stammt von Charles Jayne. Er vermutete, daß man bei der Erde zwei »Pole« entdecken würde, wenn man sie in zwei gleiche Hälften trennt, und dabei den Schnitt so wählt, daß man eine Halbkugel mit einem größeren Anteil an Land und eine andere mit überwiegend Wasser erhält. Der Pol jener Halbkugel mit der größeren Landmenge, die er als »Haupthemisphäre« bezeichnet, liegt bei 47° nördlicher Breite und etwa bei 1° 30 westlicher Länge, also in der Nähe des Meridians von Greenwich. Er geht allerdings nicht näher auf den Pol für die vom Wasser dominierte Halbkugel ein, aber ich vermute, daß er etwa östlich von Neuseeland liegen müßte. Siehe auch Cathies Ausführungen im Anhang.

Die Verwendungsmöglichkeiten der geodätischen Karten sind vielfältig, aber bevor wir näher darauf eingehen, sollten wir noch ein paar Detailfragen klären. Auf der geodätischen Karte stehen oben die Tierkreiszeichen, deren 360° jeweils mit einem speziellen geographischen Längengrad korrespondieren. Wie man sieht, liegt der Großteil Europas zwischen Fische, Widder und Stier, ebenso Afrika. Asien und beinahe ganz Australien steht unter Krebs und Löwe. Jungfrau bedeckt den Osten Australiens, Neuseeland und die sibirische Halbinsel, während die Waage Westalaska und Hawaii umfaßt. Die Vereinigten Staaten stehen unter drei Zeichen: Skorpion, Schütze und Steinbock. Südamerika ist zweigeteilt: die Westhälfte gehört zum Steinbock, die Osthälfte zu Wassermann, zu dem außerdem auch Grönland zählt.

Die Tierkreisgrade und die Längengrade sind miteinander verwoben. Jeder dieser Grade repräsentiert auch ein MC für die entsprechende Region. Angenommen jemand lebt auf 75° westlicher Länge, was geodätisch 15° Steinbock entspricht. 15° Steinbock wäre also das geodätische Medium Coeli, so daß man jetzt nur noch eine Häusertabelle braucht, um unter der entsprechenden geographischen Breite den Aszendenten nachzuschlagen. Das jeweilige Medium Coeli bleibt ziemlich regelmäßig, denn 4 Minuten entsprechen 1° und 1° entspricht wiederum 60 Meilen auf dem Äquator und ungefähr 50 Meilen nördlicher oder südlicher Breitengrade. Die geodätischen Aszendenten variieren entsprechend der jeweiligen Breite. Bitte dabei nicht vergessen, daß bei der mundanen Arbeit der schiefwinklige oder äquatoriale Aszendent betrachtet wird (der AC auf 0° Breite).

Die Vereinigten Staaten umfassen drei verschiedene Tierkreiszeichen. Das Gebiet von 90° westlicher Länge (dem Meridian für Central Standard Time) bis zum Atlantik unterliegt dem Erdzeichen Steinbock. Hier wurde das Land von den Gründervätern aufgebaut und noch heute liegt dort der Sitz der Regierung. Der Mississippi fließt entlang 90° westlicher Länge und bildet eine natürliche Grenze. Westlich des 90° Meridians verläßt man den konventionellen und organisierten, ja vielleicht auch etwas bornierten Teil des Landes; man denke nur an die unendlichen Weizenfelder des Mittleren Westens, die abenteuerlichen Rocky Mountains oder den farbenprächtigen Südwesten. All dies steht unter dem Zeichen Schütze. Skorpion beginnt auf 120° westlicher Länge und die Schnittlinie verläuft bei Santa Barbara durch Kalifornien und quer durch die Bundesstaaten Oregon und Washington. Hier sind wir entfernt von der Trockenheit und dem Optimismus des Schützen und stehen im Wasser des Skorpion ... dem Ozean, dem Nebel, aber auch den emotionalen Widersprüchen. Sicherlich ist es bekannt, daß die Westküste etwas ausgelassener ist, aber selbst wenn die Menschen dort eher zu Extremen neigen, sind diese immer von den transformierenden und regenerativen Pluto-Qualitäten durchdrungen.

Die Längengrade verändern sich *nicht*, wenn man sich südwärts bewegt, da es sich um konstante Nord/Süd-Linien handelt, die von Pol zu Pol verlaufen. Die Aszendenten dagegen *variieren* je nach Breitengrad. Wohlgemerkt, es ist hier die Rede von dem äquatorialen Aszendenten (0° Breite — die schiefe Aufsteigung, die immer 90° vom MC entfernt ist).

Das generelle Prinzip, nach dem man Sepharials Gittersystem handhabt, ist ziemlich einfach, wenigstens oberflächlich betrachtet. Wenn ein Radixplanet oder ein transitierender Planet in Konjunktion oder Opposition zu einem der Achsenpunkte (MC/IC, AC/DC) steht, dann wird an dem entsprechenden Ort auf der Erde ein mit den Qualitäten des Planeten korrespondierendes Ereignis eintreten. Man braucht jetzt also nur seine Natalplaneten auf der Karte markieren und nachsehen, ob Entsprechungen vorliegen. Man sollte auch immer die polar entgegengesetzten Grade berücksichtigen, also bei 10° Widder auch 10° Waage usw.

Es gibt eine Reihe verschiedener Anordungen von transitierenden Planeten, die auf dem geodätischen Gitter vorkommen können. Am offensichtlichsten und vielleicht am stärksten sind die Transite der langsamen Planeten, vor allem in Konjunktion mit einem MC Längengrad. Dies geschieht andauernd, und wenn ein Planet auf 20° Steinbock steht, dann steht er auch auf dem oppositionellen Gitterpunkt, nämlich 20° Krebs. Aber ich möchte *nochmals* daran erinnern, daß die Planeten bei diesem System nicht wirklich über dem betreffenden Ort stehen, sondern daß es sich um eine *symbolische* Projektion handelt, bei der die Tierkreisgrade über die geographischen Längengrade gelegt werden. Die Transite von Jupiter bis Pluto werden aufgrund ihrer langsamen Bewegung als Auslöser betrachtet. Die schnelleren Planeten dienen vorwiegend dazu, die exakten Tage der eintretenden Ereignisse festzulegen.

Die energiereichste Kombination finden wir dann, wenn zwei oder mehrere Transite eine Konjunktion zum MC-Längengrad bilden und sich ungefähr zur gleichen Zeit zwei oder mehr Planeten in Konjunktion zur Breite (AC/DC–Achse)

Tabelle 17

Geodätische Koordinaten für die Längengrade der USA

°W Länge	°Steinbock MC	°W Länge	°Schütze MC
67	23	91	29
68	22	92	28
69	21	93	27
70	20	94	26
71	19	95	25
72	18	96	24
73	17	97	23
74	16	98	22
75	15	99	21
76	14	100	20
77	13	101	19
78	12	102	18
79	11	103	17
80	10	104	16
81	09	105	15
82	08	106	14
83	07	107	13
84	06	108	12
85	05	109	11
86	04	110	10
87	03	111	09
88	02	112	08
89	01	113	07
90	00	114	06
115	05	116	04
117	03	118	02
119	01	120	00
		°W Länge	°Skorpion MC
		121	29
		122	28
		123	27
		124	26
		125	25

befinden. Als ähnlich starke Position wird gewertet, wenn an jeder Achsenspitze ein Planet steht oder zwei Planeten auf einer Spitze — ja selbst wenn nur ein langsamer Planet am MC steht, können schon wichtige Ereignisse eintreten. Trigone und Quadrate wirken möglicherweise auch, aber eben mit geringerem Effekt.

Denver liegt geodätisch gesehen auf 15° Schütze (Fische-Aszendent auf 3°) und als Uranus mitten im Schützen stand, beschloß ich zu verfolgen, ob die Themen von Uranus, Schütze und 9. Haus stärker in Erscheinung treten würden. Die Ereignisse paßten tatsächlich recht gut in diese Kategorie, denn als Uranus im September und Oktober 1985 zwischen 14° und 16° Schütze pendelte, geschah folgendes:
1. Der Bau eines neuen Tagungszentrums in den Rail Yards wurde abgelehnt. 2. Das Weltraum Kommando Zentrum in Colorado Springs wurde genehmigt. 3. Die Denver Broncos gewannen und verloren zwei entscheidende Spiele (die Mannschaft hat Uranus am MC). 4. Verschiedene Luftfahrtgesellschaften verpfändeten Million für den neuen Flughafen. 5. Eine Schnelltrasse der Eisenbahn wurde abgelehnt. 6. Ein High-Tech Konzern siedelte sich im Norden der Stadt an. 7. Denver wurde zur Metropole des Kabel-Fernsehens der USA, nachdem sich mehrere Konzerne zusammengeschlossen hatten. 8. Die ersten MX-Sprengköpfe wurden in Cheyenne, 150 km nördlich von Denver installiert. 9. Colorado ernannte als erster Bundesstaat einen AIDS-Beauftragten.

Denver, das geodätisch genau in der Mitte des Schützen liegt, müßte durch eine starke Schütze-Färbung und die Entsprechungen des 9. Hauses charakterisiert sein. Hier ein paar weitere Fakten, welche dies belegen: Denver ist trockenste und höchst gelegene Großstadt der USA, hat die meisten Autos pro Kopf aller Städte der Vereinigten Staaten, die meisten Personalcomputer pro Kopf, das höchste Bildungsniveau aller Städte der USA, und den viertgrößten und wirtschaftlichsten Flughafen der USA. Außerdem ist Denver die sonnigste Stadt des Landes. Wenn allerdings kein Wind bläst, dann kommt die Luft zum

Stocken und Denver kann den schlimmsten Smogalarm erleben, was ungefähr für 6 bis 10 Tage im Jahr zutrifft. Vielleicht ist dies auch der Grund, warum die Menschen in Denver mehr Vitamine schlucken als anderswo in den USA. Außerdem ist von Denver aus auch jede Millionenstadt Nordamerikas innerhalb von 4 Stunden per Flugzeug erreichbar.

Tabelle 18

Geodätische Koordinaten für Europa

°W Länge	°Fische MC	°O Länge	°Widder MC	°OLänge	°Stier MC
20	10	01	01	31	01
19	11	02	02	32	02
18	12	03	03	33	03
17	13	04	04	34	04
16	14	05	05	35	05
15	15	06	06	36	06
14	16	07	07	37	07
13	17	08	08	38	08
12	18	09	09	39	09
11	19	10	10	40	10
10	20	11	11		
09	21	12	12		
08	22	13	13		
07	23	14	14		
06	24	15	15		
05	25	16	16		
04	26	17	17		
03	27	18	18		
02	28	19	19		
01	29	20	20		
00	30	21	21		
		22	22		
		23	23		
		24	24		
		25	25		
		26	26		
		27	27		
		28	28		
		29	29		
		30	30		

Johndros geodätische Technik

Auch Johndro erarbeitete eine geodätische Gittertechnik, die er »Birth Locality Chart« oder kurz BLMC nannte. Diese Methode ist besonders dann geeignet, wenn die Geburtszeit unbekannt ist. Die Länge des Geburtsortes wird auf einen bestimmten Tierkreisgrad übertragen, und zwar entsprechend des astrologischen Geodäsie-Grundrisses. Hierzu addiert man die tatsächliche Gradzahl des Abstandes der Geburtssonne von 0° Widder; das Ergebnis ist das BLMC. Danach schaut man in der Häusertabelle den Aszendent, Vertex und die Häuserspitzen für die in Frage kommende Breite nach. Beispiel: Jemand wurde mit einer Sonne auf 10° Wassermann und 100° westlicher Länge (was geodätisch 20° Schütze entspricht) geboren.

20° Schütze = 250°
10° Wassermann = + 310°
560°–360° = 200°

200° ≅ 20° Waage BLMC
Eine andere Methode:
Schritt 1: Errechne die Distanz zwischen Radix-Sonne und 0° Widder.
Schritt 2: Addiere hierzu das geodätische MC des Geburtsortes.
Schritt 3: Ergebnis ist das BLMC.

Ein Zodiakgitter für die Breitengrade

Die Tierkreiszeichen über die geodätischen Längengrade zu legen ist ein sehr nützliches Arbeitsinstrument für die Mundanastrologie. Beim praktischen Umgang mit diesen Linien kam mir vor Jahren die Idee, etwas Ähnliches für die Breitengrade zu schaffen. Wohlgemerkt, dies hat absolut *nichts* mit der tatsächlichen Planetenstellung in zodiakaler Breite oder Deklination zu tun, geschweige denn, daß damit die Aszendenten ersetzt

Tabelle 19

Korrespondenzen von Breitengrad und Tierkreiszeichen

Nördliche Breiten

Krebs 82.30 bis 90.00 N
Fische 75.00 bis 82.30 N
Skorpion 67.30 bis 75.00 N

Waage 60.00 bis 67.30 N
Zwillinge 52.30 bis 60.00 N
Wassermann 45.00 bis 52.30 N

Widder 37.30 bis 45.00 N
Schütze 30.00 bis 37.30 N
Löwe 22.30 bis 30.00 N

Steinbock 15.00 bis 22.30 N
Jungfrau 7.30 bis 15.00 N
Stier 0.00 bis 7.30 N

00.................Äquator 00

Südliche Breiten

Stier 0.00 bis 7.30 S
Jungfrau 7.30 bis 15.00 S
Steinbock 15.00 bis 22.30 S

Löwe 22.30 bis 30.00 S
Schütze 30.00 bis 37.30 S
Widder 37.30 bis 45.00 S

Wassermann 45.00 bis 52.30 S
Zwillinge 52.30 bis 60.00 S
Waage 60.00 bis 67.30 S

Skorpion 67.30 bis 75.00
Fische 75.00 bis 82.30 S
Krebs 82.30 bis 90.00 S

werden sollen, die wir beim geodätischen Gitternetz gefunden hatten. Bis jetzt habe ich diese Theorie auch noch nicht gänzlich erforscht, aber ich halte sie für wichtig genug, um sie hier wenigstens einmal vorzustellen.

Es gibt jeweils 90 Breitengrade, sowohl nördlich, als auch südlich des Äquators, weswegen wir zwei unterschiedliche Halbkugeln bekommen, mit verschiedenem Klima und verschiedenen geomagnetischen Strukturen. So gesehen liegt es nahe, die zwölf Tierkreiszeichen nicht vom Nordpol bis zum Südpol zu verteilen, sondern jeweils gleichmäßig über die beiden Hälften. Jede Abfolge beginnt am Äquator und umfaßt jeweils 90° nördlicher bzw. 90° südlicher Breite (siehe Tabelle 19).

Die Erdzeichen sollten im Bereich des Äquators stehen, da er die Mitte der Erde kennzeichnet, die ja zu den Polen hin abgeflacht ist. Es folgen dann die Feuerzeichen, welche die Wärmeaustauschregionen repräsentieren. Auf der Nordhalbkugel beginnen sie 1° unterhalb des Wendekreis des Krebses und auf der Südhalbkugel 1° oberhalb des Wendekreis des Steinbocks. Diese Breitengrade markieren die nördlichsten bzw. südlichsten Punkte, auf denen Sonnenstrahlen noch senkrecht auf die Erdoberfläche einfallen können. Weiter geht es mit den Luftzeichen, welche die gemäßigten Klimazonen und die ›Jetstream‹ Luftströme in der Stratosphäre anzeigen. Als letztes folgen die Wasserzeichen in den Polarzonen, wo es riesige Seen und massive Eisberge gibt. Die Zeichen sind in der herkömmlichen Abfolge von kardinaler, fixer und veränderlicher Qualität angeordnet.

Das Welthoroskop

Ein anderes aus der Antike stammendes Gitternetz war das sogenannte »Welthoroskop«. Es wurde 1928 von Manly P. Hall wiederbelebt, der als Quelle das *Dritte Buch Mathesis* von Julius Firmicus Maternus zitiert sowie dessen Ausführungen über die Planetenstände bei der Erschaffung der Welt: »Laut Äskulap und Anubius, die vor allem von der Gottheit Merkur in die Geheimnisse der astrologischen Wissenschaft eingeweiht wurden, verlief die Schöpfung der Welt folgendermaßen: Sie setzen die Sonne im 15. Teil (Grad) des Löwen ein, den Mond im 15. Abschnitt des Krebses, den Saturn im 15. Abschnitt des Steinbocks, den Jupiter im 15. Abschnitt des Schützen, Mars im 15. Abschnitt des Skorpions, Venus im 15. Abschnitt der Waage, Merkur im 15. Abschnitt der Jungfrau und das Horoskop im 15. Abschnitt des Krebs.«[64] (Mit letzterem könnten MC und AC gemeint sein). Nun, es ist nichts neues, die Planeten bestimmten Zeichen zuzuordnen, und was wir hier erkennen ist schlicht die Zeichenherrschaft. Es gibt jedoch zwei bemerkenswerte Fakten in diesem antiken Welthoroskop. Zunächst stellt sich die Frage, warum der Aszendent auf 15° Krebs gelegt wurde? Vielleicht weil er dadurch in Konjunktion zum Mond stand? Dies könnte einen Sinn ergeben, weil das Zeichen Krebs und das 4. Haus mit Mutter Erde, den Naturkräften usw. zu tun haben. Der zweite ganz interessante Punkt ist die Wahl der jeweiligen Mitte der Zeichen bei 15°. Hat dies gewisse Auswirkungen auf die geodätische Karte? Selbstverständlich gibt es in diesem historischen Text noch keine konkreten Hinweise auf geodätische Sektoren, aber es springt einem dennoch ins Auge, daß am Anfang und am Ende der Zeichen auf dem geodätischen Gitternetz, aber auch jeweils in deren Mitte, besonders viele Weltstädte angesiedelt sind. (Siehe Tabelle 16).

Schauen wir uns die Positionen in der Zeichenmitte einmal am Beispiel Europas näher an: 15° Widder entspricht ziemlich genau der Linie von Berlin über Prag nach Rom. In den USA gibt es zwei Bereiche, welche in die Mitte von Zeichen fallen. Die eine Linie ist ziemlich eindeutig, denn sie liegt an der dicht besiedelten Ostküste, beginnt oben in Boston und erstreckt sich über Washington D.C. in Richtung Süden. New York, Newark, Philadelphia, Baltimore, Providence und viele andere Großstädte entwickelten sich auf ungefähr 75° westlicher Länge bzw. 15° Steinbock (geodätisch). Das Welthoroskop plazierte Saturn in diesen Sektor, was dessen große Bedeutung unterstreicht. Die Mittelposition des Schützen befindet sich auf 105° westlicher Länge. Wer niemals am Fuße der Rocky Mountains gelebt hat, wird sich kaum vorstellen können, daß dies eine bedeutsame Gegend ist, aber wenn man die strategische Schlüsselfunktion für Politik und Militär mit in Betracht zieht, so müßte die Wichtigkeit des 105. Längengrades schnell erkenntlich werden. Er beginnt in Kanada, wo die militärischen Frühwarnsysteme installiert wurden. Weiter im Süden, im Herzen Montanas stehen die ersten Raketen, gefolgt von dem Warren Luftwaffen-Stützpunkt, wo zahlreiche MX-Sprengköpfe lagern. Wenn wir nach Colorado eintreten, so eröffnet sich uns eine lange Liste: Rocky Flats Nuklearwaffenfabrik, Rocky Mountains Arsenal, National Geophysical Data Center, National Earthquake Center, National Oceanic and Atmospheric Research Center, The Federal Center, North American Defense Command, Space Command Center, Air Force Academy, Falcon Field, Fort Carson. In New Mexiko: Los Alamos, das größte Waffenforschungszentrum, und White Range Misslie Range. Ich habe wirklich keine sofortige und einleuchtende Erklärung dafür, warum alle militärischen Operationen unter eine Linie von Jupiter-Schütze-9.Haus fallen sollten, außer daß dies alles mit weiten Reisen von Flugzeugen und Raketen, aber auch weltweiter Kommunikation zu tun hat. Dieser Themenkomplex entwikkelte sich rapide, nachdem Los Alamos 1942 und NORAD (1952) aufgrund ihrer abgelegenen, aber dennoch zentralen Lage zum Gebiet für Atomtests erklärt wurden.

Andere Gitternetze

Es gibt viele ganz verschiedene Gitternetze, die vordergründig gar keine astrologischen Bezüge aufweisen, aber es ist durchaus möglich, daß wir in Zukunft noch gewisse Übereinstimmungen entdecken werden.

Für einen ersten Versuch bietet sich die Arbeit von William Becker und Bethe Hagens[65] an. William ist Professor für Indu-

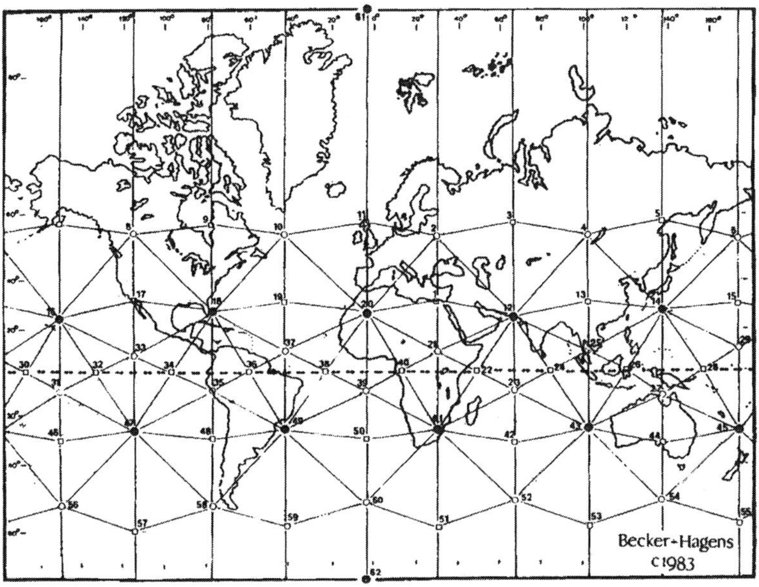

Abb 26: Das planetare Gittersystem

strie-Design an der Universität von Illinois in Chicago und Bethe lehrt Anthropologie an der Govenor's State University in Park Forest, Illinois. Dieses Ehepaar hat ausgiebige Forschungen zum Thema Gittersysteme unternommen, angefangen bei Buckminster Fuller bis hin zur »Amerikanischen Gesellschaft der Wünschelrutengänger«. Was dabei herauskam war ein globales Gitternetz, das sie »The Unified Vector Geometry Polyhedron Sphere« oder kurz UVG nennen. Über die Jahre hinweg kamen die Teile des Puzzles nacheinander zusammen und das UVG ist ein Ergebnis davon (siehe Abb. 26 und 27, sowie Tab. 19).

Becker und Hagens wurden von Christopher Bird, einem Erforscher des »Unbekannten« inspiriert. Bird enthüllte ein russisches Modell, das in Wirklichkeit lediglich eine verbesserte

Version des Zehn-Knoten-Gittersystems war, das von Ivan Sanderson, dem Begründer der »Gesellschaft zur Erforschung des Unerklärlichen« erstmalig vorgeschlagen worden war. Die Russen glaubten, daß ihr ikosaedrisches Gitter mit den Stätten der antiken Zivilisationen, geologischen Verwerfungen, extremem atmosphärischem Druck und Streifen in der Lithosphäre, die auf Weltraumfotos auftauchten, korrespondiere.

Die UVG Koordinaten passen auch sehr gut zu vielen anderen vorgeschlagenen Netzgittern der Erde und scheinen ferner

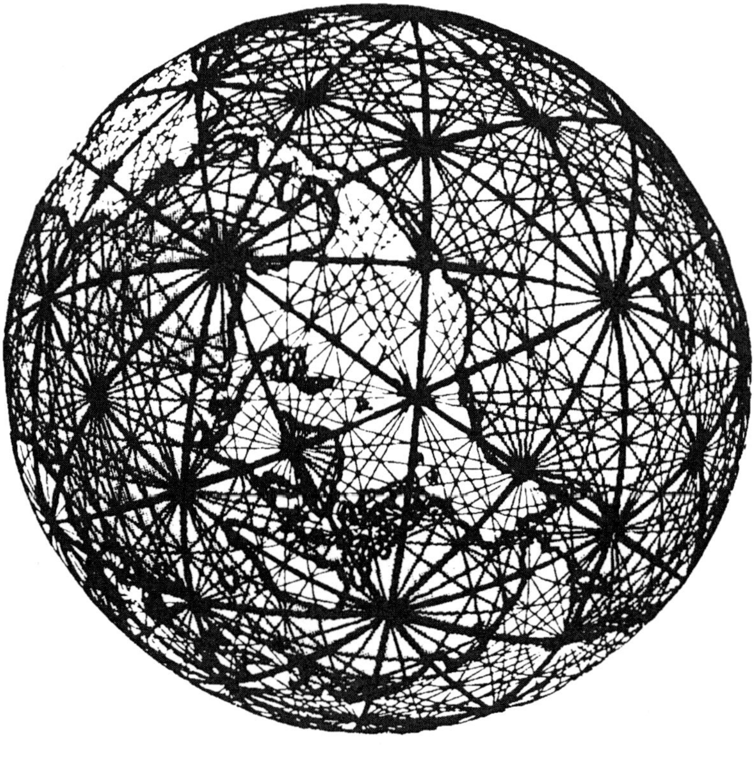

Abb. 27: Die polyederischen Sphären des UVG

die bekannten »Ley-Linien« zu ergänzen. In der chinesischen Feng-Shui Lehre werden diese Linien Drachenpfade genannt.

Das UVG Globalgitternetz ist in Wirklichkeit eine Zusammensetzung aus fünf sehr alten geometrischen Figuren. Ausgangspunkt für die fünf regelmäßigen Platonischen Körper ist zunächst der sechsseitige Würfel oder Hexaeder. In und um diesen Kubus lassen sich zahlreiche Dreiecke zeichnen und es entstehen neue Raumformen. Eine Kombination der letzten geometrischen Gebilde, nämlich dem Oktaeder (Achtflächner), dem Dodekaeder (Zwölfflächner) und dem Ikosaeder (Zwanzigflächner) ergibt den UVG Polyeder[66]. Was ist darunter zu verstehen? Dieser Polyeder ist ein vielflächiges Gebilde, bestehend aus 120 Dreiecken und 62 Hauptpunkten, welche die Scheitelpunkte der verschiedenen Kreise oder Äquatore verbinden. Innerhalb von jedem dieser 120 Dreiecke auf der Erde gibt es 16 Linien, mit 45 Schnittpunkten, welche die wiederum 62 kleineren Dreiecksnetze ergeben. Die 120 rechtwinkligen Dreiecke sind alle aus 30°, 60° und 90° Winkeln zusammengesetzt und daraus entsteht eine Gesamtsumme von 4862 größeren und kleineren Punkten auf der Erdoberfläche (siehe Tab. 19).

In Abb. 29 haben wir die UVG-Karte von Europa und wir sehen, daß der Ausgangspunkt nahe der Großen Pyramide liegt. Becker und Hagens wählten eine im Mittelmeer gelegene Stelle, auf halbem Wege zwischen den beiden Mündungen des Nils (Masabb Rashid und Masabb Dumyat, 31° N 42' Breite und 31° O 09' Länge).

Es gibt einige Kontroversen bezüglich der Frage, wo der Hauptgitterpunkt Nr. 1 liegen soll. Robert Temple arbeitet in seinem Buch *The Sirius Mystery*[67] mit 31° N 30' Breite und 31° O 14' Länge. Er begründet dies mit dem von ihm so bezeichneten »Ägyptischen Behdet Geodäsie-Schema«. Behdet war eine Stadt an der ägyptischen Küste, ein wichtiges Zentrum und die ursprüngliche Hauptstadt Ägyptens (noch 3200 v. Chr.).

Auf dem astrologischen Geodäsie-Gitter bezeichnet 30° östliche Länge das Ende des Zeichens Widder und den Anfang des Stiers. Wenn die obigen Systeme von 31° östlicher Länge ausgehen, so ist dies gleichbedeutend mit 1° Stier. Es lassen sich etliche Vergleiche zwischen den verschiedenen geometrischen Systemen anstellen, aber die Interpretation der jeweiligen Bedeutung könnte sich als ziemliche Herausforderung entpuppen.

Die gut erforschten Ausrichtungslinien von Glastonbury, Stonehenge und Avebury sind Bestandteil eines größeren geomantischen Dreiecks in Europa (siehe Abb. 29).

Becker und Hagens haben ferner die Nebenpunkte innerhalb der drei Großdreiecke, welche die USA bedecken, haargenau festgelegt. Die heiligen Kraftorte, die dadurch bestätigt werden, sind zu zahlreich, um sie hier aufzuzählen. Es ist lohnenswert zu untersuchen, ob diese Linien über alte Ruinen oder ungewöhnliche Bodenformationen in der jeweiligen Gegend verlaufen.

Im Rahmen ihrer Forschungen entdeckten Becker und Hagens auch einige unvollständige Gitter und Karten, welche das UVG-Hauptgitter zu bestätigen scheinen. In Abb. 31 wurde die bekannte »Piri Reis Karte«[68] abgebildet (über die zum Teil noch ein Ausschnitt des UVG gelegt wurde). Sie ist über 400 Jahre alt und wurde von der US Marine analysiert. Ergebnis: sie enthält korrekte zirkulare Gitterprojektionen.

In Abb. 33 werden nochmals andere Vergleiche zum UVG Gitter anhand zweier Karten gezeigt. Churchwards Karte von MU und einer anderen von der Lemurian Fellowship of Ramona California [68] wird ein UVG-Netzgitter übergestülpt.

Ein weiteres Gitternetz stammt von Ivan Sanderson, welches er »die 12 Friedhöfe des Teufels« (Abb. 32) nennt. Seine Wirbelpunkte decken sich ziemlich genau mit den UVG Koordinaten (Abb. 26).

Bruce Cathie hat gezeigt, daß UfO Beobachtungen und andere seltsame Phänomene mit dem UVG Gitter korrespondieren. Er entwickelte ein System von harmonikalen Zahlen, das seiner Meinung nach eine Quelle für symbolisches Wissen ist.[69] Unabhängig von Becker und Hagens legte Cathie viele Stellen fest, die mit den Hauptpunkten des UVG Netzes identisch sind (siehe Abb. 34). Ferner hat er harmonikale Verbindungen zwischen dem Vatikan und der Großen Pyramide festgestellt.

Abb. 28: UVG Geometrie (Grunddreieck)

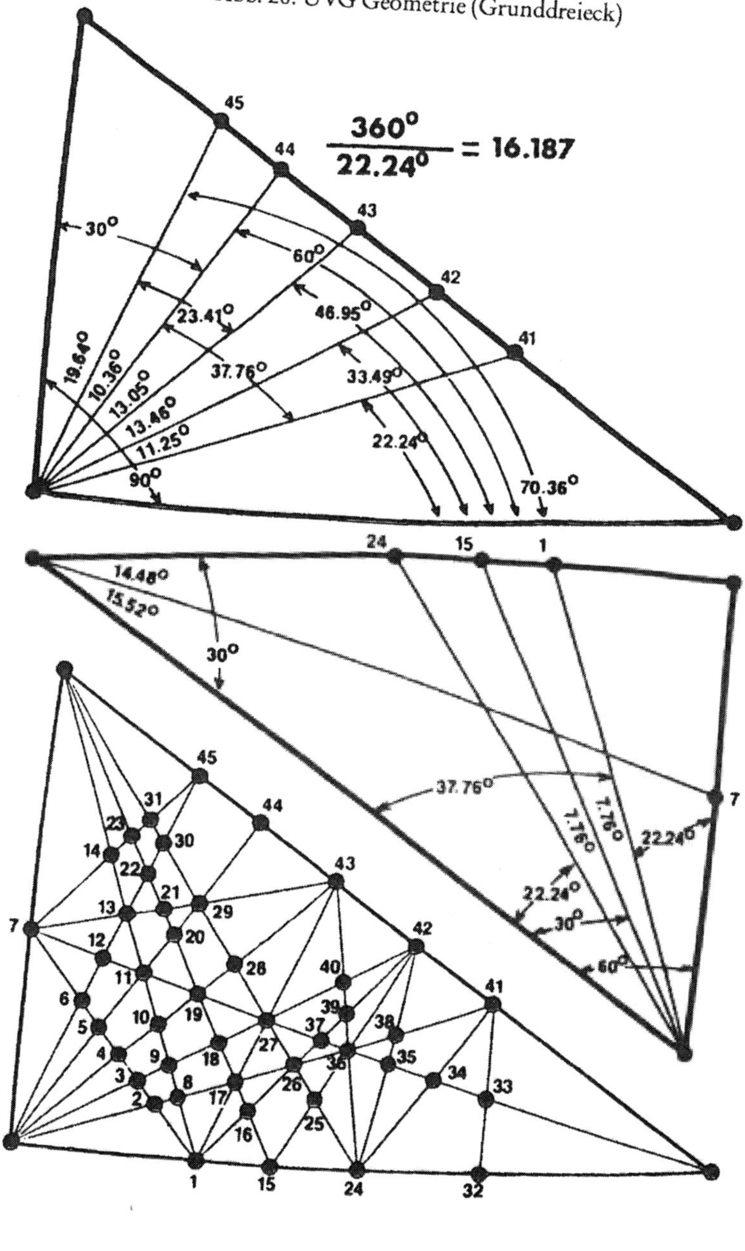

Tabelle 19

Das planetare Gittersystem (vgl. Abb. 26)

1. Ägypten	31.72° N –	31.20° O
2. Westrußland	52.62° N –	31.20° O
3. Zentralrußland	58.28° N –	67.20° O
4. Baikalsee	52.62° N –	103.20° O
5. Ochotskisches Meer	58.28° N –	139.20° O
6. Beringmeer (Aleuten)	52.62° N –	175.20° O
7. Golf von Alaska	58.28° N –	148.80° O
8. Alberta	52.62° N –	112.80° W
9. Hudson Bay	58.28° N –	76.80° W
10. Nordatlantik	52.62° N –	40.80° W
11. Schottland (Findhorn)	58.28° N –	4.80° W
12. Karatchi	26.57° N –	67.20° O
13. Himalaya	31.72° N –	103.20° O
14. Iwo Jima (Japan)	26.57° N –	148.80° W
15. Midway Inseln	31.72° N –	175.20° O
16. Hawaii	26.57° N –	148.80° W
17. Golf von Kalifornien	31.72° N –	112.80° W
18. Bahamas	26.57° N –	76.80°
19. Mittlerer Atlantik	31.72° N –	40.80° W
20. Algerien	26.57° N –	4.80° W
21. Sudan	10.81° N –	31.20° O
22. Somali Becken	0° –	49.20° O
23. Chagos Archipel	10.81° S –	67.20° O
24. Ceylon	0° –	85.20° O
25. Golf von Thailand	10.81° N –	103.20° O
26. Sulawesi	0° –	121.20° O
27. Carpentariagolf	10.81° S –	139.20° O
28. Salomon Inseln	0° –	157.20° O
29. Marshall Inseln	10.81° N –	175.20° O
30. Phoenix Inseln	0° –	166.80° O

31. Karolinen	10.81° S	– 148.80° W
32. Mittlerer Pazifik	0°	– 130.80° W
33. Clipperton Inseln	10.81° N	– 112.80° W
34. Galapagos Inseln	0°	– 94.80° W
35. Peru	10.81° S	– 76.80° W
36. Amazonas	0°	– 58.80° W
37. Guayana Becken	10.81° N	– 40.80° W
38. Romancherinne	0°	– 22.80° W
39. Ascension	10.81° S	– 4.80° W
40. Gabun	0°	– 13.20° O
41. Südafrika	26.57° S	– 31.20° O
42. Wasserscheide Indischer Ozean	31.72° S	– 67.20° O
43. Westaustralisches Becken	26.57° S	– 103.2° O
44. Südaustralien	31.72° S	– 139.20° O
45. Loyauté Inseln	26.57° S	– 175.20° O
46. Südpazifik	36.72° S	– 148.80° W
47. Osterinsel	26.57° S	– 112.80° W
48. Nazca Ebene	31.72° S	– 76.80° W
49. Rio de Janeiro	26.57° S	– 40.80° W
50. Atlantische Wasserscheide	31.72° S	– 4.80° W
51. Atlantisch-Indischer Rücken	58.28° S	– 31.20° O
52. McDonald Inseln	52.62° S	– 67.20° O
53. Indisches Südpolarbecken	58.28° S	– 103.20° O
54. Tasmanischer Rücken	52.62° S	– 148.80° O
55. Emerald Becken	58.28° S	– 175.20° O
56. Udintsev Bruch	52.62° S	– 148.80° W
57. Albatross	58.28° S	– 112.80° W
58. Spitze Südamerikas	52.62° S	– 76.80° W
59. Scotia-See	58.28° S	– 40.80° W
60. Südatlantische Wasserscheide	52.26° S	– 4.80° W
61. Nordpol	90.00° N	
62. Südpol	90.00° S	

Abb. 29: UVG über der Europakarte

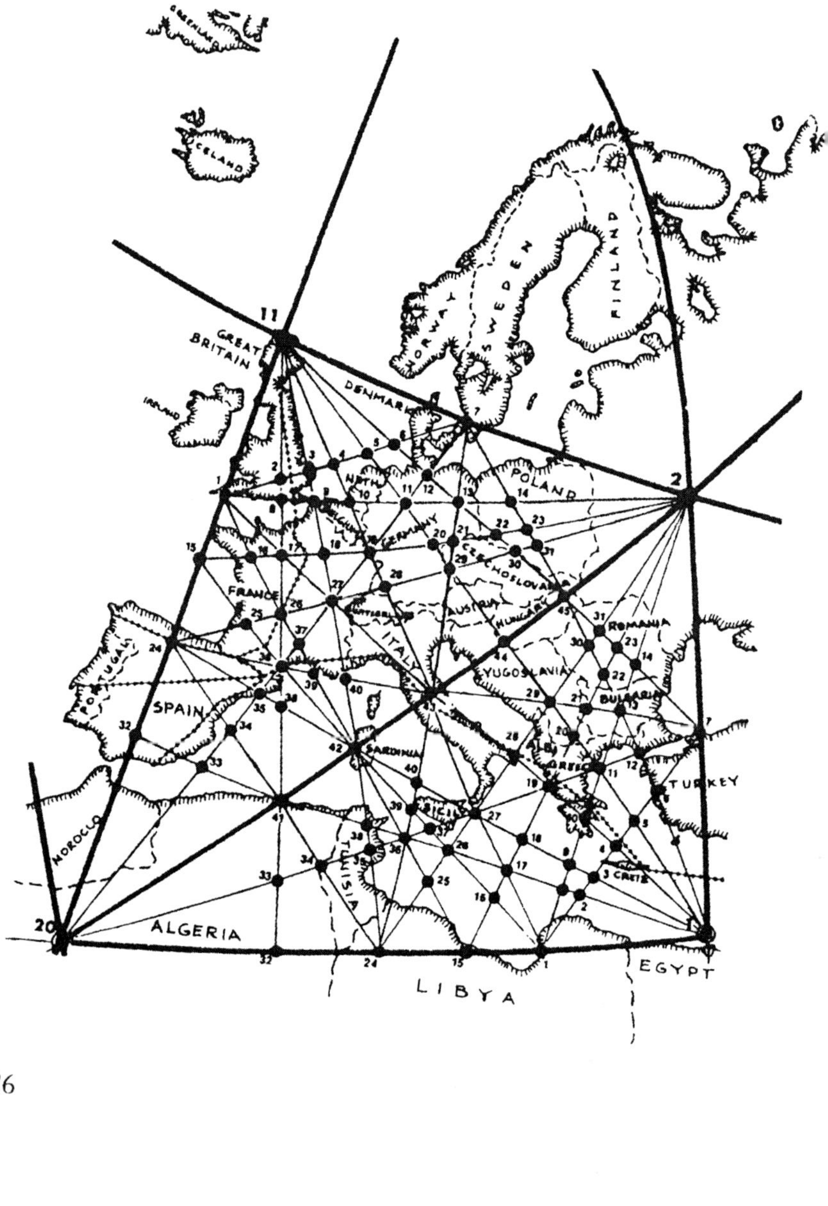

Abb. 30: Ausschnitt aus Abb. 29, welcher die Konzentration der Gitterlinien auf den britischen Inseln wiedergibt, wo wir vermutlich die dichteste Ansammlung an Megalithen in Nordeuropa antreffen können.

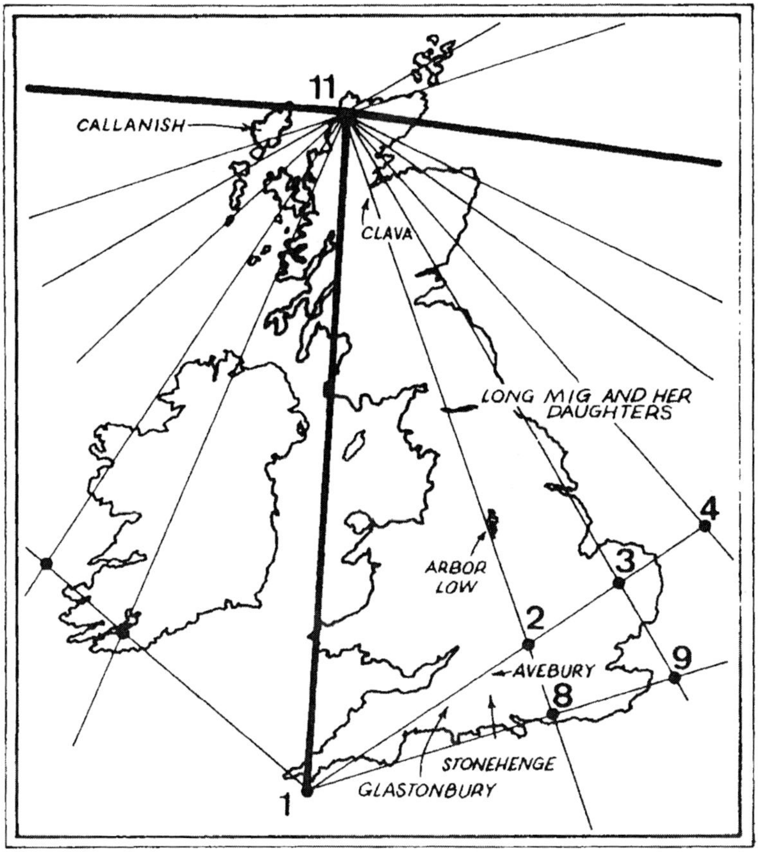

Abb. 31: Die Kartographie von Admiral Piri Reis

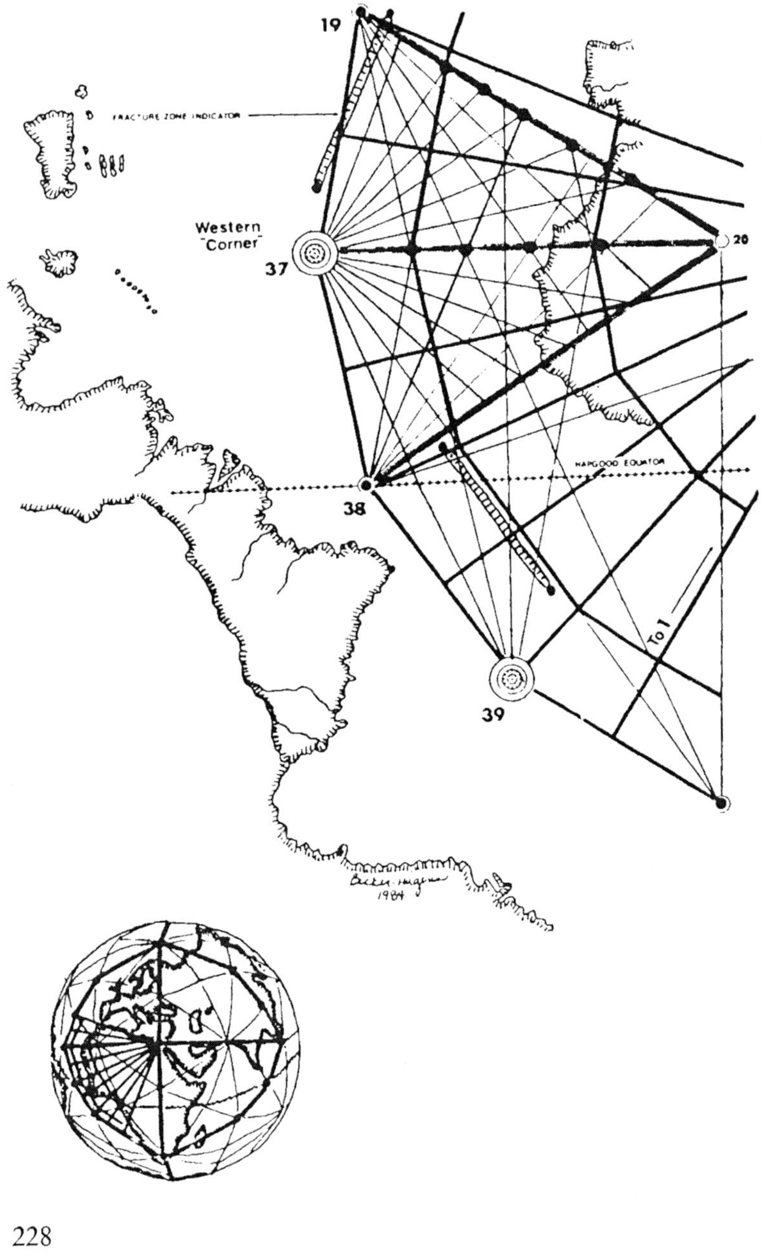

Abb. 32: Die zwölf Friedhöfe des Teufels nach Ivan Sanderson

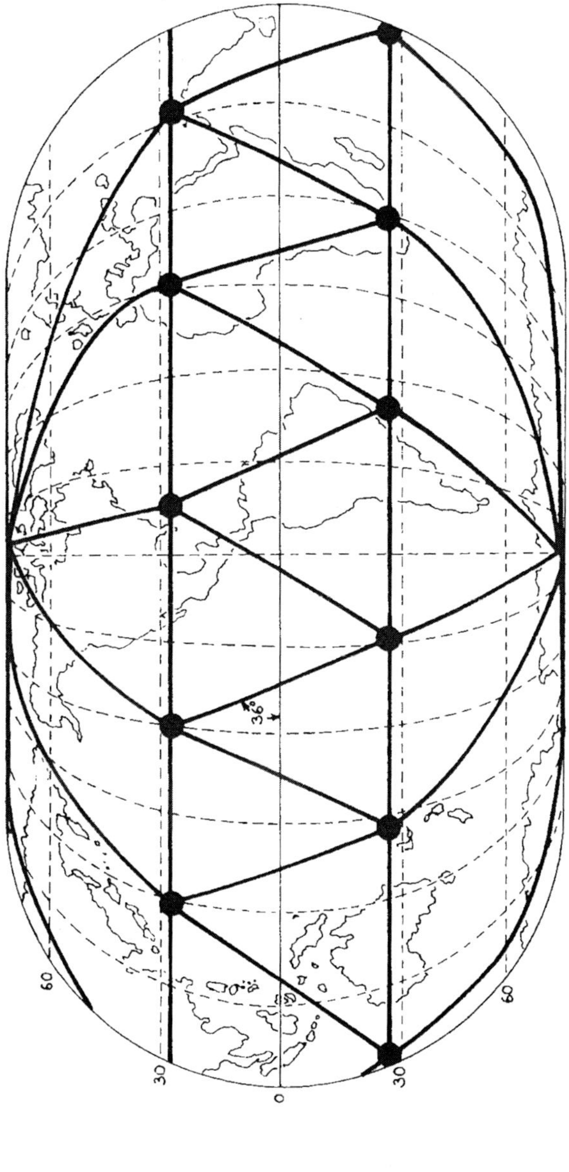

Abb. 33: Eine Karte von MU

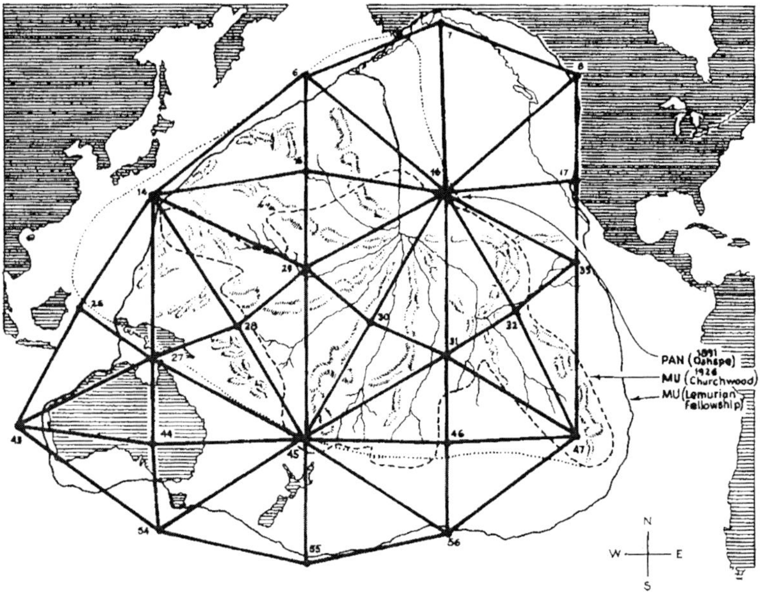

Abb. 34: Neuseeland. Die Abbildung zeigt die von Bruce Cathie zuerst entdeckte Linie des Weltgitters. Sie erstreckt sich von einem Ufo-Landeplatz bei Auckland bis zu einer Stelle auf der D'Urville Insel, wo zwei große Ufos in einem Lichtblitz verschwanden.

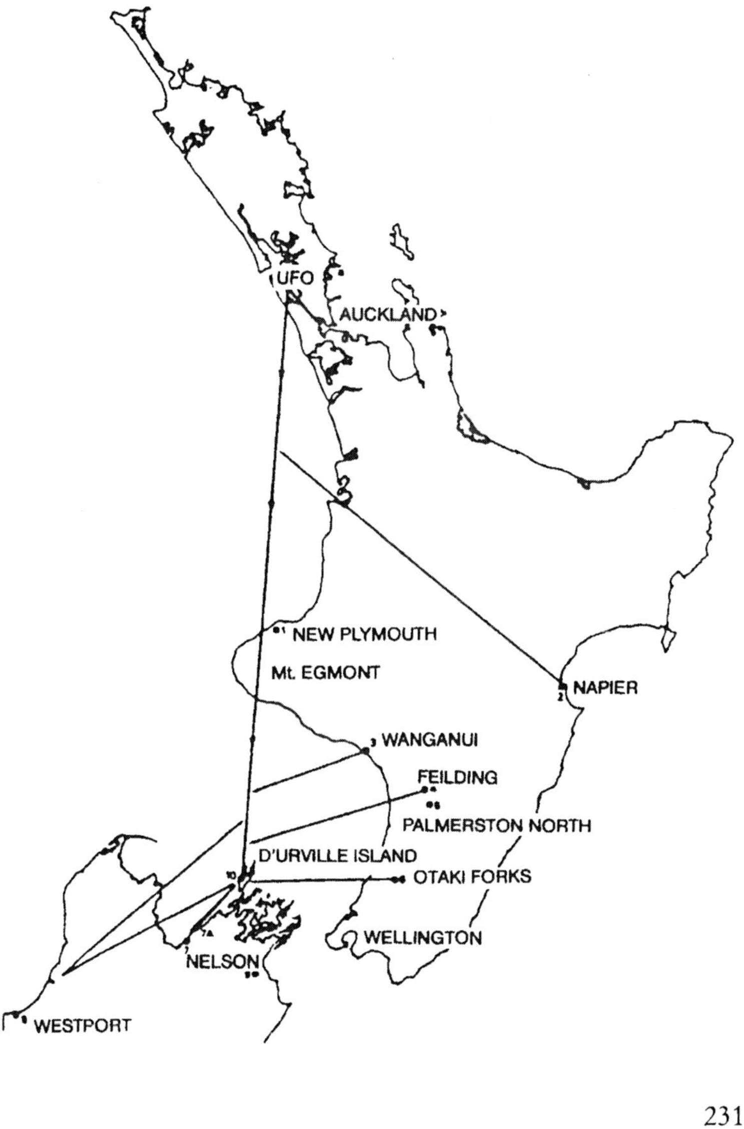

Abb. 35: Das Sirius Mysterium

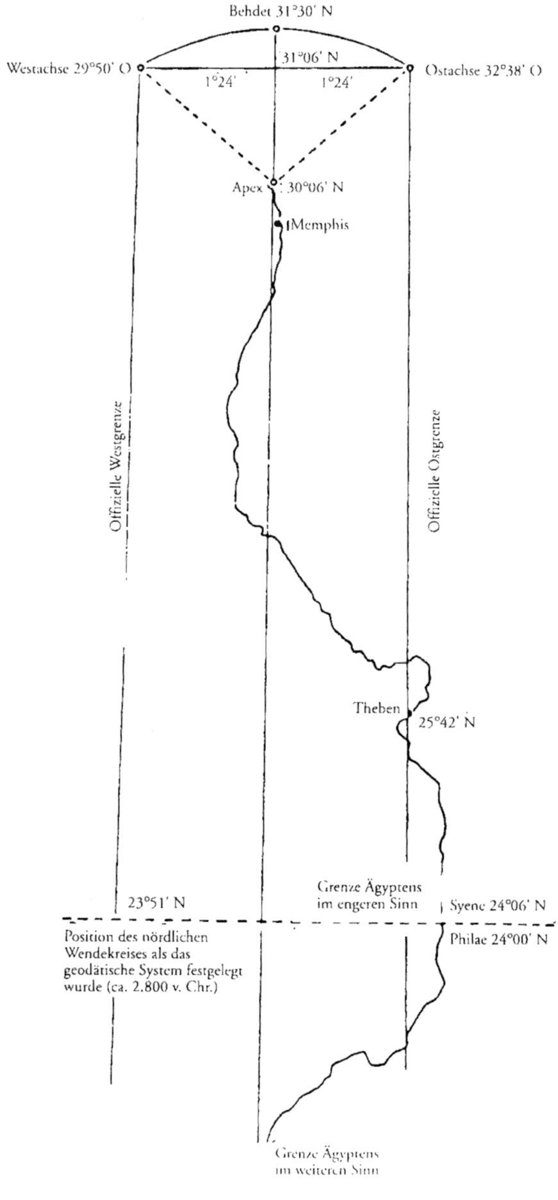

Abb. 36: Die Orakeloktaven (mit Breitenangabe). Die latitudinalen Streifen zeigen graphisch die Orakeloktaven zwischen Dodona und Behdet bzw. Ararat und Hebron.

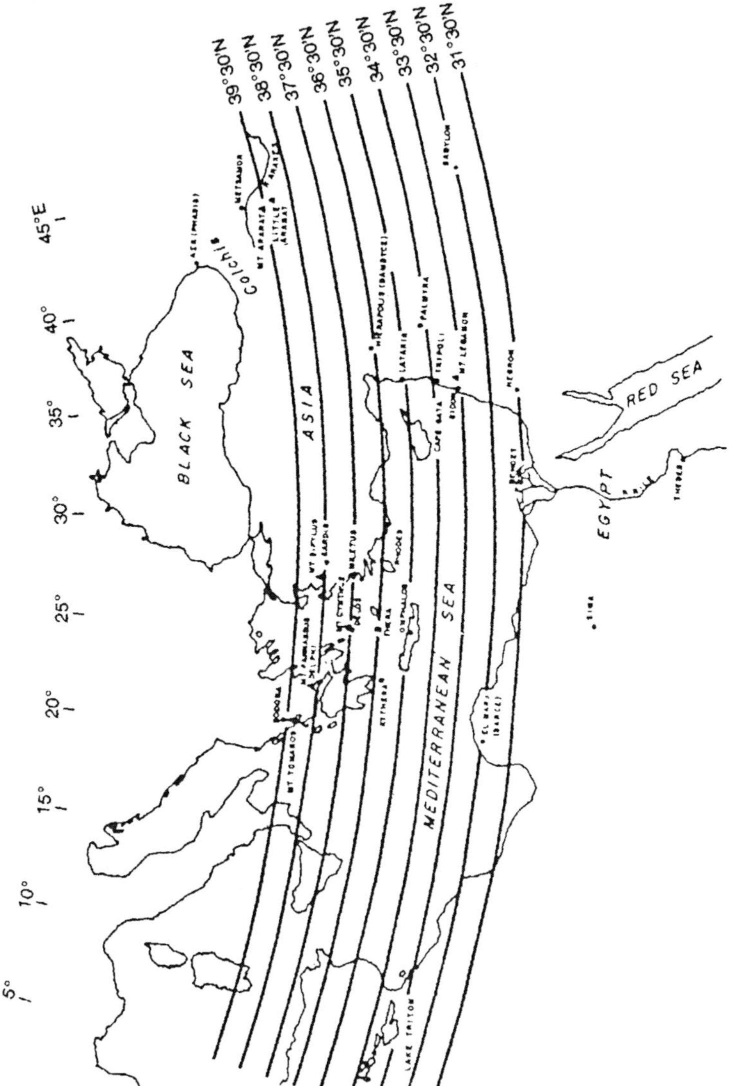

Robert Temple entwickelte in seinem Buch *The Sirius Mystery*[70] ein Gitter und nannte es »Die östlichen und westlichen Orakel Oktaven« (siehe Abb. 36). Die Orakel Zentren beginnen in Behdet (Ägypten) auf 31° N 30' Breite, und auf jedem Breitengrad nördlich davon liegt ein weiteres Zentrum, welches wiederum mit einem Planeten verknüpft ist. Außerdem besteht aber auch eine Querverbindung zu anderen Zentren im Westen und Osten, zu Baum-Codes und zu göttlichen Geburten.

Behdet auf 31° N 30' ist Teil eines größeren geodätischen Zusammenhanges in Ägypten (siehe Abb. 35). In der Abbildung sind die nördlichen, südlichen, östlichen und westlichen Ränder des antiken Netzgitters skizziert. Diese Grenzlinien basieren keinesfalls auf Spekulationen heutiger Politiker, denn es gibt genügend Beweise auf alten Schriftrollen und Steintafeln, die belegen, daß darüber ein Einvernehmen herrschte und daß sie über tausende von Jahren benützt wurden.

Die Festlegung erfolgte jedoch nicht einstimmig. Ahkenaten, der größte Pharaoh, wollte eine neue Hauptstadt von Ägypten errichten lassen. Diese neue Stadt sollte Theben ablösen und ihr Standort sollte auf 27° N 45' liegen, also auf halber Strecke zwischen der südlichen Eingrenzung bei 24° N 00' und der nördlichen bei 31° N 30'. Der passende Längengrad sollte abseits der Mitte (31° O 14') auf 30° O 50' gewählt werden, damit er durch den Nil verlief, der nicht nicht nur als heiliger Fluß, sondern auch als die wichtigste Quelle für Nahrung, Wasser und Transporte betrachtet wurde. Die Stadt Aten sollte das neue geodätische Zentrum werden, der Nabel Ägyptens. Doch die Stadt gelangte anläßlich politischer Widerstände und aufgrund des Todes von Ahkenaten nie zu ihrer Vollendung. Allerdings wurden die ägyptischen Koordinaten in der Antike weiterhin als Ausgangsmeridian verwendet, so wie wir heutzutage mit Greenwich arbeiten. Viele andere Länder lokalisierten ihre Hauptstädte und Altäre in regelmäßigen Intervallen gemessen von diesen Punkten, so z. B. Nimrod, Sardis, Persepolis, An-Yang usw.

Wie wir schon gesehen haben, wird sowohl Behdet als auch die große Pyramide nach wie vor im UVG und anderen Gittern beachtet. Unter den Forschern scheint Einigkeit über den Längengrad zu bestehen, nämlich 31° O 14'. Als offene Frage bleibt aber nach wie vor der Breitengrad: Behdet (31° N 30'), die große Pyramide (30° N 06') oder Aten (27° N 45').

Livio Stecchinis ägyptisches Netzgitter

In seinem ersten Buch *Cheops*[71] bat Peter Tompkins den Professor für klassische Metrologie Livio Stecchini, sich die Geodäsie und Vermessungssysteme Altägyptens näher anzusehen. Stecchini reihte systematisch alle Maßangaben und historischen Quellen aneinander und kam anhand bislang noch nicht genügend ausgewerteter Hieroglyphen zu ganz unglaublichen Ergebnissen.

Die Geodäsie Ägyptens war nicht nur eine reine Abstraktion, sondern basierte, ähnlich wie die Große Pyramide, auf ganz exakten Meßwerten. Selbst die wirkliche Länge des Nils wurde mit der Angabe »ein Drittel der geographischen Länge der Erde« sehr genau erfaßt, denn der Nil entspringt am Äquator und mündet auf 30° N 06' Breite. Die große Pyramide liegt auf 30° N 00' und die Differenz beträgt also nur 6'; die Ägypter favorisierten die Zahl 6', denn dies war genau ein Zehntel des Breitengrades. So kam es auch, daß sie die Breite in »6 Gürteln« maßen, welche die Griechen dann später in Zonen umbenannten.

Bei der Untersuchung der Ekliptik stellten die Ägypter fest, daß Merkur (der ägyptische Gott für Vermessung und Reise) eine größere Abweichung als jeder andere Planet zeigte, nämlich 7° nördlich oder südlich der Ekliptik. Aus diesem Grunde legten sie fest, daß die Ekliptik insgesamt 14° breit sei und bezeichneten diese als die »große Straße«. Wie von Merkur vorgegeben, betrug die Hälfte der Straße 7°; die Zahl 7 setzten die Ägypter in Bezug zu den sieben bekannten Planeten, aber auch zu ihren geodätischen Fixpunkten. Sieben Grade zur südlichsten Gren-

Tabelle 20

Die Orakeloktaven

Westliches Zentrum	Östliches Zentrum	Baum-Code	Planeten-Code	Göttliche Geburt
8. Dodona 39°30' (Tomaros)	Metsamor (Ararat)	Eiche	Saturn?	Die Menschheit wurde in Dodona aus den Steinen (den Knochen der Erde) geboren
7. Delphi 38°30' (Parnassos)	Sardes (Boz Dag)	Lorbeer	Sonne?	—
6. Delos 37°30'	Milet (Latmus)	Palme	Mond	Artemis und Apollo wurden auf Delos geboren
5. a. Kythera? 36°30' b. Rhodos? c. Thera?	Hierapolis (Jebel Abdul Aziz?)	?	Mars?	?
4. Knossos 35°30' (Omphalos)	bei Latakia	Weide	Jupiter	Zeus wurde auf Kreta geboren
3. Südküste 34°30' von Zypern (Paphos?)	Palmyra? Tripolis?	Zypresse	Venus	Aphrodite (Venus)
2. Triton See 32°30' (Libyen)	Sidon (Saïda)	Zeder	Merkur?	Pallas Athene wurde am Triton-See geboren
1. Al Marij 32°30' (Libyen)	Babylon	?	?	?
0. Behdet 31°30'	Hebron	Akazie	Erde?	—

ze Ägyptens addiert ergab die nördlichste Grenze: 24° N 06' + 7° = 31° N 06', und andererseits entsprach 31° N 06' genau 6/7 eines Längengrades am Äquator[72].

Als Ahkenaten seine geodätische Revolution einleitete, verfolgte er die Absicht, ein für alle Mal den *wahren* geographischen Nabel der Welt zu rekonstruieren. Wir haben bereits erwähnt, daß das neue Zentrum auf 27° N 45' und 30° O 50' inmitten des Nils festgelegt wurde, 1° neben der eigentlichen Mittelachse des Landes. Das ägyptische Gittersystem endete auf 55° N 30'. Die Breite war 2 x 27° N 30' oder 55° N 30'. Dieser Breitengrad von 55° N 30' war auch insofern signifikant, als er exakt den Punkt markiert, an dem der Abstand eines Breitengrades zugleich einem am Äquator gemessenen Längengrad entspricht. Ganz genau liegt dieser Punkt auf 55° N 12', und dies hatten die alten Ägypter sehr wohl auch mit in Erwägung gezogen, als sie später den geodätischen Nabelpunkt auf 27° N 33' x 2 bzw. 55° N 12' verschoben haben. In diesen nördlichen Regionen wurde der russische Fluß Dnjeper als systematisches Gegenstück zum Nil gewählt.

Es ist in diesem Zusammenhang interessant, daß Delphi, der geodätische Mittelpunkt Griechenlands, auf 38° N 28' liegt; dies entspricht der Sonnenlinie in Robert Temples Gittersystem. Dodona, das andere griechische Zentrum, befindet sich ungefähr 1° nördlich davon auf 39° N 32', was Temples Saturnlinie gleichkommt. Die historische Bedeutung dieser zwei Orte wurde weiterhin auch dadurch erhellt, als man entdeckte, daß die Distanz ihrer Breitengrade im Verhältnis dem Durchlauf einer Minute und/oder einer Sekunde der siderischen Zeit auf dem Äquator entspricht.[73]

Die alten Ägypter waren große Anhänger der von ihnen so bezeichneten »Maet« oder kosmischen Ordnung und Maßeinheit, und dieses geodätische System ist nur der Bruchteil einer sehr viel weiter reichenden Kosmologie.

Auch in Babylonien gab es ein vergleichbares, wenn auch viel weniger bekanntes geodätisches System. Die Babylonier erbauten Stufenpyramiden, deren Ecken in die vier Himmelsrichtungen zeigten. Die sogenannte »Ziggurat«, war in sieben Stufen erbaut und in sieben planetarischen Farben bemalt und man nannte sie »das Haus der sieben Bande zwischen Himmel und Erde«. In Abb. 37 kann man die einzelnen Stufen und Breitengrade sehen. Jede dieser sieben Stufen repräsentierte einen ganz bestimmten Breitengrad und jeder Stufe wurde eine spezielle Ziffer zugeschrieben. Zu kartographischen Zwecken wurde die nördliche Hemisphäre in eine Reihe von ebenen Flächen aufgeteilt, die in den Fassaden der Stufenpyramide dargestellt wurden. Die Region zwischen Äquator und Nordpol wurde in sieben Streifen eingeteilt, die – in Übereinstimmung mit der nach dem Pol hin abnehmenden Größe der Längengrade – nach oben zu immer schmaler wurden. Jede der vier Seiten verkörpert einen Erdquadranten. Auch die geographischen Breitengrade wurden in der Ziggurat verewigt, denn die Stufen hatten eine Höhe von sechs Breitengraden oder einem Vielfachen davon. Laut Stecchini liegt der Grund hierfür darin, daß auf diese Weise ein leicht zu merkender Kosinus entsteht, indem die Länge durch 2/3 geteilt wurde. Jeder Breitengrad ließ sich ganz einfach dadurch errechnen, daß man die Höhe einer Stufe mit 6 multiplizierte, also z.B. 5 ½ x 6 = 33° N.

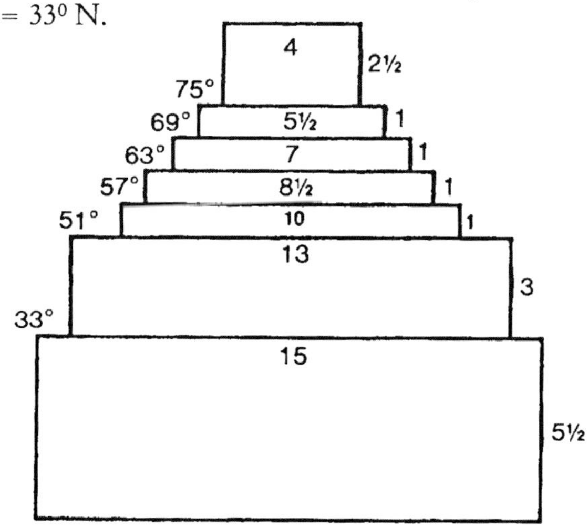

Abb. 37: Die Ziggurat

In *Mysteries of the Mexican Pyramids*[74] befaßt sich Peter Tompkins ausgiebig mit den Forschungen von Hugh Harleston, der viele Jahre mit der Untersuchung der Pyramiden von Mexiko zubrachte. Harleston vertrat die Ansicht, daß die Sonnenpyramide und auch andere Gebäude von Teotihuacan großartige Beispiele für »vierdimensionale, hochentwickelte Computer waren, verbunden mit dem dringenden Wunsch, eine architektonische Form zu präsentieren, die alle wichtigen universellen Konstanten, aber auch geodätische, atomare, astrophysikalische und andere kosmische Informationen enthielt. All dies sollte auf nur wenige Strukturen beschränkt sein, die allesamt in einem rechten Winkel standen, kartesische Koordinaten auf einem optimalen Schalenmodell der Erde.«[75]

Harleston entdeckte viele außergewöhnliche Tatsachen über die Maße der Pyramiden, welche ein grundlegendes Gittersystem offenlegen. Er nahm einen vierseitigen Tetraeder (was der Form der Sonnenpyramide entspricht) und plazierte ihn mit

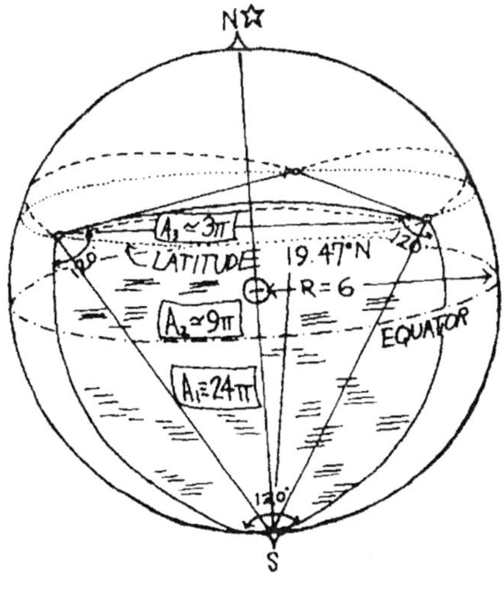

Abb. 38: Harlestons tetraedrische Sphäre

der Spitze auf den Südpol. Die Grundlinie dieses gleichseitigen Dreieckes stimmte mit dem Breitengrad der Sonnenpyramide (19° N 47') überein. Der Tetraeder und die Kugel mit einem Durchmesser von 12 sind eine einzigartige Kombination, denn mit einem Radius von 6 ist das Verhältnis der Fläche 2:1, ein einmaliges Vorkommnis.[76] Wir sollten uns daran erinnern, daß das C-Atom, der Grundbaustein für lebendige Organismen ebenfalls die Form eines Tetraeders aufweist (siehe Abb. 38).

Die Anden-Linien

Der südamerikanische Kontinent hat im Hinblick auf globale Gitternetze noch manche Geheimnisse zu erzählen. In der Nazca Ebene in Peru sind hunderte von Figuren und Linien in die Wüstenlandschaft eingegraben (siehe Abb. 39). Es scheint sich dabei um die Darstellung eines Tierkreises zu handeln. Einige der geraden Linien haben eine astronomische Bedeutung. Aber höchstwahrscheinlich dienten sie in der Hauptsache kultischen Zwecken, denn die Indianer sagen: »sie weisen zu den Göttern« und meinen damit die Kräfte der Erde und des Himmels. Dieses geomantische Netzwerk könnte einem zusammengehörigen, universellen System zu entsprechen.[77]

Die Isometrische Anordnung der chinesischen Marktstädte

Skinners Sechseck-Strukturen (siehe Abb. 40), welche die Standorte großer und kleiner chinesischer Städte miteinander verbinden, sind nicht das Produkt seiner Imagination, sondern basieren auf ausgiebigen Forschungen und einem tiefen Verständnis der ökonomischen und sozialen Struktur Chinas.[78]

Skinner sagt, daß jede Stadt mit sechs weiteren verknüpft ist und daß zu einer Marktregion insgesamt 18 Städte zählen. Von jeder Stadt gehen strahlenförmig sechs Straßen weg. Er sieht darin

Abb. 39: Die Linien von Nazca (Peru)

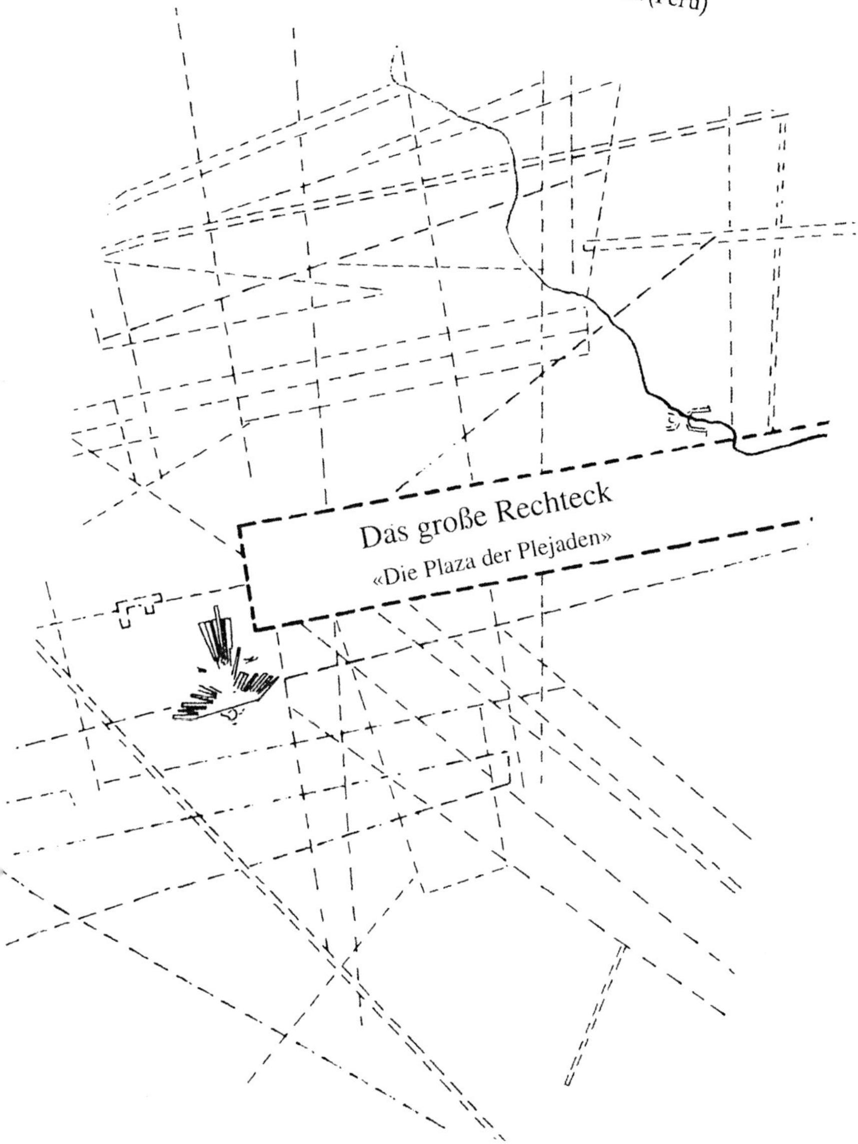

Abb. 40: Die hexagonale Anordnung der chinesischen Marktorte um eine zentrale Stadt

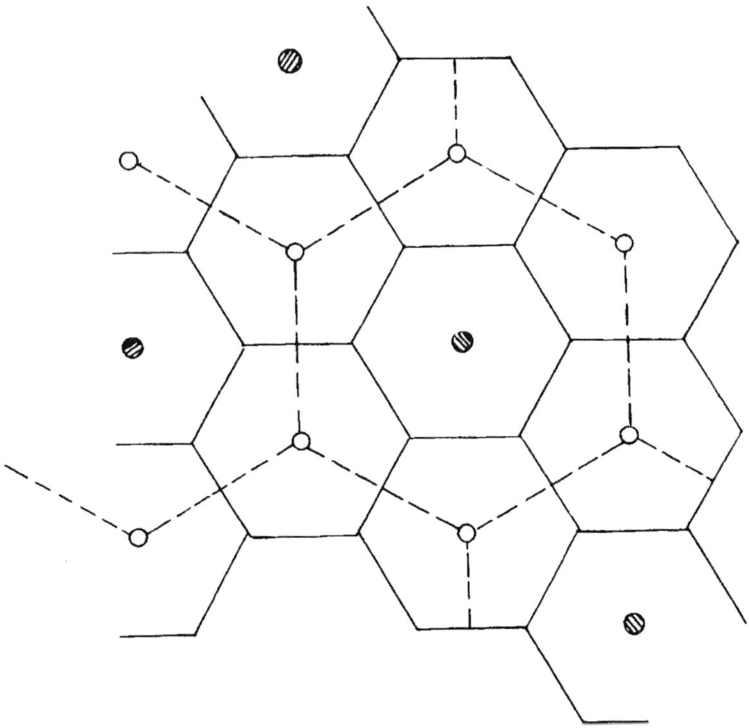

——— Grenzen der herkömmlichen Marktgebiete

- - - - - - - Grenzen der dazwischenliegenden Marktgebiete

○ Gewöhnliche Marktstädte

● Übergeordnete Marktstädre

ein Arteriensystem der sozialen und wirtschaftlichen Energie – eine Art Chi des Handels.

Es ist sehr wahrscheinlich, daß auch die anderen antiken Zivilisationen ihre eigenen Gitternetze kannten und es gibt noch zahlreiche Mysterien aufzudecken. Die uns bekannten Systeme scheinen sich jedenfalls gegenseitig direkt oder indirekt zu bestätigen und es ist offensichtlich, daß sie Teil eines größeren Puzzles sind, das nur ganz allmählich seine verborgene Bedeutungen enthüllt und Formen annimmt.

Kapitel 8

Beispiel-Horoskope

Carlos Castaneda

Die schwer faßbare und mysteriöse Person Carlos Castanedas[79], Autor von *Die Lehren des Don Juan*[80] und anderen Büchern über die Magie der Tolteken, bietet einiges Material zur Überprüfung der Relokations-Techniken.

Die Lebenserfahrungen von Castaneda sind reichhaltig an übernatürlichen, magischen und bizarren Episoden, welche ihn in andere Wirklichkeiten katapultierten, die den meisten Menschen unbekannt sind. Seine Bücher sind sehr unterhaltsam und gleichzeitig voll klarer Einsichten in die Natur des Lebens.

Einer der wichtigsten Gründe für Castanedas ungedämpfte Popularität dürfte sein Jupiter an der Spitze des 10. Radixhauses sein.[80] Seine Begabung zum Schriftsteller entstammt zwei Quellen: der Schütze-Merkur im 8. Feld verleiht ihm literarische Veranlagungen beim Schreiben über die mysteriösen Seiten des Daseins; außerdem steht Merkur mit Quinkunx zu Pluto im dritten, kommunikativen Feld, was in ihm den nötigen Druck entstehen läßt und ihn dazu antreibt, seinen Schreibfertigkeiten Ausdruck zu verleihen. (Die Quinkunx ist als ein Reizfaktor bekannt, der zur Vollendung führt.) Jupiter in Konjunktion zum MC bedeutet ferner, daß Jupiter in nördlicher Richtung steht. Bei Castaneda weist Jupiter deshalb nicht nach Süden, da sich sein Geburtsort in Peru und damit unterhalb des Äquators befand. Die nördliche Richtung ist jene des rätselhaften Geheimnisses und des Mißgeschicks (siehe Abb. 11, Kompaß), aber wenn der Jupiter hier steht, so erhält man leicht Führung und

Schutz vor den verschiedensten schädlichen Energien. Man kann auf bestimmte Gesetzmäßigkeiten aufmerksam werden, welche als ein Schutzschild für das geistige und häusliche Wohlbefinden der Person wirken.

Auch wenn Castaneda sehr wenig über seine frühen Jahre spricht, so können wir aufgrund seiner starken philosophischen Orientierung dennoch annehmen, daß der Jupiter-Einfluß deutlich vorhanden war. Die Jupiterlinie zeigt außerdem auch nach Norden und Jupiter ist des weiteren der Planet mit dem kleinsten Orbis zu einer Hauptachse. Die Azimut von Peru nach Los Angeles, seinem vorübergehenden Wohnort betragen weniger als 10° zu allen Planeten; dies könnte vielleicht bedeuten, daß er Südamerika von Brasilien aus verließ, ein Umzug, auf den er selber auch anspielte.

Wenn wir sein Horoskop in Los Angeles betrachten, dann entfaltet sich uns ein vollkommen anderes Bild. Seine Venus (in Rektaszension) steht in einem exakten Sextil zur Spitze des 10. Hauses, was auf sanfte Weise seine Popularität steigern könnte. Ein Uranus-Quadrat zur Spitze des 10. Hauses (mit 2° Orbis) erzeugt sehr unstete und sprunghafte Bedingungen in seiner Lebensausrichtung. Pluto hat ein Trigon mit der Spitze des 1. Hauses (1,8° Orbis), was unterstützend Tiefe und Spannkraft hinzufügt und gleichzeitig auch zu Castanedas zurückgezogenem und einsamen Charakter beiträgt. Das Merkur/AC-Quadrat (0° 12' Orbis) verdeutlicht wiederum sein Bedürfnis, durch die schreibende Tätigkeit zu kommunizieren. Aber wenn jemand acht erfolgreiche Bücher publiziert hat, müßte eigentlich noch mehr vorliegen als nur ein Merkur-Quadrat.

Im Standorthoroskop für Los Angeles befindet sich Uranus in Konjunktion zum Osten und ist zudem derjenige Planet, der dem Horizont mit 6° Orbis am nächsten kommt. Dadurch wird Uranus für diesen Aufenthaltsort enorm einflußreich. Uranus ist ein Luft-Planet und er steht hier im Osten, der ebenfalls mit dem geistigen Luftelement verbunden ist. Deswegen ist Uranus am stärksten verantwortlich für Castanedas beständige Veröffentlichungen über eine Periode von 10 Jahren hinweg.

Carlos erlernte das alte toltekische System bei zwei Lehrern, nämlich Don Juan und Don Jenero. Seine Lernerfahrungen und Unterweisungen fanden überwiegend an zwei Plätzen statt: in der Wüste Sonora in Nordmexiko und in der Nähe von Oaxaca im Süden des Landes. Nach eingehenden Studien habe ich das Haus von Don Juan in Sonora ungefähr lokalisiert (Abb. 42). Wenn wir nun das Standort/Horizont-Horoskop von Castaneda in Los Angeles nehmen und die Azimut nach Sonora zeichnen, so stellen wir fest, daß er auf seiner Venuslinie reisen mußte. Dieser Venuslinie kommt zudem noch besondere Bedeutung zu, weil sie weniger als 2° Azimut Abstand zur azimutalen Linie der Wintersonnwende einnimmt. Deswegen beeinflußt das Reisen auf dieser Linie Herzensangelegenheiten, aber auf eine sehr ernstzunehmende Weise. Der Punkt der Wintersonnwende bringt immer einen Einfluß von Steinbock und Saturn für diejenigen Planeten mit sich, die bis zu 3° oder 4° von ihm entfernt liegen. Carlos ging tatsächlich eine bleibende Freundschaft mit Don Juan ein, die ihn immer wieder zu neuen Unterweisungen führte, und dies obwohl ihn Don Juan häufig in unerklärbare und lebensgefährliche Situationen mit unbekannten Mächten verwickelte. Castaneda mußte die Begierden seines Herzens disziplinieren und mit seinem eigenen Lebensziel ins Gleichgewicht bringen. Die Liebe führte ihn zurück, die Liebe des Pfades und die Liebe seines Meisters. Don Juan hatte ihm bei unzähligen Gelegenheiten erzählt, daß er nur dem Pfad des Herzens folgen sollte und keinem anderen.

In der Sonora-Wüste steht sein Uranus 6° vom Osten entfernt und wirkt somit wesentlich schwächer als in Los Angeles, wo er ja ziemlich exakt im Osten lag. Allerdings befindet sich die Sonne hier dafür knapp 8° vom Süden entfernt. Wenn wir die Führereigenschaft von Don Juan mit in Erwägung ziehen, mit der er unaufhörlich Castanedas Ego attackierte, so könnte dies auf eine nicht ganz korrekte Geburtszeit hindeuten, denn die Sonne ist dafür doch sehr weit vom Süden entfernt. Die Richtung Süden steht mit der Selbstverwirklichung in Beziehung und dies geschah vielleicht mit dem Selbstbild (Sonne) von

Abb. 41: **Carlos Castaneda.** Quelle: Jansky, Astrological Review 73/74, von Steve Cozzi auf 13h51 EST korrigiert.

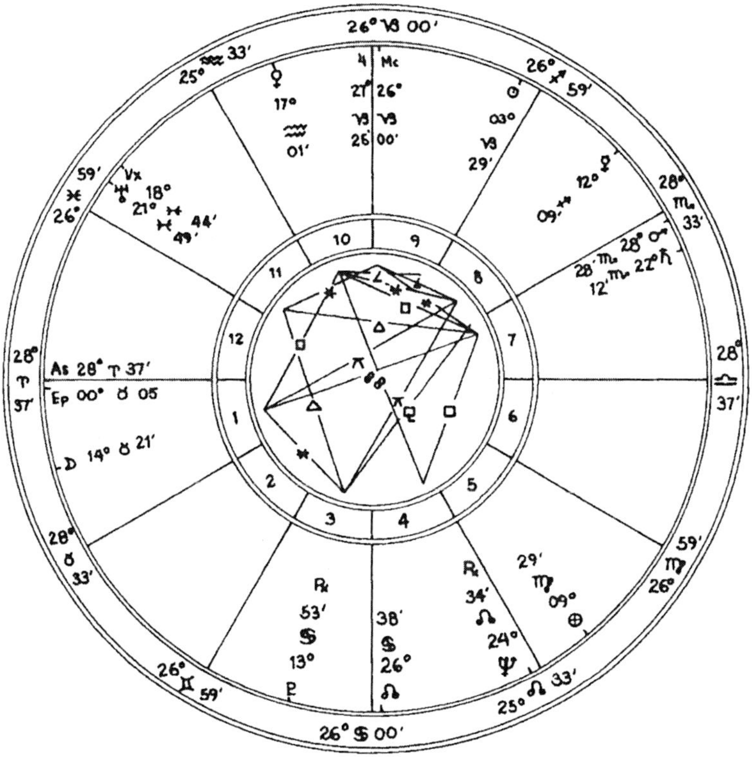

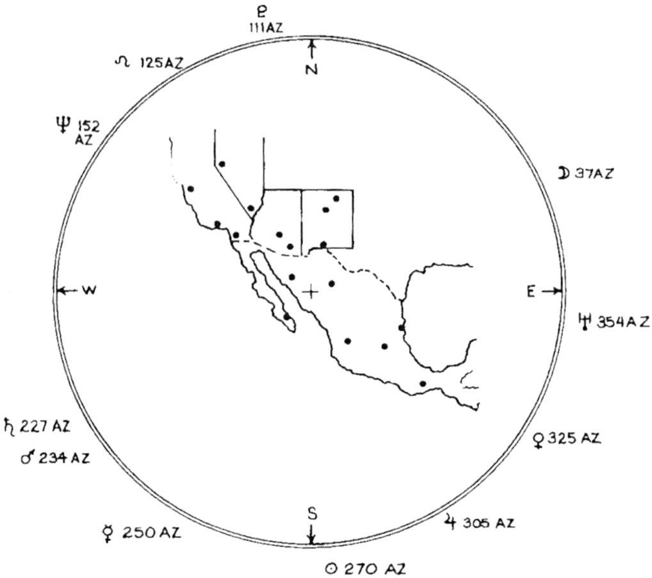

Abb. 42: Standorthoroskop für Don Juans Haus in Mexiko

Castaneda. Es wurde neu festgelegt und mit dem wirklichen inneren Selbst verschmolzen. Zudem steht Uranus im Trigon zum Aszendenten, was plötzliche und positive Veränderungen der Persönlichkeit auslösen kann. Ferner bilden auch die Mondknoten einen Winkel von 120° zur Spitze des 1. Hauses, ein Hinweis auf Erfolge in persönlichen Freundschaften.

Der geographische Breitengrad von Zentral-Sonora beträgt 29° N; die Höhe (vor allem der Nullvertikale) wird umso bedeutsamer, je weiter man unterhalb von 30° nördlicher Breite gelangt (respektive oberhalb 30° südlicher Breite). Venus stand bei dieser Ortung am tiefsten über dem Horizont. Der heiligste Planet Mittelamerikas hatte für Castaneda also noch eine zusätzliche Bedeutung.

Don Juan bittet Castaneda, in seinem Herzen (Venus) zu suchen und herauszufinden, warum er den toltekischen Pfad des Wissens erlernen möchte. Carlos fragt Don Juan, ob er wenigstens seine Wißbegierde als Grund akzeptieren werde. Darauf antwortete Don Juan zustimmend, vorausgesetzt jener könne seinen »Platz« finden, da es diesen seinen eigenen Platz gäbe und er, Don Juan, wisse, wo dieser Platz für ihn sei. Aber Carlos müsse ihn für sich selber entdecken, um seine ernste Lernabsicht zu beweisen. Don Juan erklärt, daß der sogenannte Platz eine Richtung ist, die sich von Ort zu Ort verändern kann, und daß ein Mensch sich sehr stark und glücklich fühlen wird, wenn er in diese Richtung blickt. Der Platz schützt ferner vor Müdigkeit und bietet Schutz vor Feinden.

Don Juan gibt Castaneda keinen näheren Wink, wie er diesen Platz finden kann, aber er ermutigt ihn, zu experimentieren. Carlos nimmt sodann verschiedene Körperhaltungen ein und blickt dabei in diverse Richtungen. Nachdem er im Geiste und mittels seiner Schuhe und seines Jackets mehrere Richtungen markiert hat, meint er ungefähr um 3 Uhr morgens, den Platz gefunden zu haben. Don Juan setzt ihn jedoch davon in Kenntnis, daß es nicht der richtige sei. Endlich gegen 5 Uhr 15 registriert er ein bläulich-grünes Licht in südöstlicher Richtung. Nachdem er an diesem Platz eingeschlafen war, sagt ihm Don Juan, daß dies der geeignete Ort ist. Wenn wir nochmals das Standorthoroskop für Castaneda, bezogen auf Don Juans Haus in Sonora betrachten, dann stellen wir fest, daß Venus auf 325° Azimut im Südosten steht, gemeinsam mit Jupiter (etwas weiter im Süden auf 305° Azimut).

Jupiter und Venus, die Glücksbringer, verleihen die Stärke und den Schutz, den Don Juan erwähnt hatte. Außerdem steht die aufgehende Venus zu dieser frühen Stunde in Richtung Ostsüdost.

Don Juan sagt außerdem, daß es auch einen schlechten oder feindlichen Platz gibt, den Carlos ebenfalls finden müsse. Auch wenn die genaue Himmelsrichtung nicht gesagt wird, so meine ich, daß sie im Südwesten liegen müßte, da Mars und Saturn in Sonora für Castaneda in eben diese Richtung deuten (Saturn 227° Azimut, Mars 234° Azimut).

Es gab viele Kritiker an den Werken Castanedas, und meistens konzentriert sich die kontroverse Beurteilung um den Punkt, wieviele seiner Schilderungen den Tatsachen entsprechen und wieviel daran erfunden ist. Hätte Castaneda nur phantasiert, wie hätte er seinen Platz richtig bestimmen können?

Albert Einstein

Obwohl es keine Methode gibt, um Einsteins Geburtsdatum mit letzter Gültigkeit zu verifizieren, so bleibt doch die Tatsache bestehen, daß es sich aus der Perspektive der Geo-Astrologie selber zu beweisen scheint. Einstein wurde am 14. März 1879 in Ulm um 11:30 SM LMT geboren.[79] Sein Jupiter stand im Anderthalbquadrat (Orbis 45') zur Spitze des 1. Hauses und Mars im Halbquadrat (Orbis 56') zur Spitze des 10. Hauses. Dies sind nicht gerade starke Aspekte, aber sie weisen beide einen geringen Orbis auf. Jupiter verleiht Einsteins Ansichten etwas positives, Mars unterstreicht sein Lebensziel mit Nachdruck.

Auf Berlin bezogen hat er noch immer den Mars-Winkel, dazu kommen aber ein Anderthalbquadrat von Uranus zur Spitze des 1. Hauses (Orbis 41') und ein Venus/Aszendent-Quadrat (1°23' Orbis). Jupiter befindet sich nicht mehr in einer Aspektverbindung zum Aszendenten, womit er die anderen ungünstigen Winkel auch nicht mehr neutralisieren kann. Die drei für Berlin geltenden Aspekte würden für sich genommen keine Schwierigkeiten bereiten. Doch wenn sich die kleineren Winkel an einem bestimmten Standort ansammeln, so beginnen sie sich gegenseitig zu verstärken. Mars steht in Berlin 8° über dem Horizont, und er ist damit gleichzeitig der niedrigste Planet an diesem Ort. Darin liegt vielleicht die Tendenz, daß der Mars-Winkel mit dem 1. Haus verschlimmernd wirkt und gleichzeitig der Mißklang der anderen Winkelkombination stärker hervortritt. So gesehen war Berlin für Einstein ein unruhiger (Uranus), unbequemer (Venus) und potentiell gewaltvoller (Mars) Ort.

Abb. 43: **Albert Einstein.**
Geburtsregister

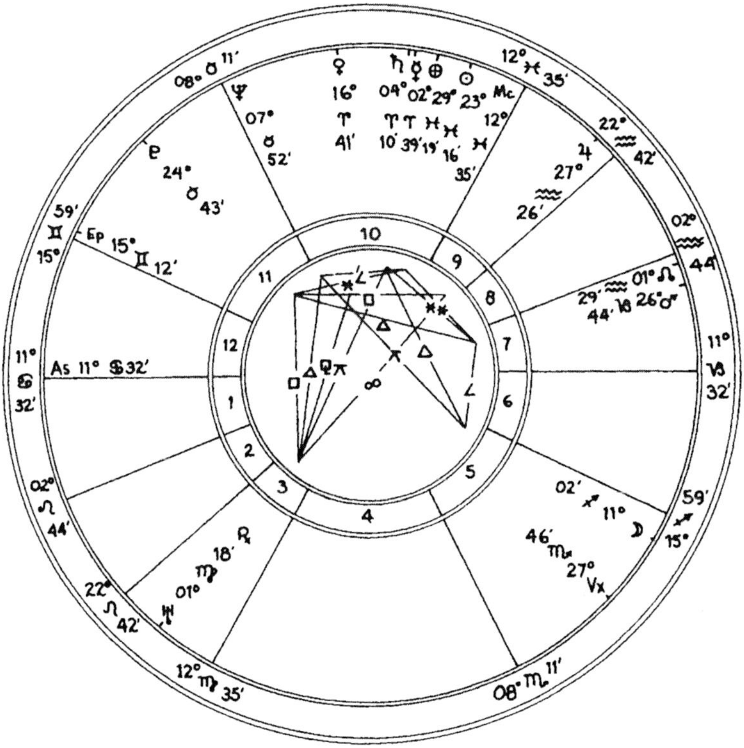

Doch wenn diese Aspektdissonanz nicht vorhanden gewesen wäre, hätte er vielleicht seine Emigration aus Deutschland hinausgeschoben und eine Verzögerung hätte ihn das Leben kosten können. Projizieren wir die Azimut auf New York, so stellen wir fest, daß er auf seiner Neptunlinie gereist ist. Dies ist sowohl eine sehr trügerische als auch eine mystische Linie. Wir hatten bereits davon gesprochen, daß sie mit neuen Wirklichkeitsbegegnungen und mit Weiterentwicklung zu tun hat. Beide Begriffe sind im Falle Einsteins sehr zutreffend, da er in Princeton seine Formeln verbessert und dadurch die Vorstellungswelt der Menschheit verändert hat, indem er neue Dimensionen der Physik öffnete. Wenn er allerdings als derjenige in Erscheinung

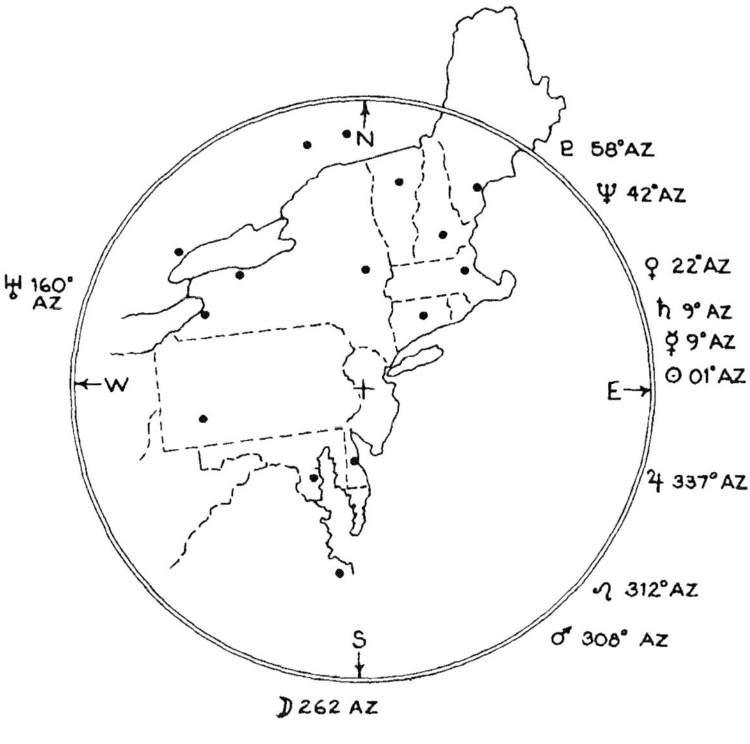

Abb. 44: Standorthoroskop für Einsteins Haus in Princeton

getreten wäre, der er tatsächlich war, nämlich ein emigrierender Jude, welcher das Geheimnis des Universums in sich trug, so wäre ihm die Ausreise aus Deutschland sicher verwehrt worden. Somit bot ihm die illusionäre Qualität Neptuns einen Vorteil.

In Princeton, New Jersey hatte Einstein ein Mond-Quadrat zum Aszendenten (Orbis 1° 30“), ein weicher Winkel, der anzeigt, daß die Öffentlichkeit (Mond) durch seine Auffassung etwas aufgescheucht wurde. Den Haupteinfluß nimmt die Sonne, welche in Konjunktion zum Osten steht (Orbis 0° 38’) und außerdem zu den drei Planeten zählt, die dem Horizont am nächsten sind. Der durchdringende Geist seiner Persönlichkeit konnte erstrahlen und er erlangte weltweite Popularität. Die Sonne im Osten befindet sich an ihrem natürlichen Ort, dort wo sie aufgeht und durch diese Plazierung gewann Einstein starke Vitalkräfte und viel Selbstvertrauen. Die Sonne befindet sich 4.7° und Uranus 4.5° unterhalb des Horizonts, Jupiter steht zudem 6.1° oberhalb des Horizonts, was eine Kombination mit bemerkenswerten Erfolgsaussichten darstellt: Uranus symbolisiert Einsteins neue Ideen in der Physik; die Sonne versinnbildlicht seine individuelle Schöpferkraft; Jupiter repräsentiert den abstrakten Verstand und den Erfolg aller seiner Unternehmungen.

Venus bildet eine Konjunktion zum Punkt der Sommersonnwende, was sein persönliches Leben sehr sensibel und empfindlich, aber gleichzeitig auch sehr produktiv verlaufen ließ. Er ging mit ganzem Herzen an seine Arbeit und hatte viele eindrucksvolle soziale Begegnungen. Mittels Venus konnte er seine Gefühle zum Ausdruck bringen und er pflegte einen herzlichen Umgang, was für einen Wissenschaftler eher untypisch ist.

Mark Twain

Mark Twain wurde in Florida, Missouri am 30. November 1835 um 4h 45m LMT geboren (laut Huggins in der Zeitschrift *Astrology*, Ausgabe Januar 1970).[79] An seinem Geburtsort hatte er nur zwei schwache Winkel: Mond im Trigon zur Spitze des 10. Hauses, allerdings mit einem Orbis von 1° 45' (siehe Abb. 45). Diese Aspektverbindung mag ihm intuitive Eindrücke über sein Lebensziel verliehen haben. Da auch Merkur einen Aspekt zu dem 10. Haus bildete, nämlich ein Quadrat mit 1° 23' Orbis, so könnte hieraus sehr wohl die Idee zum schreibenden Beruf entstanden sein, aber nicht unbedingt die Möglichkeit zum Ausdruck der eigenen Persönlichkeit. Er wuchs in Hannibal am Fluß Missouri auf, das ungefähr 50 km nordöstlich von Florida, und damit gleichzeitig auf der azimutalen Neptunlinie, liegt. Die reine Fiktion entspringt einer aktiven Vorstellungsgabe, und so nimmt es kein Wunder, daß er die phantastischen Geschichten von Huckleberry Finn erdachte, der am Missouri aufwuchs.

Interessanterweise fand Mark Twain in dieser Region nicht seine wahre Bestimmung. Einer der Gründe hierfür könnte sein, daß Saturn 8° über dem Osthorizont stand, während sich Merkur 7° unterhalb desselben befand. Diese Kombination kann tiefschürfendes Denken erzeugen, vor allem wenn beide Gestirne im Osten stehen, der Richtung des Luft-Elementes. Doch dieses Talent wurde nicht tatsächlich verwirklicht, da der Abstand zum Horizont zu weit war. Dazu kam außerdem der Verzögerungseffekt von Saturn.

Ganz hilfreich an diesem Aufenthaltsort war für ihn Jupiter im 7. Haus des Standorthoroskops und in Opposition zum Punkt der Sommersonnwende. Dies ist ein Indiz dafür, daß sich praktische Erziehung und materieller Wohlstand, ebenso auch geistige Reife aufgrund guter Beziehungen ergaben (oder vielleicht durch eine Reise nach Westen). Mark Twain reiste in der Tat nach Westen und verbrachte nach einem Zwischenaufenthalt in Nevada einige Zeit in San Francisco. Die Azimut

Abb. 45: **Mark Twain.** Quelle Mark Edmund Jones, *Sabean Symbols,* 1953.

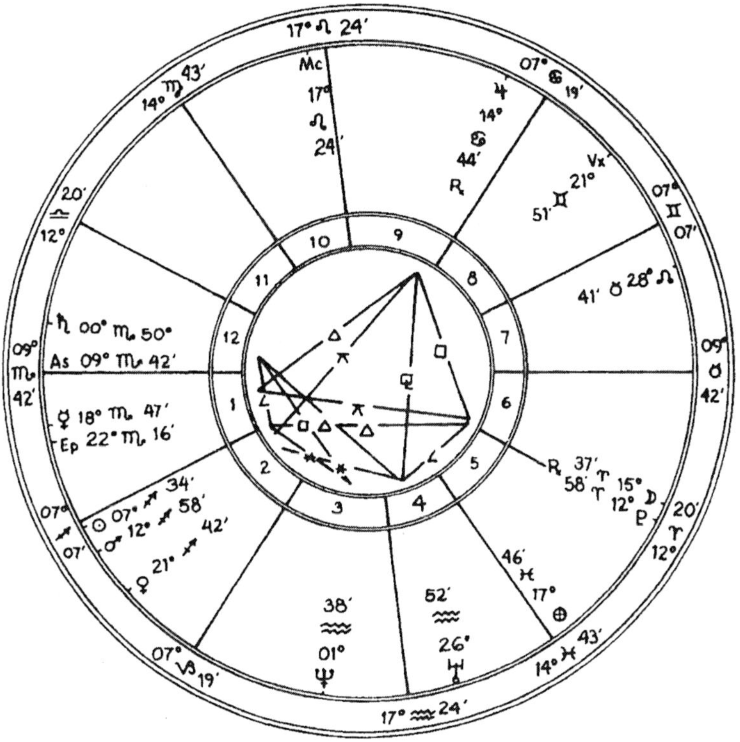

in dieser Richtung zeigen eine außergewöhnlich starke Verbindung von fünf Linien: Sonne, Venus, Merkur, Mars und Pluto. Da er sich auf derart vielen Linien gleichzeitig bewegte, kann man mit Sicherheit annehmen, daß er aus mehreren Gründen aufbrach. Dabei kam die Marslinie der Azimut-Richtung von Hannibal nach San Francisco am nächsten. Konkretes Handeln mußte eingeleitet werden, um einer eindringlicheren (Pluto), geistigen (Merkur), sozialen und finanziellen Realität zum Durchbruch zu verhelfen.

Sein Relokations-Horoskop für San Francisco strotzt geradezu an Aktivität. Den stärksten Einfluß hat der Mond, der dort nur 0° 23' über dem Westhorizont steht. Mitmenschliche Begegnung auf tiefer liegenden Ebenen findet statt, ebenso spielen starke Emotionen eine gewichtige Rolle. Viele Frauen traten zu dieser Zeit in sein Leben, es könnte auch zuviel des Guten gewesen sein, weil dadurch häufige Veränderungen und Abhängigkeiten verursacht wurden.

Jupiter stand 6° 30' vom Süden entfernt — nicht gerade ein starker Winkel, aber immerhin ein Einfluß, der in Maßen sein Berufsleben verbessern konnte. Drei andere günstige Faktoren traten ins Blickfeld: Jupiter/Aszendent-Quadrat (1° Orbis), Merkur/MC-Sextil (1° Orbis) und Mars/AC-Sextil (2° Orbis), nicht zu vergessen die Konjunktion von Merkur mit dem Osten (5.2° Orbis). Bei all diesen Konstellationen in Verbindung mit Jupiter und Merkur erhebt sich zwangsläufig die Frage: Warum ist Mark Twain nicht in San Francisco geblieben? Die Antwort liegt in den verbleibenden zwei Planetenstrukturen. Saturn steht nur 0° 20' vom Osten entfernt, wodurch er viel wirkungsvoller in Erscheinung tritt als Merkur, der einen Abstand von 5° zum Osten hat. Wie ich schon in Kapitel 3 sagte, ist dies »der Gegensatz eines warmen und freundlichen Platzes« (vgl. S. 93). So ganz aus dem Zusammenhang gerissen mag dies etwas schroff klingen, da Saturn ja konstruktiven Einfluß darauf hat, daß wir praktischer, verantwortlicher und realistischer werden. Der andere Störenfried ist die Konjunktion von Pluto mit der Spitze des 7. Hauses (2° Orbis), eine Plazierung, die es möglich macht, daß kleine Tyrannen mit deiner Schwäche spielen können. Ohne Zweifel lernte Mark Twain in diesem Bereich verschiedene wichtige Lektionen, aber die exakten Winkelbeziehungen von Saturn und Pluto überwogen vermutlich die Aspekte von Mond, Merkur und Jupiter.

Mark Twains nächste größere Station war Buffalo, New York, das er auf seiner Jupierlinie anreisen mußte. Dies ist ein klarer Hinweis auf Erfolg und auf einen Lebensabschnitt voller Aufschwung.

In Buffalo stand Merkur am Aszendenten (1° Orbis), eine gute Position für schriftstellerische Betätigung, und genau dies verwirklichte er auch. Allerdings war Buffalo nicht dazu auser-

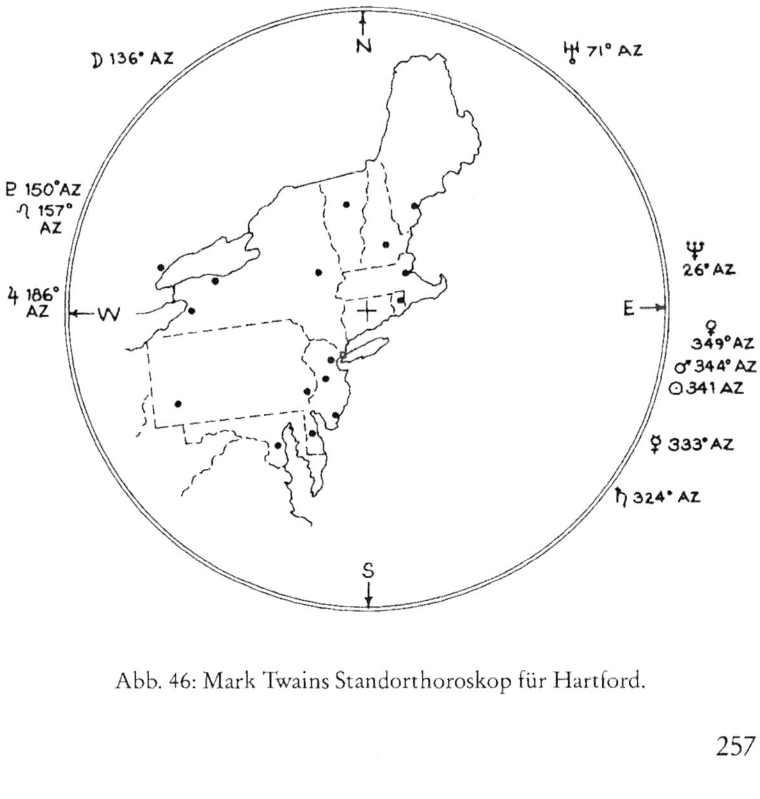

Abb. 46: Mark Twains Standorthoroskop für Hartford.

sehen ihm für längere Zeit eine Bleibe zu bieten. Dafür gibt es eindeutige Gründe, so zum Beispiel stand Uranus 3° vom Norden entfernt, d.h. an der Spitze des 4. Hauses. Dies sind sehr zerstörerische und zerrüttende Wirkkräfte, vor allem bezüglich des Heims und Berufs. Ein weiterer unbequemer Aspekt war Saturn, 1° vom Punkt der Wintersonnwende entfernt. Dieses Energiefeld kann großartig für Kontrolle und Konzentration sein, genauso kann es sich andererseits depressiv und restriktiv auswirken — was sicher nicht dem Lebensstil Mark Twains entsprach.

In Hartford, Connecticut, verbrachte er seine produktivsten Jahre als Schriftsteller. Beim Umzug dorthin legte er eine kurze Distanz auf vielen verschiedenen und gebündelten Linien zurück, so daß sich die Bewegung nur schwer interpretieren läßt.

Aber in Hartford rückt der Uranus weiter von der Spitze des 4. Hauses weg und auch Saturn entfernt sich um 3° von der Wintersonnwende, was dessen Zugriff deutlich abschwächt. Außerdem steht Merkur nicht mehr am Aszendent, aber er bleibt nach wie vor der dem Horizont am nächsten kommende Planet (wie bereits zuvor in Buffalo). Ein derart betonter Planet muß einen Mensch mit Schreibtalent regelrecht dazu drängen, es in die Tat umzusetzen. Die sanfte Einwirkung Saturns verlieh ihm zudem die genügende Disziplin für die Tätigkeit. Ein zusätzlicher Faktor ist hier das Sonne/MC-Quadrat mit 1° Orbis.

Mark Twain reiste mehrfach nach London, wobei er sich immer auf seiner Neptunlinie bewegte, eben jener Linie, die seine Vorstellungsgabe anregte, als er nach Hannibal umzog. Ohne Zweifel holte er sich auf diesen Reisen viele seiner Ideen für das Buch *Ein Yankee aus Connecticut an König Arturs Hof.*

Abb. 47: **Benito Mussolini.** Quelle: M. Gauquelin Nr. 1745, Vol.5

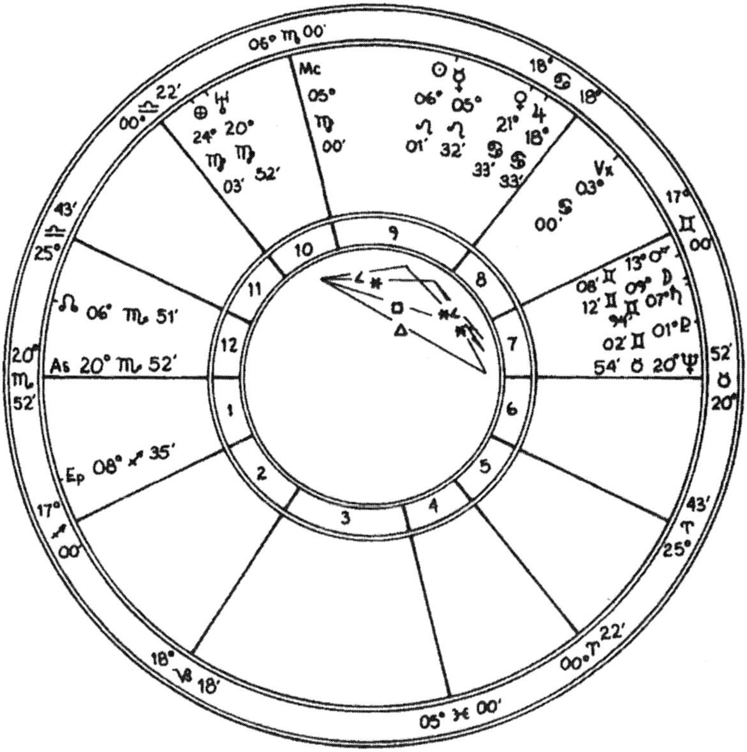

Vor einigen Jahren stieß ich bei der Lektüre eines Buches auf eine Episode, die mein erstes Interesse an Geo-Astrologie weckte, ja überhaupt an der Astrologie des Geburtsraumes. Es war Wilhelm Wulffs Werk *The Zodiak and the Swastika*, der darin einen Fall schilderte, welcher mich äußerst neugierig machte.

Wulff war einer der deutschen Astrologen, die während des Zweiten Weltkrieges von den Nazis zur Zusammenarbeit gezwungen wurden[81]. Er befand sich in Rom, als Mussolini entführt wurde. Das deutsche Oberkommando in Italien wollte den Duce unverzüglich wieder auffinden, aber niemand hatte eine Ahnung über seinen Verbleib. So sollte Wulff ihn mittels Astrologie aufspüren.

Wulff berichtete, daß er eine ostindische Technik zum Auffinden vermißter Personen benützt habe. Seine Berechnungen ergaben, daß sich Mussolini 120 km südöstlich von Rom aufhalten müsse. In diesem Bereich kam nur ein einziger Ort in Frage, nämlich die Insel Ponza, auf der Mussolini letzendlich auch gefunden wurde. Als ich einige Jahre später meine eigenen Berechnungen anstellte, kam ich auf 122,5 km SSO von Rom. Zunächst befürchtete ich einen Irrtum, da ich annahm, daß der Punkt bereits im Mittelmeer liegen könnte, doch er traf tatsächlich noch auf die Insel Ponza.

Mussolini wurde am 29. Juli 1883 um 14h LMT in Dovia la Pre geboren (Gauquelin)[79]. In seinem Umzugs-Horoskop für Rom stand Neptun in Opposition zur Sommersonnwende. Dieser Punkt tendiert dazu, Wachstum zu sensibilisieren, zu nähren und zu veranlassen. Deshalb wirkte Mussolinis Neptun an diesem Ort auch stärker als normalerweise. In politischen Zusammenhängen hat Neptun viel mit Spionage, Propaganda, Vorspiegelung falscher Tatsachen usw. zu tun. Außerdem stand der Neptun seines Geburtshoroskopes in Opposition zu seinem Radix-Aszendent (siehe Abb. 47). Mussolini war ganz offensichtlich recht bewandert darin, die Öffentlichkeit zu täuschen, oder aber die Probleme des Landes auf ausgewählte Sündenböcke zu projizieren. Die Praxis der Irreführung und Projektion sind schon seit langem als die unheilvollen Fähigkeiten Neptuns bekannt.

Abb. 48: Mussolinis Standorthorskop für Rom.

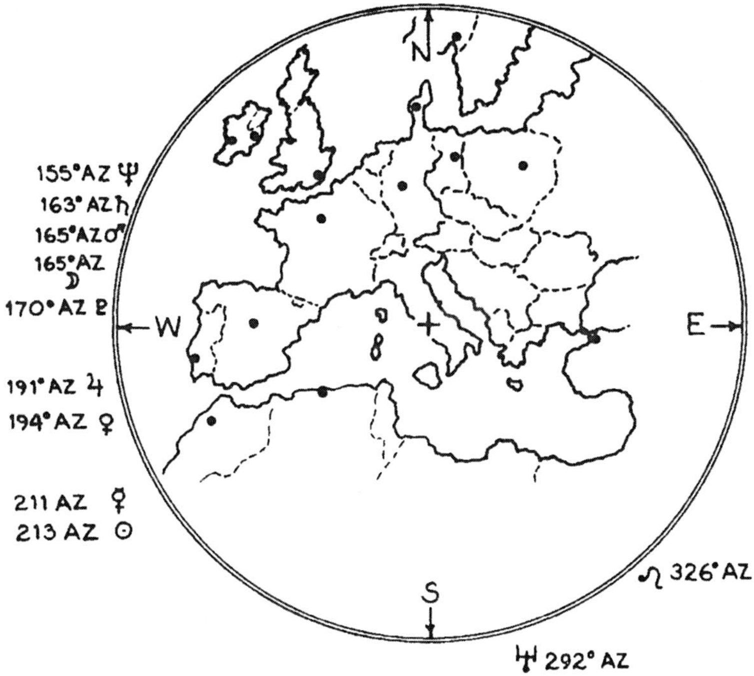

Napoleons wurde am 15. August 1769 um 11 h 52 LMT (korrigierte Geburtszeit[79], siehe Abb. 49) in Ajaccio auf der Insel Korsika geboren, der Sitz seiner Macht befand sich jedoch in Paris. Dort gewann er den stärksten Einfluß und errang seine größten Erfolge, und dies aus gutem Grund. Die Sonne steht hier mit 4° Abstand im Süden, und dies ist eine Stellung für Berühmtheit, Macht und Führerschaft. Außerdem liegt Jupiter 6° unter dem Horizont und Uranus 4° über dem Horizont. Jupiter und Uranus im Zusammenklang können plötzliche Erfolge in Machtbereichen, Geldangelegenheiten oder technischen Erkenntnissen bringen. Nun stimmt man mir sicher zu, daß Napoleon spontan zu Ruhm und Wohlstand gelangte, aber wo äußern sich seine technischen Begabungen? Abgesehen davon, daß er aufgeschlossen für fortschrittliches Denken war, wirkten sich seine technischen Talente vorwiegend in militärischen Zusammenhängen aus. Sein Umgang mit der Artillerie war hervorragend und innovativ, seine Kanonen und ihre richtige Aufstellung war oft entscheidend für den Sieg einer Schlacht. Darüberhinaus stand Pluto in Konjunktion zum Tierkreisgrad der Sommersonnwende, wodurch die Kraft des Todes und der Transformation auf Wachstum gelenkt wurde.

Zwei Ereignisse treten in Napoleons militärischer und politischer Laufbahn besonders deutlich hervor: der verhängnisvolle Rußland-Feldzug und die Niederlage von Waterloo. Saturn und Mond waren die Planeten, welche der azimutalen Verbindungslinie von Paris und Moskau am nächsten kamen. Der Abstand von Saturn ist besonders eng, weswegen wir seine Auswirkung als dominant in Erwägung ziehen müssen. Hätte Napoleon davon gewußt, so hätte er sicher seine Pläne geändert, denn mit Saturn im Gepäck erwarten einen Verzögerungen und Beschränkungen. Interessant ist, daß Napoleon alle Schlachten gewonnen, aber den Krieg verloren hat.

Die Horizont-Astrologie enthüllt zwei bedeutsame Faktoren, welche zu dem großen Verlust an Menschenleben und der

Abb. 49: **Napoleon I.** Quelle Weynn's Astrology, Juni 1944, korrigiert von Steve Cozzi.

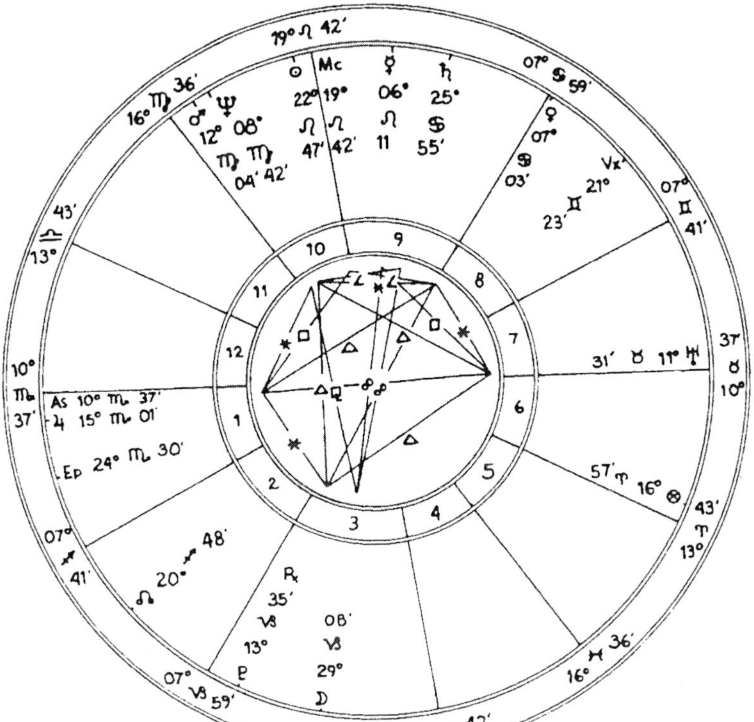

nachfolgenden Niederlage führen mußten. Zuerst einmal beging Napoleon mitsamt seinen Generälen den fatalen Fehler, dieselbe Route für den Rückzug zu nehmen, auf der sie nach Rußland eingedrungen waren, denn die Nahrungsvorräte der einheimischen Bevölkerung waren ja bereits im Sommer geplündert worden. Mit anderen Worten, das Verweilen auf der Saturnlinie provozierte geradezu das Unglück. Der Mond entspricht den Grundbedürfnissen wie Nahrung und Schutz, aber in Verbindung mit Saturn können sich deutliche Einschränkungen entwickeln — und in diesem Fall trat dies auch ein. Tausende seiner Soldaten starben den Hungertod und diejenigen, die überlebten, erfroren an der Kälte. Saturn ist ein kalter Planet und Mond ist ein Wasser-Planet; werden beide kombiniert, so erhält man gefrorenes Wasser bzw. Schnee. Im Herbst auf einer Saturnlinie nach Rußland einzumarschieren ist nicht vorteilhaft für Gesundheit und Erfolg.

Der Hauptvorstoß von Napoleons Armee ging bis Smolensk, ca. 300 km westlich von Moskau. Napoleon selber drang für wenige Stunden mit einigen Einheiten in Moskau ein, die Stadt als solche war jedoch nie von seinen Truppen besetzt.

Sein Relokations-Horoskop für Moskau deutet eigentlich auf große Erfolge hin. Pluto steht im Sextil zum Aszendenten und im Trigon zur Spitze des 10. Hauses mit 1° bzw. 2° Orbis. Jupiter steht in Konjunktion zur Wintersonnwende. Im Standorthoroskop für Moskau steht der Mars mit weniger als 1° Orbis in Konjunktion zum Süden/10. Haus. Dies ist eine ausgezeichnete Plazierung für militärische Eroberungen, vor allem wenn man noch die erwähnten Pluto-Winkel mit in Betracht zieht. Jupiter und Uranus sind sogar noch näher am Horizont als in Paris (Uranus 5,5° unterhalb, Jupiter 3° oberhalb).

Napoleon ist ein Musterbeispiel, um zu demonstrieren, wie das Reisen entlang von bestimmten planetaren Linien über einen längeren Zeitraum hinweg direkt auf die entstehenden Ereignisse einwirken kann. Seine Armee marschierte mehr als sechs Monate auf den Linien von Saturn und Mond und so kam es, daß er den Krieg verlor, obwohl er die meisten Gefech-

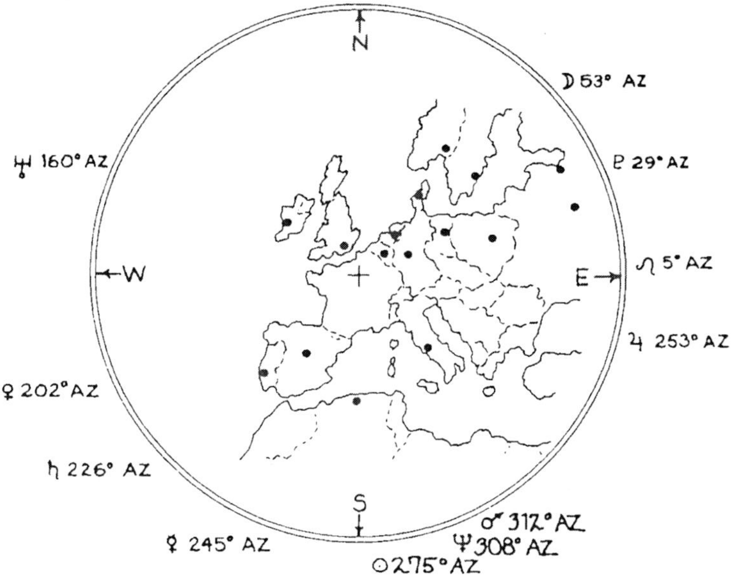

Abb. 50: Napoleons Standorthoroskop für Paris

te für sich entschied. Die Truppen hatten weder die körperliche Stärke noch die nötige Ausrüstung, um den russischen Winter überstehen zu können.

Historisch fügt sich die Niederlage von Waterloo in eine Reihe mit dem russischen Fiasko. Napoleons letzte große Schlacht wurde ungfähr 15 km südöstlich von Brüssel geschlagen. Zu Beginn des Kampfes (am 18. Juni 1815 um 11h 30m) stand der Mond im Nordosten (14° Azimut). Diese Himmelsstellung wäre nicht zwingend von Bedeutung gewesen, abgesehen von einer Tatsache: der transitierende Mond stand in Konjunktion zum Mond in Napoleons Ortshoroskop für Waterloo, der seinerseits eine Opposition mit Saturn hatte. Im Zusammenhang mit einer militärischen Attacke zeigt der Mond an, wo sich die schwache Stelle einer Armee befindet. Aus der Geschichte wissen wir, daß dieses Gefecht seinen entscheidenden Wendepunkt erreichte, als die französische Frontlinie im Nordosten (Mond) durchbrochen wurden. Gegen 20 Uhr war die Schlacht beendet und zu diesem Zeitpunkt stand die Konjunktion von Mars und Pluto im Nordosten — exakt über Napoleons Mond. Er versäumte es, die Schwäche des Nordostflügels seiner Linien zu bemerken und ein zweites Mal arbeitete seine Mond/Saturn-Opposition gegen ihn.

Anhang

Michael und Margaret Erlewine

Astrologie des Horizonts

I. Die Himmelssphäre

(aus: *The Astrology of Local Space*, Heart Center, 1977)

Die Himmelssphäre ist eine exakte Projektion der geographischen Sphäre und diese Tatsache läßt sich für einige sehr interessante astrologische Überlegungen mit in Betracht ziehen. Die Koordinaten auf dem Himmelsäquator werden in Rektaszension (vergleichbar den zodiakalen Längengraden) und Deklination gemessen. Dazu später mehr. Fürs erste wollen wir das Verhältnis zwischen dem Faktor Breite im Äquatorsystem (gemeint ist die Deklination) und den geographischen Breitengraden eingehender betrachten. Jeder Ort auf unserem Globus ist auf einem bestimmten Breitengrad zwischen dem Erdäquator und den Polen positioniert. Ann Arbor in Michigan, wo wir leben, liegt auf dem 42. Breitengrad nördlich des Äquators. Dieser 42. Breitengrad erstreckt sich kreisförmig rund um den Erdball, folglich liegen noch zahlreiche andere Städte auf 42° nördlicher Breite.

Das Interessante an dem Zusammenhang zwischen der geographischen Breite und der Deklination im Äquatorsystem ist nun, daß es einen Kreis von Fixsternen am Himmelsgewölbe gibt, der sich in einer Deklination befindet, welche der geographischen Breite deines Wohnortes entspricht. Die Sterne auf diesem Kreis sind die einzigen, die sich generell über deiner Stadt bewegen können und jede Parallele der geographischen Breite auf der Erde hat eine entsprechende Deklinationsparallele in der Himmelssphäre. Die folgende Abbildung A wird dies verdeutlichen. Ann Arbor befindet sich am Punkt *a* auf der rotierenden Erdkugel. Stern *a* steht senkrecht darüber im Zenit. Dreht sich die Erde nun weiter, so verschiebt sie Ann Arbor auf demselben Kreis zu Punkt *b* usw., bis schließlich wieder Punkt *a* erreicht ist. Es gibt noch einen weiteren Kreis von Sternen, der genau senkrecht unter Ann Arbor verläuft – auf einer Deklination von –42° (südliche Deklination). Jeder Platz auf der Erde kann anhand der Sterne und kosmischen Objekte beschrieben werden, die sich auf einem Deklinationskreis befinden, welcher seinem geographischen Breitengrad gleichkommt.

Was wir mit der Deklination in der Himmelssphäre gemacht haben, können wir genausogut mit der Rektaszension unternehmen, die zur Länge äquivalent ist. Die Rektaszension ist den Längengraden des Tierkreises ganz ähnlich, da ihr Maß ebenfalls 0° bis 360° umfaßt, *aber* sie wird entlang des Äquators und nicht an der Ekliptik gemessen. Auf die genaueren Unterschiede dieser beiden Systeme gehen wir später ein. Jetzt konzentrieren wir uns zunächst auf das Verhältnis zwischen der Rektaszension und dem geographischen Meridian, der vom Nordpol zum Südpol durch deinen Geburtsort verläuft.

Abb. B zeigt die Erde, auf der wir sowohl die Parallelen der geographischen Breite als auch die Meridiane der geographischen Länge eingezeichnet haben. Der Punkt *a* illustriert in diesem Beispiel eine Stadt im Mittleren Westen. In einem Atlas lassen sich ohne große Schwierigkeit Städte finden, die parallel auf derselben Breite oder auf dem gleichen Längengrad liegen wie dein Standort. Wir haben dies mittels kleiner Kreise in der Zeichnung markiert, welche andere Städte auf diesen beiden globalen Richtungen darstellen sollen. Wie schon gesagt, es gibt einen Ring von Fixsternen am Firmament, der dem Kreis der Breitengrade auf dem Erdball ähnelt. Dasselbe können wir uns für den Faktor Länge vornehmen. Tatsächlich machen wir dies ja bereits immer dann, wenn wir ein Geburtshoroskop berechnen und dabei die Sternzeit des Geburtsortes (LST, Local Sideral Time) oder die Rektaszension der Himmelsmitte (RAMC) fest-

Abb. A

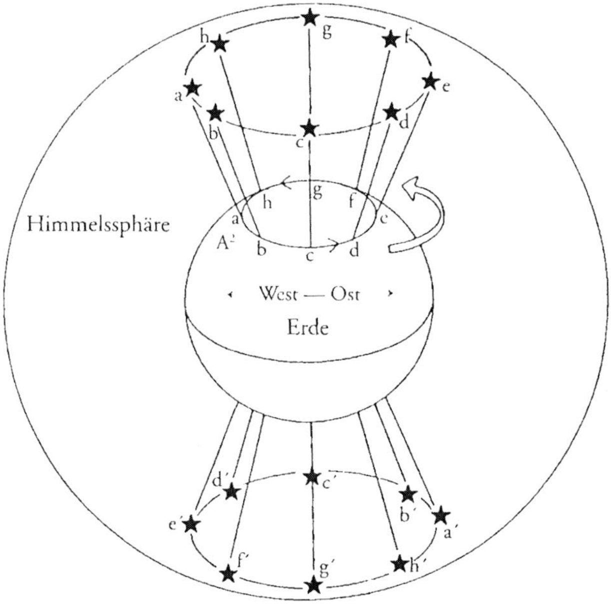

Himmelssphäre
West — Ost
Erde

Abb. B

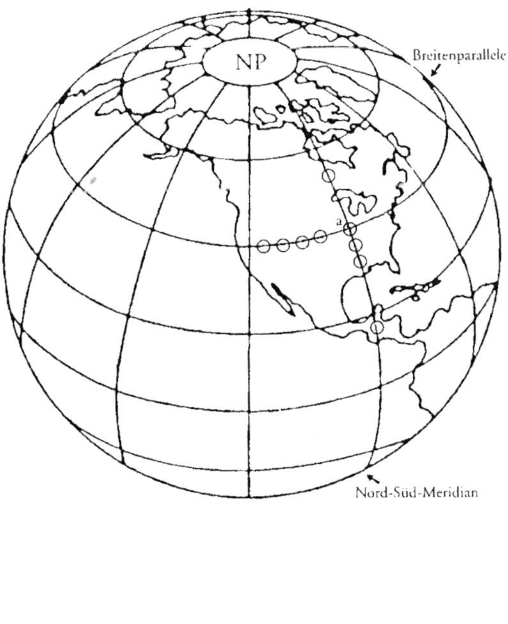

NP
Breitenparallele
Nord-Süd-Meridian

stellen. Wir stoppen die Bewegung der Erde und halten sie still, um zu sehen, welcher Teil des Himmels senkrecht über unserem Geburtsort steht; anders ausgedrückt, wir legen fest, in welche Richtung des Himmelsgewölbes die Erde zeigte.

Sobald wir die Sternzeit oder die RAMC der Geburt gefunden haben, können wir das entsprechende MC, den Aszendent und die Felderspitzen in der Häusertabelle nachschlagen. Wir können aber auch in Richtung der Gestirne über uns oder auf Sternkarten blicken. Unsere Sternzeit kann sowohl in Stunden/Minuten/Sekunden (H-M-S) ausgedrückt werden als auch in Grad/Minuten/Sekunden (D-M-S) des Bogens. Beide Einheiten finden sich auf den Sternkarten. H-M-S läßt sich ganz einfach in

Abb. C

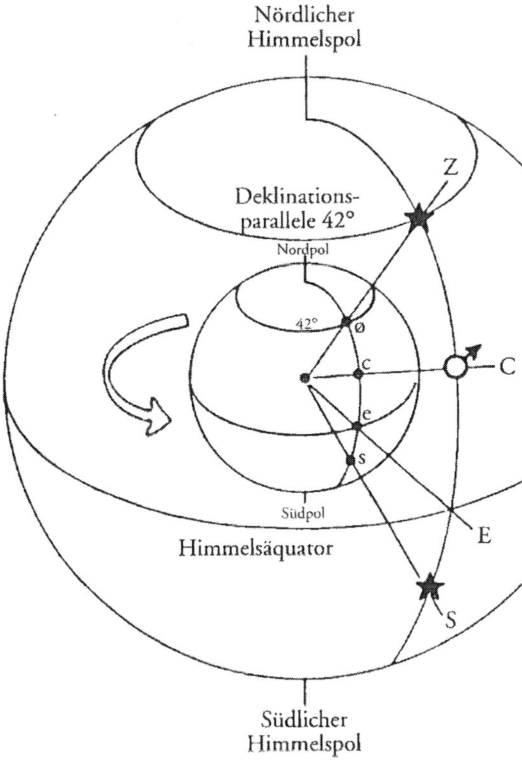

D–M–S konvertieren, indem man mit 15 multipliziert. Nun betrachte dein RAMC oder die LST auf der äquatorialen Sternkarte und stelle den Rektaszensions-Meridian fest, der zum Zeitpunkt der Geburt über dir stand sowie die Richtung ins Weltall, in die der Geburtsort deutete. *Alle* Sterne und kosmischen Faktoren, welche von oben nach unten entlang dieser Rektaszensionslinie anzutreffen sind, stimmen mit dem geographischen Meridian der Geburt überein. Zur Verdeutlichung wenden wir uns Abb. C zu. (1) Ann Arbor befindet sich auf der 42. Breitenparallele. (2) Der nord-südlich verlaufende geographische Längenmeridian (o,c,e,s) geht bei o durch Ann Arbor. (3) Dieser Längengrad entspricht den Punkten Z, C, E und S, wenn er in das All projiziert wird. (4) Sämtliche Punkte entlang dieses Himmelsmeridians sind auf den Längenmeridian von Ann Arbor ausgerichtet und stehen in Konjunktion mit diesem. (5) Lediglich Stern Z ist gleichzeitig auch in Konjunktion zur Deklination = dem Längengrad von Ann Harbor. (6) Der Planet Mars auf Punkt C stände südlich über Ann Arbor und senkrecht über einer Stadt am Punkt c. (7) Die Punkte Z, C, E und S wären allesamt in Konjunktion zur Himmelsmitte dieses Horoskops.

Wir hoffen, daß sie ein Gefühl dafür bekommen haben, wie diese Systeme miteinander verquickt sind. Vielleicht ist auch klar geworden, warum gerade die äquatorialen Koordinaten Rektaszension und Deklination für die Mundanastrologie so bedeutsam sind. Ganz eindeutig läßt sich damit jede planetare Position zu einem Ort auf der Erde mit Hilfe von Länge und Breite in Beziehung setzen und genau dies geschieht, wenn wir z. B. die Bedeckungszonen von Finsternissen verfolgen. Wir können an dieser Stelle nicht weiter ins Detail gehen, aber wenn sie das Grundverhältnis zwischen geographischer und mundaner (äquatorialer) Sphäre verstanden haben, entstehen viele interessante Ideen von alleine.

II. Die Astrologie von Ort und Raum

(Der folgende Artikel wurde erstmals 1977 im Cosmecology Bulletin *veröffentlicht. Zwar wurde auch früher schon mit dem Horizontsystem gearbeitet, aber Erlewine war der erste, der dieses weiter zur Standortastrologie ausformulierte. Die Kombination von Himmelspositionen der Sterne und Planeten mit den Richtungen des Globus wurde hier erstmals dargelegt.)*

Es scheint ganz verschiedene Ebenen oder Dimensionen in unserem Leben zu geben und, abhängig von der Klarheit des Tages, kann sich unser Bewußtsein auf ganz Irdisches bis hin zu gelegentlich transpersonalen oder kosmischen Bewußtseinsformen erstrecken. Es wird in heutiger Zeit etlichen Astrologen deutlich, daß die Vielschichtigkeit unseres Lebens eventuell am besten durch eine Reihe von unterschiedlichen Horoskopen dargestellt bzw. überprüft werden kann; sie stellen auch fest, daß der Versuch, alle Bereiche unseres Lebens und seine vielen verschiedenen Facetten allein aus dem geozentrischen Horoskop herauslesen zu wollen, mit frustrierenden Erfahrungen verknüpft sein kann.

Astrologen verwenden ständig drei verschiedene Koordinatensysteme bei der Erstellung eines Horoskopes (ob sie sich dieser Tatsache bewußt sind oder nicht). Nämlich 1. den Tierkreis bzw. die Ekliptik, 2. das Äquatorsystem (Rektaszension und Deklination) und 3. das Horizontkoordinatensystem. Die eigentlichen Unterschiede zwischen diesen verschiedenen Koordinatensystemen kennen die meisten nicht und sie werden wild durcheinander gewürfelt, um daraus eine Art Tierkreiskuchen zu rühren. Ich kam jedoch zu der Überzeugung, daß diese drei grundlegenden Bezugsebenen, nämlich Horizont, Äquator, Ekliptik, ja sogar die galaktische und die supergalaktische Ebene, symbolisch mit ganz verschiedenen Dimensionen und Stufen unseres Bewußtseins korrespondieren, genauso wie sich diese gegenseitig durchdringen. Besagte Bewußtseinsebenen lassen sich auseinander sortieren; und als Astrologen können wir lernen, diese unterschiedlichen Schichten separat zu lesen, trotzdem sie ineinander verwoben umfassende Dimensionen unserer Erfahrung sind.

Ich will es nochmals anders formulieren. Unser Universum und somit unser ganzes Leben läßt sich in astrologischen Begriffen beschreiben, wobei wir einen der möglichen fundamentalen Bezugsrahmen verwenden, also die Ekliptik, den Horizont usw. Die jeweiligen Bezugsebenen und ihre entsprechenden Koordinatensysteme sind mit verschiedenartigen Sprachen vergleichbar. Denn sie drücken den gleichen zeitlichen Augenblick, dieselben Planeten, ja das gesamte Universum aus, jedoch ordnet jede Sprache dieselben Objekte und Daten auf ganz *unterschiedliche* Weise, so als wollte sie ganz bestimmte Dimensionen der Realität über die normale Schwelle unseres Lebens und Bewußtseins tragen. Da unser Leben und Bewußtsein zumindestens durch mehrere ganz ausgeprägte Ebenen zu fließen scheint, sind wir der inneren Überzeugung, daß die einfühlsamste Methode zum Erfassen dieser Ebenen eine grundlegende Kategorisierung oder völlig eindeutige Bezugssysteme sind. Unser beinahe alleiniges Interesse an den Fixpunkten der Erdumlaufbahn — sprich der Ekliptik und die Bezugsetzung sämtlicher Aktivität auf diese Ebene — resultiert in einem Verlust an Kontrast und Dimensionalität, welche ja gerade der Gebrauch jener alternativen Koordinatensyteme bieten würde.

Man sollte wenigstens zwei grundsätzliche Tatsachen mit in Erwägung ziehen, wenn man die verschiedenen Koordinatensysteme untersucht, die sich in dem bekannten Axiom »wie oben so unten, aber auf andere Weise« zusammenfassen lassen. Der erste Faktor gibt einen Hinweis darauf, daß die verschiedenen Koordinatensysteme nach hierarchischen Gesichtspunkten geordnet werden können, und zwar gemäß einer sich aufbauenden und progressiven Umfänglichkeit. Anders ausgedrückt, das galaktische Koordinatensystem enthält das heliozentrische in sich, dieses umfängt das geozentrische, welches den Horizont in sich einschließt und so fort. Diese Erkenntnis repräsentiert den ersten Teil des Satzes *»wie oben so unten«*; die Vorstellung vom »Rad im Rad des Rades« ist sehr eingängig und populär, um die verschiedenen Stufen des Bewußtseins darzustellen. Der umfassendere, größere Zusammenhang, also das äußere Koordinatensystem, birgt in sich Informationen breiterer oder metaphysischer Art, im Vergleich zu einem spezielleren oder Untersystem, das weniger Informationen trägt.

Der zweite Faktor, der mit obigem Sprichwort erläutert werden soll, ist von gleicher Bedeutung, doch wird er weniger verstanden. Er bezieht sich auf die Aussage *»aber auf andere Weise«*. Die großen Bezugsrahmen und ihre entsprechenden Koordinatensysteme sind nicht nur ineinander verschachtelt, sondern sind auch anhand verschiedener Gesichtspunkte und Haltungen zueinander geneigt. Den Umgang und das Verständnis für das Wesen eines Untersystems wie der Ekliptik im Verhältnis zur Äquatorialsphäre zu erlernen, ist eben *nicht nur* eine Frage der Ordnung von Information in verschiedenen Wertigkeitsstufen; vielmehr bedeutet dies auch einen fundamentalen *Wandel der Einstellung*. Diese Verschiebung oder Neuorientierung der inneren Haltung ist ein ganz wesentliches Konzept, das Astrologen berücksichtigen und übernehmen sollten.

Ich möchte nun mit einer Analogie versuchen, diese unterschiedlichen Bezugsebenen in unserem Alltagsleben zu interpretieren. Wir werden uns in sozialen Zusammenhängen und aufgrund einer zunehmend ganzheitlichen Sichtweise immer deutlicher bewußt, daß die kosmische oder transpersonale Perspektive mit der Vorstellung der Expansion verbunden ist; aber wir haben auf eben dieser sozialen Ebene nicht in demselben Maße verstanden, daß solch ein Wandel der Stufenordnung auch einen grundlegenden Umschwung unserer Einstellung bedingt: eine fundamentale Änderung im Zugang zum Leben. Wir können nicht mehr länger in unseren früheren Richtlinien gefangen bleiben, vielmehr müssen diese sich radikal erneuern. Eine Umgestaltung der »Grundstufe« unserer Aktivität muß eintreten. Der Versuch, spirituelles Wachstum ausschließlich als eine Art ›Erweiterung‹ zu begreifen, führt darüberhinaus zu einem profunden Mißverständnis bezüglich der Frage, was spirituelles Wachstum überhaupt sei. Sehnsüchtig erwartet man, über bestimmte Bedingungen seiner alltäglichen Existenz hinauszuwachsen. Dies ist jedoch nur ein Ergebnis dessen, daß man es bislang ignoriert hat, Einstellungsänderung — den Wandel des Standpunktes und der Ausgangslage — herbeizuführen, welche jede echte spirituelle Entwicklung begleiten: eine nur sehr schwer vorstellbare und einzuschätzende Veränderung, um so mehr für jemanden, der sich nicht bewußt ist, daß dies ein natürlicher und erwarteter Teilaspekt jeder tieferen Initiation ist.

So weit zum Thema Metaphysik. Der Großteil meiner vergangenen Forschungen drehte sich um die Koordinatensysteme und die Lebensbereiche, welche sie beschreiben. Insbesondere mit den wechselseitigen Anlagen und Geisteshaltungen der Systeme befaßte ich mich. Ich muß eingestehen, daß der Grund für dieses Interesse darin zu suchen ist, daß ich mit einer sehr »schlechten« Einstellung zu einigen Lebensbereichen geboren wurde, so daß gewaltige Korrekturen meiner inneren Richtung notwendig waren, um überhaupt zu überleben. Ich möchte nochmals wiederholen: diese Koordinatensysteme sind großartige Sprachen oder Ordnungsmuster unserer gesamten Realität und jedes von ihnen läßt uns die charakteristische Gestalt der ganzheitlichen Dimension des Lebens erkennen.

Meines Wissens war L. Edward Johndro der erste neuzeitliche Astrologe, der sich ein Leben lang um die Verständlichkeit des Unterschieds zwischen vollständigen Koordinatensystemen (Ekliptik und Äquator) bemühte. Und meiner Meinung nach dürfte sich die endgültige Einschätzung von Johndros Werk nicht so sehr auf seinen technischen Genius beschränken, sondern müßte auch das Verständnis seiner Vision mit einbeziehen. Und hier ist wohl vornehmlich seine Erkenntnis maßgebend, ganz klar zu unterscheiden, ob Ereignisse auf der Ekliptik oder auf dem Äquator gedeutet werden. Seine Untersuchungen wurden unter anderem von Charles Jayne und Theodor Landscheidt übernommen und weiter vorangetrieben. Meine Forschungen am Heart Center konzentrierten sich zunächst auf die Besonderheiten und das Verhältnis von geozentrischer zu heliozentrischer Ekliptik, später rückte dann die Frage der kosmischen Strukturen in den Vordergrund. Hierbei ging es mir insbesonders um den Versuch, die Bedeutung und die Wechselbeziehung von galaktischer und supergalaktischer Ebene sowie ihr Verhältnis zum Tierkreis zu bewerten. Mit diesen Gedanken im Hinterkopf können wir uns an die nähere Betrachtung des faszinierendsten Koordinatensystems machen: den Horizont. Ich bezwecke keineswegs, hier die Gültigkeit dieses Systems aufgrund meiner vorläufigen Untersuchungen zu belegen oder gar zu beweisen. Ich beabsichtige lediglich, meine Eindrücke wiederzugeben, die ich im Hinblick auf jene Lebensbereiche gewonnen habe, welche sich im Horoskop der räumlichen Umgebung erfassen lassen. Außerdem möchte ich den Interessierten die Grundlagen zur Berechnung bereitstellen.

Einfach gesagt ist das Horizont-Horoskop eine Aufzeichnung der 360° des Horizonts, welche ein (Geburts)-Ereignis umgeben ... so wie wir um uns herum in die verschiedenen Himmelsrichtungen blicken. Bei diesem Koordinatensystem ist der Horizont des Beobachters die zugrunde liegende Bezugsebene, auf die sich alles beruft; die Positionen der Planeten, so wie sie vor diesem Standpunkt erscheinen, werden mittels der Koordinaten »Azimut« und »Höhe« auf den Horizont projiziert. Azimut entspricht in diesem System der Länge im Tierkreis und wird für unsere Zwecke vom Osten ausgehend und entgegen dem Uhrzeigersinn nach Norden usw. gemessen. Die Höhe, analog zur Breite der Ekliptik, wird über und unter dem Horizont (bis hin zu den Polen) von 0° bis 90° gemessen. Auch wenn ich mich wiederholen sollte, so möchte ich nochmals darauf hinweisen, daß bei diesem Horoskopbild *der Horizont dem ganzen Azimut-Kreis entspricht* — und nicht nur der Achse von 1./7. Haus, welche wir durch unsere astrologischen Gewohnheiten häufig ausschließlich annehmen. Das ergibt die sichtbare Perspektive einer »flachen Erde« und der sichbare Horizont wird zu einer Art »magischem Kreis«. Die Tradition lehrt uns über den magischen Kreis folgendes: man stellt sich den Kreis als den Äquator einer Kugel vor, welche sich über und unter der Ebene des örtlichen Horizonts erstreckt (der scheinbare oder gedachte Horizont schneidet die unendliche Kugel in sich deckenden Kreisen). Hier liegt im Raum eine Karte von einem Ereignis vor — das einer topozentrischen Perspektive bzw. einem lokalen Zentrum gesehen; dies entspricht einer Astrologie des lokalen Raumes (Local Space) oder Standorts.

Bevor wir ganz in die für diese neue Dimension des lokalen Raumes nützlichen Techniken eintauchen, hier unser allgemeiner erster Eindruck, also unser Gefühl, welche Lebensbereiche von diesem Koordinatensystem am ehesten betroffen sind. Der wichtigste Faktor und der Schlüsselbegriff, den man braucht, um die besonderen Qualitäten des Horizont-Horoskops zu verstehen, lautet, daß *jedes Objekt* — sowohl am Himmel wie auf der Erde — in diesem Horoskop einen gleichwertigen Rang einnimmt. Nicht nur Planeten und Sterne, sondern gleichermaßen auch Städte, Länder, ja sogar Wassertürme oder das Haus des Nachbarn kann darin widergespiegelt werden. Wir können z. B. in unser 7. Feld umziehen oder dort hinspazieren. Und noch erstaunlicher, wir können mit unseren Natalplaneten reisen, denn sie repräsentieren auch eine Himmelsrichtung im Horoskop des lokalen Raumes. Hier, in dieser unglaublichen Vermischung der Bezugsebenen und Objekte, beginnt sich eine merkwürdige, und ich gestehe, irgendwie magische Weltsicht herauszuschälen: denn jede Stadt und jeder Freund wird zu einem strahlenförmigen Einflußzentrum. Hier gewinnt die lange Geschichte von Magie, Hexenkult und Zauberei zum ersten Mal eine praktische Realität, in der lokale Gottheiten und bevorzugte Richtungen zur Regel werden. Der psychedelische Charakter der Horizont-Horoskope ist unmißverständlich und scheint dem System innezuwohnen. Die Welt erscheint aus dieser Perspektive als eine Art riesiger Talisman und gewaltiger Ritualplatz. Ein populäres Bild, welches unserem modernen Bewußtsein geläufig ist, und dieser Vorstellung am nächsten kommt, ist die außergewöhnliche Welt des Don Juan, wie sie von Carlos Castaneda beschrieben wurde. Hier existiert jedoch keine »subtile Ebene«, sondern eine persönliche Landschaft wird mit kühnen und klaren Strichen gemalt. Eine Welt, in welcher der moderne Mensch lernt, sich in endloser Anpassung und Einstimmung auf seine Wurzel, sein Selbst, über die Erdoberfläche zu bewegen. Individuen, die auf einem Schachbrett in bestimmte Richtungen getrieben werden, des Widerstandes unfähig, weil sie zu einem Ziel reisen, das weder ein besonderer Ort auf der Erde noch eine innere Ausrichtung ist: die Richtung einer Kraft oder eines Planeten. Oder in Don Juans Worten ausgedrückt: »Dort! Wo die Kraft lauert.« Hier haben wir vielleicht das primitivste System, in dem das Offensichtliche entthront und das Subtile überflüssig wird. Nachfolgend nun einige spezielle Verfahrensweisen für diese Horoskope.

Nachdem du den Berechnungsvorgang gemeistert hast (es gibt auch schon Computerprogramme) und den 360° Kreis angelegt hast, stellen sich dir vielleicht einige Fragen. Hier ein paar Anregungen. Vergleiche die Planeten des Horizont-Horoskops mit deinem geozentrischen Geburtsbild, und du wirst unmittelbar feststellen, daß die jeweiligen Winkelverbindungen sich unterscheiden können. Auch die übergreifenden Aspektmuster können andere Qualitäten annehmen. Ein Planet, der im Radix überhaupt nicht auffällig in Erscheinung tritt, kann beim Horizont-Horoskop im Mittelpunkt stehen; vielleicht hast du die Bedeutung dieses kosmischen Faktors für den Geborenen intuitiv schon erahnt, aber keine Deutungsgrundlage für deine Empfindung feststellen können.

Bisher spielte das Horizont-Horoskop im Verhältnis von Astrologe zu Klient die allerwichtigste Rolle bei örtlichen Veränderungen. Eine der meist gestellten Fragen an den Astrologen lautet: wo wäre ein guter Ort zum Wohnen? Bislang hatte ich immer mit der ziemlich gut brauchbaren, traditionellen Relokationstechnik gearbeit, indem ich das RAMC das Geburtsbildes auf den neuen Aufenthaltsort ausgerichtet habe und so zu einem neuen Aszendenten gelangte. Die Positionen des Natalhoroskopes wurden dann in Verbindung mit den neuen Häusern gedeutet. Das Horizont-Horoskop ist von Natur aus schon dazu geeignet, kosmische *und* geographische Positionen in einer Zeichnung zum Ausdruck zu bringen, wodurch es uns einige Ideen nahebringt, die wir von anderen Methoden her noch nicht kannten.

Radix-Horizont-Horoskope

Abgesehen von den planetaren Winkeln gibt es zwei Indikatoren, die wir beim Horizont-Horoskop besonders im Auge behalten sollten: 1. ein Planet steht nahe des Horizonts (sprich er hat eine geringe Höhe) und 2. ein Planet steht in Konjunktion zu einer der Kardinalrichtungen. Es ist immer lohnenswert zu notieren, welcher der Planeten am dichtesten beim Horizont steht, selbst wenn er keine Konjunktion hat. Bislang verwende ich auch für Azimut die üblichen Orben, obwohl ich in dieser Hinsicht noch keine endgültige Regel gefunden habe. Ferner empfiehlt es sich, den Planeten mit der größten Elevation (also dem weitesten Abstand vom Horizont) zu kennzeichnen. Die Bedeutung von Parallelen und Kontraparallelen dürfte hier allerdings etwas anders zu verstehen sein, da sie keine übereinstimmenden Bögen (aufgrund fortschreitender Zeit) beschreiben, so wie dies bei den Parallelaspekten von Deklinationen der Fall ist.

Als nächstes können wir zu einer Methode übergehen, die zum Kern dieser Horoskope vordringt. Am besten wir haben unser Radix-Horizont-Horoskop mit den eingezeichneten Planeten vor uns liegen. Wie ich schon weiter oben sagte, können wir auch die geographischen Positionen von Städten darin abtragen. Wir sollten uns jetzt also daran machen, alle wichtigen Orte in unserem bisherigen Leben auf diese Radixzeichnung zu übertragen; dabei sollten wir uns nicht nur auf Orte beschränken, an denen wir gelebt oder die wir besucht haben, sondern auch Städte, die wir schon immer gerne einmal gesehen hätten, kommen in Frage; genauso Orte, in denen gute Freunde oder deren genaues Gegenteil leben, wo wir gute Geschäftsbeziehungen haben usw. Sodann untersuchen wir diese Plätze auf ihre Stellung (oder Richtung) im Horizont-Horoskop mit folgenden Gedanken im Hinterkopf: Bilden diese Städte einen Winkel, insbesondere eine Opposition oder Konjunktion? Stehen sie in einer Ausrichtung mit bestimmten Planeten des Horoskops? In welche Quadranten und Häuser fallen diese Orte? Wir haben herausgefunden, daß sich die Geborenen oftmals Städten zuwenden, die in der Richtung des Planeten liegen, dessen Energie sie gerade benötigen. Jemand, der beispielsweise den Schlüssel zum Erfolg an sich ziehen möchte, den man oft durch Jupiter erlangt, kann einen oder sogar mehrere Umzüge in dieser Richtung machen. Auch wenn das Grundkonzept so simpel ist, daß es schon beinahe peinlich wirkt, so hat sich diese Technik dennoch als äußerst wertvoll erwiesen. Und auf jeden Fall ist der Wert eher *substantieller* als hypothetischer Natur. Letzeres trifft zum Beispiel auf einige schwerfällige und erztraditionelle Ortsregenten oder vermutete Gründungsdaten von Staaten zu, die meistens sehr beliebig zustande gekommen sind. Das komplexe und verwirrende Jonglieren mit all diesen Faktoren scheint mir ein sehr trügerischer Zugang zum Problem des Standortes zu sein und die Ergebnisse eher versuchsweise und zufällig. Das Horizont-Horoskop kann dagegen wenigstens eine konkrete, meßbare Reaktion des Individuums und den wesentlichen Charakter des Platzes anzeigen – und Plätzen wohnt ein solcher ohne Zweifel inne, denn bei einer Auswahl von Menschen wird jeder von seiner Veranlagung her sehr anders auf einen Ort reagieren. Mehr noch, jeder wird zu anderen Zeiten und unter anderen astrologischen Bedingungen verschieden handeln. Obwohl die Mathematik hinter dieser Technik etwas kompliziert ist, so gestaltet sich die praktische Anwendung recht einfach; und dies trägt viel zu ihrer Empfehlung bei.

Ortsveränderung im Horizont-Horoskop

Nachdem die Grundinformationen des Radix-Horizont-Horoskopes einbezogen wurden, könnten wir weitere Zeichnungen für die diversen Orte erstellen, welche der Geborene bereist oder an denen er gelebt hat. Solche Horoskope kommen einer Berechnung der Geburtszeit auf den jeweiligen Ort gleich, so als ob man dort geboren worden wäre. Dies bringt eine Umwandlung der Planetenpositionen des Radix-Horoskops mit sich, sowie eine Verschiebung dieser um die Hauptachsen. Neben der anfänglichen Direktion des Grundhoroskopes empfiehlt es sich, noch weitere Faktoren zu beachten.

Durch eine Verlagerung des Wohnortes kann ein Planet oder auch eine Stadt näher an den Horizont gerückt werden (oder weiter weg). Wir haben herausgefunden, daß eine Planetenkraft in der Nähe des Horizonts höchste Konzentration erlangt und sich am aktivisten in dem Geborenen entfaltet. Anders ausgedrückt, wir können unser Geburtsbild und uns selber durch eine Verlegung des Aufenthaltsortes korrigieren, ähnlich wie wir ein Musikinstrument stimmen. Noch ein anderes Ziel läßt sich durch einen Ortswechsel erreichen: eine noch weiter entfernte Stadt könnte jetzt in den Brennpunkt rücken (auf die Hauptachsen oder durch einen Winkel) und einen *zweiten* Umzug in diese Richtung ermöglichen. Dies verändert und modifiziert die psychische Interaktion von Mensch und Ort, indem die Richtung der Annäherung verändert wird. Der Effekt, welcher dabei zustande kommt ist ein ganz anderer, als wenn er durch direkten Zugang hervorgerufen worden wäre. Etwas von der magischen Qualität der Dimension läßt sich an dem schachbrettartigen Weltbild ersehen, das entsteht, sobald die Menschen nicht mehr nur im Hinblick auf ihre kosmische Energie umziehen, sondern sich die jeweils günstigste Ausgangsposition verschaffen, um sich beim Umzug die beste Resonanz zu ermöglichen. Neben der Energiekonzentration um die Hauptachsen und die Planeten, können wir die Aspekte und Winkelstrukturen des Radix-Horizont-Horoskops mit denen des verschobenen Horizont-Horoskops abgleichen, Veränderungen der Elevation beobachten usw. Ein anderer sehr interessanter Punkt, der sich in unserer Arbeit als recht brauchbar erwiesen hat, war die vergleichende Untersuchung der Winkelverbindungen zwischen Radix-Horizont-Horoskop und Umzugs-Horizont-Horoskop, vor allem wenn gegenseitige Konjunktionen vorliegen. Wie mir Charles Jayne erklärte, läuft dies letzten Endes auf eine Progression des Horoskopes durch den Raum anstatt durch die Zeit hinaus (eine elegante Vorstellung). Wir fanden bei dieser *räumlichen Progression* heraus, daß sowohl Konjunktionen als auch Oppositionen äußerst signifikant sind.

Soweit also die Grundideen, die wir bis jetzt herausgearbeitet haben — und die Nützlichkeit dieser astrologischen Betrachtungsweise dürfte dadurch klar geworden sein. Wir haben diese Horoskope in unserer Praxis mit Erfolg eingesetzt und festgestellt, daß sich viele Menschen intensiv damit befassen, wo sie wohnen möchten, um ihr Leben zufriedenstellend gestalten zu können. Vielleicht entwickelt der moderne Mensch sogar ein intuitives Gespür für eine Selbstanpassung durch den Ortswechsel. Es scheint so, als ob man verschiedene Anlagen des Geburtsbildes durch eine Regulierung des Aufenthaltsortes bereichernd ausbilden oder vervollständigen kann, indem man die benötigten Energien an einem Platz und zu einem bestimmten Zeitpunkt sammelt und sich für einen neuen Lebensabschnitt rüstet. Aber bevor diese Technik allgemeine Verbreitung finden kann, brauchen wir erst einmal leicht zugängliche und auf Azimut und Höhe berechnete Ephemeriden, damit sich nicht jeder Astrologe mit komplizierten trigonometrischen Berechnungen herumschlagen muß. Ich hoffe, daß jemand den Mut dazu aufbringt und die Astrologie der persönlichen Koordinaten erforscht.

III. Horizont-Astrologie

(aus: *Circle Books Astrological Calender*, 1978)

Ich möchte sie mit einer (für mich) vollkommen neuen Methode zur astrologischen Selbsterkenntnis bekannt machen, welche auch eine ganz andere Zeichnung unseres Geburtsbildes zur Folge hat: es wird der den Geburtsort umgebende Raum abgebildet. Diese Form der topozentrischen Astrologie nennen wir Local Space oder Standort-Astrologie. Zunächst möchte ich erzählen, wie ich damit in Berührung kam.

Ich war damit beschäftigt, ein Verständnis für die vielen verschiedenen gebräuchlichen Häusersysteme zu entwickeln, quasi um zu entscheiden, welches davon für meine Zwecke das beste ist. Über Jahre hinweg hatte ich auf Häuser ganz verzichtet und ausschließlich mit den zwei Hauptachsen gearbeitet — gewissermaßen aus einer Protesthaltung gegenüber der mangelnden Entschlußfähigkeit der Astrologen in Sachen Häuserteilung heraus. Es kam mir äußerst merkwürdig vor, daß es so viele konkurrierende Häusersysteme gab. Lange mangelte es mir an dem notwendigen mathematischen Hintergrundwissen, um entscheiden zu können, welche Häuser denn nun »Sinn« für mich machten. Ich konnte nur über die Vorzüge der jeweiligen Häusereinteilung lesen und diejenigen beim Wort nehmen, die es offensichtlich wußten. Also entschied ich mich für Campanus Häuser, weil viele der Astrologen, denen ich großen Respekt entgegenbrachte dieses System am häufigsten benützten. In der Zwischenzeit hatte ich mit meinem Taschenrechner genügend sphärische Trigonometrie gelernt, um den Versuch zu unternehmen, das Geheimnis der Häusersysteme zu lüften.

Ich habe immer langsam gelernt; also setzte ich mich mit einer äquatorialen Sternkarte hin und versuchte graphisch die verschiedenen Methoden der Teilung von Raum und Zeit nachzuzeichnen — in der Hoffnung auf die Erleuchtung, welche Häuser denn nun am geeignetsten wären. Selbstverständlich wollte ich die verschiedenen Varianten anhand meines eigenen

Horoskopes ausprobieren, was sich jedoch recht kompliziert gestaltete. Ich mußte mittels der sphärischen Trigonometrie die 360° meines Radix-Horizontes berechnen und die Kurvenlinie auf die Sternkarte übertragen (siehe Abb. D) Alle Häusersysteme stimmten hinsichtlich der Gültigkeit des Horizonts überein und so war ich der Meinung, dies wäre der Punkt zum Beginnen, was sich als sehr wertvolle Übung herauskristallisierte. Mir wurde sehr bald bewußt, daß für den Astrologen — einerlei mit welcher Häuserteilung er nun arbeitete — nicht der Horizont als solcher von Interesse war, sondern lediglich die wenigen Punkte, wo sich Horizont und Ekliptik kreuzten. Anders ausgedrückt haben Häusersysteme mit der unterschiedlichen Art und Weise zu tun, wie bedeutungstragende Linien ausge-

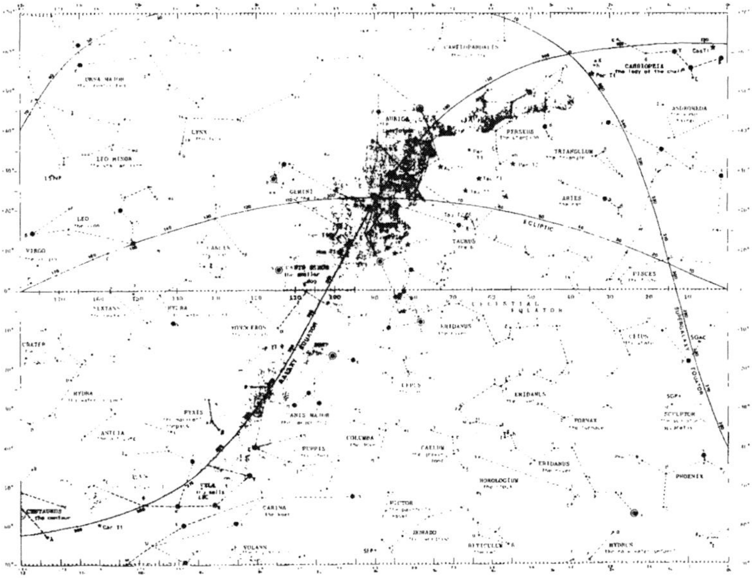

Abb. D: Sternkarte

strahlt werden, um den Tierkreis zu schneiden. Und genau diese Schnittpunkte sind dann die Spitzen bzw. sensitiven Punkte für den Betroffenen, so eine Art astrologische Akupunkturpunkte.

Die Darstellung der einzelnen Häusersysteme auf der Karte half mir zu verstehen, um was es sich bei den Häusereinteilungen im Grunde handelte. Aber ich sehnte eine einfachere Methode herbei und erreichte schließlich den Punkt, wo ich zu mir selber sagte: »Michael, laß doch die Entscheidung offen, welches dieser Häusersysteme am besten ist und versuche etwas ganz Einfaches, und Ungekünsteltes, das einen Sinn für dich ergibt.« Ich begann damit, daß ich den Mittelpunkt des Häusersystems auf den Geburtsort legte und den Pol senkrecht darüber annahm. Anstatt komplexere Teilungsschlüssel zu verwenden, teilte ich die umgebende Fläche in zwölf gleiche Stücke, die strahlenförmig vom Geburtsort ausgingen. Dies war nun also mein individuelles Häusersystem, welches auf der Erde (geographisch) und durch das All (astronomisch) repräsentiert wurde. Die Schnittpunkte der zwölf strahlenförmigen Linien mit dem Zodiak entsprachen den Felderspitzen. Mein Freund James Coats bezeichnete dies auch prompt als das radiale Häusersystem, da die Spitzen strahlenförmig von einem zentralen Ort auf der Erde ausgingen. So stolperte ich ganz ungewollt über eine Methode, die bereits als Horizontales Häusersystem bekannt war, welches gemeinsam mit dem Campanus System eine Möglichkeit bietet, den eine Geburt umgebenden Raum in gleiche Abschnitte einzuteilen. Der Astrologe L. Edward Johndro bezeichnete das Campanus System als das »Riesenrad« und das radiale oder horizontale System als das »Karussel«. Auch Charles Jayne hatte über Jahre hinweg auf die Notwendigkeit hingewiesen, daß dieses Horizont-Häusersystem näher erforscht werden müsse.

Ich war nach wir vor an jenen zwölf Punkten interessiert, an denen sich diese Strahlen mit dem vertrauten Tierkreis kreuzten. Dann geschah etwas ganz Wichtiges, denn ich begann allmählich zu erkennen, daß das Horizont-System in sich vollständig und abgerundet ist, ähnlich wie der Tierkreis, und sich um volle 360° am Himmel erstreckte. Anstatt den Horizont als Hilfsmittel zur Definition dieser zodiakalen Kreuzungspunkte anzusehen, verfolgte ich auf der Sternkarte die Linie meines Radix-Horizonts bis zu der Stelle, wo diese die Ebene des Tierkreises schnitt. Hierbei handelte es sich um meinen Aszendenten auf 7° Schütze, aber mein Blick schweifte weiter und folgte dem Horizont, bis dieser eine andere Linie überkreuzte: die Ebene unserer Galaxie; in diesem Moment traf mich der erste Schock. Mein Horizont traf exakt auf die galaktische Konstellation Cygnus (Schwan).

An dieser Stelle muß ich kurz auf eine ganz persönliche Geschichte eingehen, um verständlich zu machen, was geschah. Die Jahre davor hatte ich ein Buch mit kosmischen Punkten und stellaren Ebenen zusammengestellt, das den Titel *Astrophysical Directions* trägt. Bei dieser Arbeit hatte ich schon manche Himmelskarten berechnete und gezeichnet, wobei ich zwangsläufig ein feinfühligeres Gespür für die wichtigsten Konstellationen entwickelte. Während dieses Prozesses bemerkte ich eine gewisse »Fixierung«, besonders bei ein paar Sternbildern. Allen voran stand die Konstellation Cygnus, denn wiederholt empfand ich, aus mir unerklärlichen Gründen, solch eine tiefe Verbindung zu dieser Konstellation und dem was sie zu bedeuten schien, daß mir die Tränen kamen. Und nun mußte ich feststellen, daß Cygnus eine der beiden Konstellationen war, in der mein Horizont sich mit der Ebene unserer Galaxie kreuzte — also eine Art galaktische Deszendent/Aszendent–Achse. Das andere Sternbild war Vela, das Segel, für das ich ebenfalls immer sehr empfänglich war. Ich mußte lachen. Was ist, so dachte ich bei mir, wenn der ganze 360°–Kreis meines Geburtshorizonts genauso sensitiv ist wie der Knotenpunkt, wo er den Tierkreis schneidet? Und was ist, wenn es neben dem Zodiak noch andere Bezugsebenen gibt, auf die wir ebenfalls reagieren? Hatte ich einen galaktischen und einen supergalaktischen Aszendent und sollte ich bald neue Fixsternkonstellationen und »Zeichen« kennenlernen müssen?

Um eine lange und für mich schöne Geschichte auf einen

kurzen Nenner zu bringen, kann ich sagen, daß diese Entdekkung die erste von vielen solchen kleinen »Erleuchtungen« war. Ich durchforstete meine Horoskopsammlung, um zu sehen, wie meine Freunde und Nächsten ausgerichtet waren und entdeckte die Stärke und Kraft des lokalen Horizonts. Aszendent, Vertex und andere sensitive Ekliptikpunkte waren schon fester Bestandteil meiner Arbeit, aber immer lag der Akzent auf dem Tierkreis. Niemals hatte ich daran gedacht, daß man einen anderen Bezugsrahmen benötigt, um diese Knoten oder Schnittpunkte zur Geltung zu bringen, so wie den Horizont in diesem Fall. Und dennoch hatte ich den Horizont bislang schon in all meiner Arbeit verwendet, jedoch ganz unbewußt. Jetzt konnte ich sehen, daß jede Person eine Art einmalige Ausrichtung oder Haltung zum gesamten Kosmos einnimmt, und daß wir mit dem Horizont in Bereiche kamen, wo wir sehr viel mehr über unser Inneres enthüllen konnten, als nur mit den bekannten sensitiven Punkten des Tierkreises.

Wie auch immer, ich begann das ganze Firmament aus dieser neuen Perspektive heraus zu erforschen. Für eine gewisse Zeit vergaß ich den Tierkreis vollkommen und erkundete meine eigene Einstellung und Orientierung zu meinem Geburtsereignis und zu meinem Leben. In dieser Phase fühlte ich mich zu einer ganz anderen Idee hingezogen: der Horizont beschrieb sowohl am Himmelsgewölbe als auch auf den Karten der Erde einen Pfad. Ich hatte bereits eine vollständige Liste aller Planetenpositionen im Horizontsystem berechnet und zwar unter Verwendung der Entsprechungen von zodiakaler Länge und Breite, nämlich Azimut und Höhe. In welcher Beziehung, so fragte ich mich, würden wohl die Richtungen der Planeten in meinem Horizont-Horoskop zu den Himmelsrichtungen und Städten auf der Erde stehen? In Kürze hatte ich mir die nötigen trigonometrischen Kenntnisse angeeignet, um diese Fragen zu beantworten — ein gewaltiges Unternehmen für mich — und jetzt begann die »magische Mysterienreise« durch meine Lebensgeschichte. Ich hatte schon an verschiedenen Orten gelebt, aber der entscheidendste Umzug in meinen Leben war von

Lancaster in Pennsylvania nach Ann Arbor, Michigan. Selbstverständlich war ich neugierig zu wissen, in welche Richtung ich mich bewegt hatte. Die Frage lautete also, welchen Grad belegte Ann Arbor in meinem Radix-Horizont?

Und hier traf mich die zweite Schockwelle, denn Ann Arbor lag genau auf der Position meiner Jupiterlinie im Horizont-Horoskop, mit nur 2° Orbis. Jupiter ist mein Geburtsregent und durch seine Position über der Spitze des siebten Hauses steht er an prominenter Stelle in meinem Horoskop. Es versteht sich von selbst, daß ich mich bei dieser Übereinstimmung wunderte und es kamen mir viele Fragen in den Sinn. Wie steht es mit den anderen Plätzen, an denen ich gelebt hatte oder die ich bereist habe ... manche Orte von Freude und Erkenntnis, andere von Schmerz und Kummer? Ich berechnete die Horoskope und Linien für alle diese Orte, und was ich bei der Deutung feststellte war überwältigend; es kennzeichnete meine erste Hingabe an das, was für mich inzwischen zu der wichtigsten Entdeckung in meinem astrologischen Leben wurde: Local Space bzw. Horizont-Horoskope oder Standortastrologie. Ich erstellte Horizont-Horoskope mit meiner Radix-Geburtszeit für alle Orte, an denen ich war. Die Geschichte meines Lebens und meines Selbsts, betrachtet im Lichte der Horizont-Astrologie, war bewegend.

Ich möchte ein Beispiel vorführen. Meine Freunde kennen mich als einen Menschen, der an seinem Zuhause hängt. Ich bin nur schwer dazu zu bewegen, Ann Arbor zu verlassen. Aber eines Tages verkaufte ich alles, was ich besaß. Meine Frau und ich zogen nach Norden, um uns als Gärtner mit unseren eigenen Gewächshäusern selbständig zu machen. Tatsächlich, ich hatte Ann Arbor verlassen! Ganz offensichtlich waren wir mit unserem Angebot an Gewächshauspflanzen auch unserer Zeit etwas voraus, denn die Nachfrage blieb aus. Wir verloren alles in dieser Unternehmung, und in finanzieller Hinsicht endete es mit einer Katastrophe. Nun, in meinem Horizont-Horoskop habe ich eine dreifache Konjunktion von Mond, Saturn und Uranus auf demselben Grad, was als starker Brennpunkt angesehen werden kann. Der Einstieg in das Gewächshausgeschäft erfolgte auf das Grad genau über (oder in Richtung auf) diese dreifache Konjunktion. Es war so, als ob ich mich dort abkämpfen mußte, um mich mit meinem Saturn auseinanderzusetzen, um letztendlich weiser daraus hervorzugehen. Denn diese Erfahrung, so hart sie auch war, beseitigte viele meiner bei weitem oberflächlicheren Ängste bezüglich von Verlusten. Wir verloren zu diesem Zeitpunkt all unser Hab und Gut, aber unser Leben ging weiter.

Was mich bei dieser Entdeckungsreise so tief beeindruckte war das Wirken des *gesamten Horizonts*, und nicht nur einiger weniger seiner Schnittpunkte. Dazu kam die Tatsache, daß die Orientierung eines Individuums im Kosmos einen Unterschied machte, beziehungsweise durch Verhalten und Aktivität auf einer überirdischen Ebene widergespiegelt wurde. Es hat eine Weile gedauert, bis ich mich selbst daran glauben ließ, daß Gott in seinem Einfluß so gründlich war, daß er selbst die kleinsten Details durchdrang. Dies geschah kurz bevor ich mit Entzükken auf die Idee kam, daß sich dieselbe Richtung sowohl auf der Landkarte als auch auf der Himmelskarte reflektiert. Anders gesagt (und darin liegt für mich die Schönheit der Horizont-Astrologie), Himmel und Erde sind austauschbar, oder in letzter Instanz eine lebendige Einheit — ein Ganzes. Dies tritt im Horizont-Horoskop besonders deutlich zutage, wo jedes Objekt im Universum, sei es himmlisch oder irdisch, eine äquivalente und gleichwertige Position einnimmt. Nicht nur die Planeten und Sterne, sondern in gleicher Weise auch Städte, Länder, ja selbst die Gebäude in der Nachbarschaft werden repräsentiert. Das, was von Wichtigkeit für uns ist, ist die Richtung im Raum: also die Ortung, nicht die Entfernung. Beim Horizont-Horoskop existieren Himmel und Erde, himmlische und mundane Sphäre, Seite an Seite und sind austauschbar.

Ich möchte nun noch ein paar Gedanken und Erfahrungen zu einigen Strukturen im Raum jenseits des Tierkreises mitteilen und demonstrieren, wie diese bei individueller Entwicklung und Wachstum von Wert sein können. Lassen sie mich meine persönliche Geschichte erzählen, wie ich erstmalig an den Tiefen des Alls Interesse fand. Meine Forschung konzentrierte sich lange auf die Unterschiede und Gemeinsamkeiten zwischen der geozentrischen und der heliozentrischen Anschauung. Das Interesse meinerseits an dem uns umgebenden Weltall war minimal. Ich war von den Billionen stellarer Objekte abgestoßen und, was viel grundlegender war, auch von der Kälte und Schwärze, auf die ich in meiner Vorstellung des Alls programmiert war. Der ferne Weltraum verkörperte für mich den Inbegriff des »Anderen« und des »Fremden«. Abgesehen von L. E. Johndros Buch *The Stars* empfand ich alle Bücher über Fixsterne in astrologischer Hinsicht nur peinlich. Wie sollte ich die Bedeutung dieser Abermillionen Sterne festlegen und in meine tägliche Arbeit integrieren, wenn ich schon genug Schwierigkeiten hatte, mit den neun Planeten umzugehen?

Doch dann geschah etwas Unerwartetes. Ich hatte einen Traum. Es handelte sich nicht um einen gewöhnlichen Traum, sondern einen jener Wahrträume, die man oft erst nach Monaten richtig begreift. Ich sah einen Astrologen, dessen Augen von Licht erfüllt waren. Lichtstrahlen kamen aus seinen Pupillen und dieses ominöse Wesen sagte nur ein einziges Wort: »SCHAU!« und deutete mit dem ausgestreckten Arm an den Nachthimmel. Ich schaute. Der Himmel war erfüllt von tausenden glänzenden Lichtpunkten. Die Sterne und all das schimmernde Material waren zusammengeballt, um den großen, glimmernden Bogen der Milchstrasse bzw. der galaktischen Ebene zu formen. Es war unbeschreiblich und meine Herzenskraft strömte aus mir heraus und erfüllte diesen hellen Raum. Ich hatte nicht mehr das Gefühl, auf der Erde zu sein und vor der Kälte und der Nacht des Weltalls erzittern zu müssen. Ich war der Kosmos und das Licht und polte meine Einstellung um. Ich war ein lebender Repräsentant meiner Galaxie, ich war der Raumfahrer.

Von dieser Nacht an wagte ich mich über die Ekliptik hinaus, um das Wesen und die Struktur dieses Universums zu erkunden. Und hier möchte ich in kurzen Sätzen wiedergeben, was ich fand: Wir sind Knoten oder Informations-Aggregate. Das

Universum steht durch uns in engem Kontakt mit sich selber. Die vielfältige Natur der kosmischen Ereignisse wird durch unser Selbst und durch unser Leben repräsentiert. Es besteht nicht nur eine Korrelation zwischen diesen offensichtlichen entfernten kosmischen Ereignissen und unserer Person, sondern auch eine Identität. Informationen vom galaktischen Zentrum, übertragen vom Elektromagnetismus und der Gravitationsstrahlung jedes Sternes oder kosmischen Ereignisses, durchdringen uns permanent. Wir sind in gewisser Weise ein Knotenpunkt oder Informationskomplex, der in einer Matrix oder einem Netz der Manifestation gefangen ist.

Der überwältigende Gedanke, der uns begegnet, wenn wir Bekanntschaft mit dem Universum und dessen Struktur schließen ist, daß es keinen Unterschied zwischen dort draußen und hier unten gibt. Wir sind dort draußen! Unsere Welt und unser Selbst sind eine vollkommene Widerspiegelung dessen, was ist und was sich dort draußen ereignet. Keine Analogie, sondern eine Identität. Schwarze Löcher, Supernovae, Quasare und ähnliche Faktoren sind nicht nur entfernte kosmische Ereignisse, sondern deren identische Geschichte wird jeden Tag in unserem Leben repräsentiert, reflektiert, verwirklicht und gehandelt.

Informationen kreisen durch das Universum, und unsere Identität bzw. der Sinn für unser Selbst entspricht ganz genau diesem Zirkulationsvorgang. Identität ist keine Substanz, sondern eine Beziehung, ein tatsächlicher Kreislauf und ein Kommunikationsprozeß. Nicht nur daß eine Verbindung zwischen unserem Leben und dem der Galaxie und des Universums besteht, wir *sind* vielmehr diese Verbindung. Das Studium des Aufbaues unseres Universums ist in jeder Hinsicht ein Studium unseres Selbst. Die Idee, welche ich hier ausarbeite, heißt: Astrologie ist nicht nur ein symbolisches System für psychologische Erörterungen. Auch das Symbol an sich ist wirklich. Wenn wir sagen, es sei eine Analogie, dann ist diese vollkommen limitiert auf ein spezielles Beispiel, welches wir wählen.

Wir sind alle Reisende in Raum und Zeit. Ich kenne keine

Worte, die dieses besser beschreiben könnten als Waldo Emerson: »Alle Erforschung des Altertums, alle Wißbegier hinsichtlich der Pyramiden, ausgegrabener Städte, Stonehenge, der Ohio-Kreise, Mexiko, Memphis, ist der Wunsch, dieses wirre, rohe und widersinnige Dort und Damals zu überwinden und an seine Stelle das Hier und Jetzt zu setzen. Belzoni gräbt und mißt solange in den Mumienstädten und Pyramiden von Theben, bis er das Ende des Unterschieds zwischen dem gewaltigen Werke und sich selbst erkennen kann. Wenn er sich im Allgemeinen sowie im Einzelnen überzeugen kann, daß es von einem Menschen gleich ihm geschaffen wurde, der mit denselben Fähigkeiten ausgerüstet und von denselbe Beweggründen zu Zielen getrieben wurde, für die auch er gearbeitet hätte, so ist das Rätsel gelöst; sein Denken lebt mit der ganzen Reihe von Tempeln, Sphinxen und Katakomben, durchwandert sie alle mit Genugtuung, und sie leben in seinem Geiste wieder auf, das heißt sie sind *jetzt.*« (Ralph Waldo Emerson: *Essays.* Zürich 1983, S. 16)

Steve Cozzi

Bann-Rituale

Der erste Impuls beim Einzug in eine neue Wohnung ist, diese zu putzen. Das Entfernen der Spuren von früheren Bewohnern ist ein sehr wichtiges Ritual, doch das Beseitigen von Dreck ist nur die offensichtliche Hälfte der Säuberungsaktion.

Es ist einfach eine Tatsache, daß Menschen sowohl physisch als auch psychisch zur Verunreinigung beitragen, wobei wir nur die sichtbare Hälfte wahrnehmen können. Die unsichtbare Verschmutzung ist oft jedoch wesentlich schädlicher. Menschen bewirken eine Fülle an disharmonischen Energien, wenn bestimmte Emotionen erwachen. Haß, Eifersucht, Gier und andere schlechte Gefühle können die Luft im wahrsten Sinne des Wortes zum Knistern bringen. Ferner entladen die Menschen auch ihre Sexualenergie auf alle möglichen Weisen und an verschiedenen Orten. Die in der Sexualität enthaltene Energie hat die stärksten Anlagen für Gutes wie für Böses. Selbstverständlich ist nicht jeder Platz gleichermaßen psychisch verschmutzt. Außerdem muß man sehen, daß man auch seine eigenen Verschmutzungen vertreibt.

Das Entfernen dieser emotionalen und psychischen schlechten Energien ist der eigentliche Sinn eines Bann-Rituales. Wenn man in ein neues Haus einzieht, dann würde ich vorschlagen, daß man neben der Generalreinigung auch etwas Zwiebel und Knoblauch in einer offenen Pfanne braten sollte. Abends kann man hochwertiges Räucherwerk abbrennen. Ein anderes Hausmittel sind Eier, denn sie haben am schmalen Ende eine dünnere Schale, und sind dort semipermeabel, d.h. sie können schlechte Energie aufnehmen. Wenn du irgendwo dissonante Energien vermutest, dann stelle ein Ei auf, immer mit dem schmaleren Ende nach oben. Achte darauf, daß es beim Entfernen nicht zu Bruch geht.

Man verwendet Eier auch zur Behandlung übersinnlicher Angriffe. Hierfür gibt es zahlreiche Anzeichen und jeder Mensch reagiert anders. Häufig empfindet man grippe-ähnliche Symptome, ohne wirklich krank zu sein: dumpfe Kopfschmerzen, unerklärliche Reizbarkeit, Bauchschmerzen und sehr verwirrende Träume. In einem solchen Fall sollte man seinen Namen mit einem Bleistift (nicht mit einem Füller) auf das Ei schreiben und beim Schlafen so nah wie möglich an den Kopf legen. Jede Nacht muß man ein neues Ei verwenden.

Bann-Ritual 1

Mit diesem Ritual sollte man sich in beinahe allen Situationen negativer Energien entledigen können. Zeichne ein Dreieck auf ein leeres Blatt Papier, wobei die Grundlinie länger sein muß als die Seiten. Lege das Papier auf den Boden in der Mitte deiner Wohnung oder an den Platz mit der höchsten Konzentration negativer Schwingungen. Die Spitze des Dreiecks sollte genau nach Norden zeigen. Plaziere eine neue weiße Kerze unmittelbar vor die Spitze des Dreiecks. Dann stelle ein Räucherstäbchen vor die Kerze und zünde beides an, bevor du beginnst.

Nun nehme an der Grundlinie des Dreiecks Platz, blicke nach Norden und strecke deine Arme aus. Wenn es dir hilft, so kannst du jetzt auch ein Mantra singen wie z. B. Om oder Amen. Dann konzentriere dein Bewußtsein auf die Mitte deiner Stirn und spreche mit lauter und fester Stimme: »Alle unausgewogenen Mächte und Geister, *verschwindet* von diesem Haus und Eigentum *sofort*!« Wende dich im Uhrzeigersinn nach Osten und wiederhole den Vorgang, dann nach Süden und Westen und beende das Ritual durch eine fünfte Wiederholung im Norden. Lasse das Räucherwerk abbrennen, auch die Kerze kann solange brennen.

Bann-Ritual 2

Dieses Ritual heißt »Kreis des Feuers«. Es ist kein typisches Bann-Ritual, denn es verhindert das erneute Eindringen negativer Energien anstatt sie zu vertreiben. Es bringt kurzfristig Hilfe, wenn jemand unter einer ernsthaften psychischen Attacke menschlicher Eingriffe leidet.

Blicke nach Osten. Spreche einen göttlichen Namen oder ein Mantra, um dich zu zentrieren. Konzentriere dein Bewußtsein auf der Mitte deiner Stirn und stelle dir ein großes Schwert in deiner rechten Hand vor. Sehe dich doppelt so groß wie du bist und denke, daß du mit großer Macht erfüllt bist. Dann visualisiere eine ewige hell-goldene Flamme, die aus der Spitze des Schwertes strahlt. Beginne einen Kreis um dich herum zu ziehen, indem du dich im Uhrzeigersinn langsam um dich selber drehst. Wenn es dir hilft, so kannst du den Erzengel der jeweiligen Himmelsrichtung um Schutz bitten. Denke daran, du beginnst mit dem Blick nach Osten und ziehst den Kreis nach Süden, Westen, Norden und zurück zum Osten. Wird dieses Ritual bei Sonnenaufgang ausgeführt, so hält es an bis zum Abend. Wird es bei Sonnenuntergang vollzogen, so wirkt es bis zur Morgendämmerung.

Bann-Ritual 3

Dieses Ritual ist geeignet, alle Elementargeister und nichtmenschlichen Wesenheiten zu verscheuchen. Beginne mit dem Zeichnen des Fünfsterns oder Pentagramms. Blicke in jene Richtung, aus der die negative Schwingung strömt. Bist du dir nicht ganz sicher, dann blicke nach Norden. Strecke deinen rechten Arm aus und zeige mit deinem Mittelfinger (Saturn). Beginne auf der Höhe deiner linken Hüfte und ziehe eine Linie bis knapp über deinen Kopf, dann ziehe eine Linie in Richtung deiner rechten Hüfte. Von da aus zu deiner linken Schulter, weiter mit einer waagrechten Linie zur rechten Schulter und schließlich wieder zurück zur linken Hüfte. Du hast einen Fünfstern vor dir gezeichnet, er wird bannen.

Es gibt andere Methoden, um sich in Gesellschaft mit fragwürdigen Menschen zu schützen. Wenn man seinem Essen mehr Knoblauch zufügt oder Knoblauchpillen einnimmt, dann werden die psychischen Zentren geschlossen gehalten. Seide eignet sich hervorragend, um sich psychisch zu isolieren, d.h. Gedankenformen können nicht in einen eindringen. Wundere dich übrigens nicht, wenn du an Gewicht zunimmst, sobald du über eine längere Zeit hinweg übernatürlichen Störungen ausgesetzt bist, denn Fett ist ein hervorragender Schutzmantel.

Manche Menschen stellen sich vor, sie seien in ein Glas eingeschlossen oder noch besser in einen Spiegel, so daß das Böse an seinen Ursprung zurückgeworfen wird. Den Körper durch Waschen, Meditieren, Fasten und gesunde Ernährung innerlich und äußerlich sauber zu halten, ist eine Grundvoraussetzung. Die Hirnanhangsdrüse ist ein sehr sensibler Bereich und wird manchmal als übersinnliches Tor oder Antenne bezeichnet. Legt man die Zunge an den Gaumen, so wird dieses Zentrum abgeschlossen, man kann auch die rechte Hand an den Hinterkopf legen. Eine gute Verdauung ist sehr hilfreich, um die Energie des Rückenmarks zu steigern und die psychischen Zentren geschlossen zu halten.

Bruce Cathie

Geographische Harmonik

Anfänglich glaubte ich, die Große Pyramide in Äqypten hätte etwas mit dem mathematischen Puzzle zu tun und ich konzentrierte meine Bemühungen darauf, dieses Problem zu lösen. Ich führte meine Berechnungen aus, benützte die Pyramide als geometrischen Sammelpunkt und bemerkte schließlich, daß ich eine harmonikale Reihe erstellen konnte, die gut mit der übereinstimmte, die ich zuvor bereits gefunden hatte. Eine besondere harmonikale Reihe war mit einer wissenschaftlichen Institution in Kairo verbunden, was ich als einen Hinweis darauf deutete, daß die Forschung an ähnlichen Bereichen interessiert war wie ich. Dieses geometrische Muster stand in direkter Beziehung zum geographischen Längengrad von Greenwich. Dadurch nahm ich zwar an, daß die Linie nicht willkürlich gewählt war, aber ich spürte auch, daß größere Beweise nötig waren, um sich über alle Zweifel erheben zu können. Allmählich beschloß ich, die ganze Sache beiseite zu legen und vorerst abkühlen zu lassen. Nach einem Jahr wagte ich einen erneuten Versuch.

Der Schlüssel zu dem geometrischen Problem konzentrierte sich um die Stadt Rom. Ich verbrachte mehrere Wochen damit, meinen Computer mit den Koordinaten religiöser Zentren und Plätzen zu füttern, an denen es zu Erscheinungen kam, in der Hoffnung, eine Verbindung zu den mathematischen Naturgesetzen zu entdecken. Die Ergebnisse waren ziemlich überraschend.

Es wurde ganz allmählich erkenntlich, daß die geometrische Plazierung der Vatikanstadt von enormer Wichtigkeit war. Eine sorgfältige Analyse der Breite und Länge innerhalb dieses kleinen Bereiches führte zur Entdeckung einiger ziemlich interessanter harmonikaler Verhältnisse.

Der geometrische Brennpunkt von größtem Interesse lag auf 41° 54' 22"nördlicher Breite und 12° 27' 08" östlicher Länge.

Es erforderte etwas Geduld, um die Bedeutung der Breite zu erkennen, doch zu guter letzt stellte ich fest, daß die Differenz in der Verlagerung der Breite (gemessen in Bogenminuten) vom Äquator und vom geographischen Nordpol einen leicht zu verstehenden harmonikalen Wert ergab:

Verschiebung der Breite vom Nordpol = 2885,622 Bogenminuten
Verschiebung der Breite vom Äquator = 2514,378 Bogenminuten
Differenz = 371,244 Bogenminuten

Die sich ergebende Harmonik von 371244 ist reziprok zu dem Wert 2693645, den man aus einer vereinigten harmonikalen Gleichung erhält.

Die Verlagerung des Großkreises des Brennpunktes weg von der Länge in Greenwich und neu berechnet auf die Breite des Vatikans betrug:

55.5555 Bogenminuten.

Dies entspricht:

69.44444 x 8 (einer harmonischen Oktave).

Die Harmonik 694444 war der Kehrwert der Lichtgeschwindigkeit im freien Raum; 144000 Bogenminuten pro Gittersekunde im Verhältnis zur Erdoberfläche. Der direkte Abstand zwischen dem Brennpunkt und Greenwich betrug 767.6 Bogenminuten, was 12.7933° entspricht. Zieht man diesen Wert von 360° ab, um den Abstand zwischen den beiden Punkten festzustellen erhält man 347.2066°, was wiederum der halben Harmonik von 694.4 gleichkommt (der reziproken Harmonik der Lichtgeschwindigkeit).

Der Bereich der Kreuzungssegmente die von dem Brennpunkt, dem geographischen Nordpol und dem Mittelpunkt der Erde umgrenzt werden, beträgt 1377.783014 Quadratgrade in Relation zur Erdoberfläche.

Die Quadratwurzel der reziproken Umkehrung dieser Zahl repräsentiert eine Harmonik von 2694.

All diese mathematischen Verhältnisse können als pure Spekulation angesehen werden, aber ich möchte noch einen Gesichtspunkt hinzufügen, um die Gesetze der Wahrscheinlichkeit auszudehnen. Die Verlagerung des Großkeises auf den Mittelpunkt Rom bedingt noch etwas anderes: Schreitet man auf dem Breitengrad Roms nach Osten und mißt man die Entfernung vom Vatikan bis zum Schnittpunkt mit dem Längengrad der Pyramiden, so erhält man

833.333 Bogenminuten.

Diese Zahl im Quadrat ergibt

694444.4 (die Reziproke der Lichtgeschwindigkeit).

Ich habe noch etliche andere harmonikalen Verflechtungen gefunden, aber ich glaube, die vorgestellten Punkte genügen zunächst, um die zufälligen Übereinstimmungen mit meiner Arbeit aufzuzeigen.

Es liegt die Vermutung nahe, daß der Längengrad sowohl durch Rom als auch durch Greenwich von mathematischer Bedeutung sind, aber es sind noch weitere Forschungen nötig, um die Theorie zu erhärten.

Die Breite von Greenwich wurde mit gerinfügigen Abweichungen festgehalten:

1776 = 51° 28' 40"
1834 = 51° 28' 39"
1856 = 51° 28' 38.2"

Abb. E: Der harmonikale Zusammenhang zwischen Greenwich, dem Vatikan und den Pyramiden

Abstand A — C = 767.6 Bogenminuten = 12.7933°
360° minus 12.7933° ergibt 347.2°. Dies entspricht der halben Harmonik von 694.4

Abstand B— C = 555.555 Bogenminuten
Dieser Betrag dividiert durch 8 oder eine Oktave ergibt 69.4444.

Abstand C — D = 833.333 Bogenminuten
Die Quadratwurzel aus dieser Zahl lautet 694444

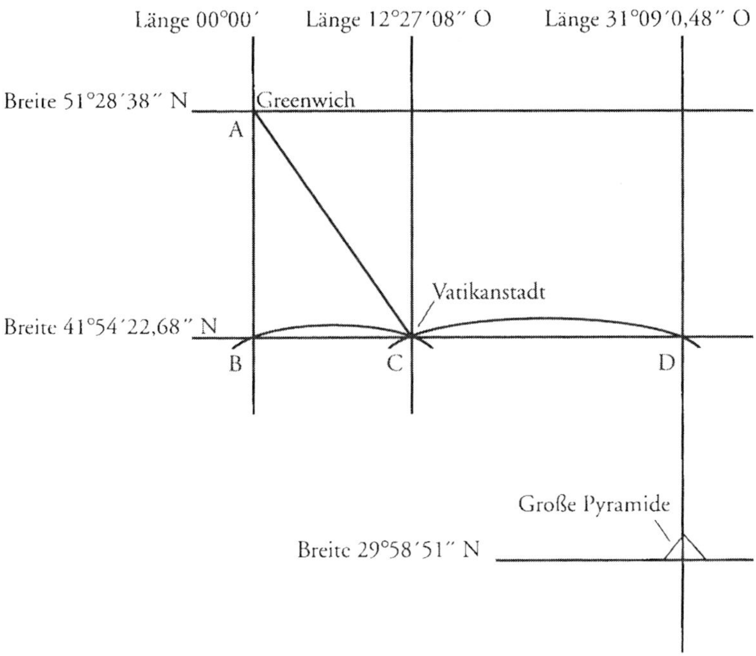

Abb. F zeigt das Verhältnis der Gitterstruktur der geographischen Pole. Beiden Gittern liegt ein ähnliches Muster zugrunde, woraus ein drittes Gitter resultiert.

C, D, E, F = Eckpunkte des Polargitterquadrats
J — K = Polarachse
A = Geographischer Pol
B = Gitterpol
Abstand C — G — D = 3600 Bogenminuten
Abstand C — H — D = 3418,6069
Abstand C — I — D = 3643,2 Bogenminuten

(3600 – 3418,6069) = 181,39308
(181,39308 x 4) = 725,57233
725.57233 = 26,93645² = 2693645 Harmonik

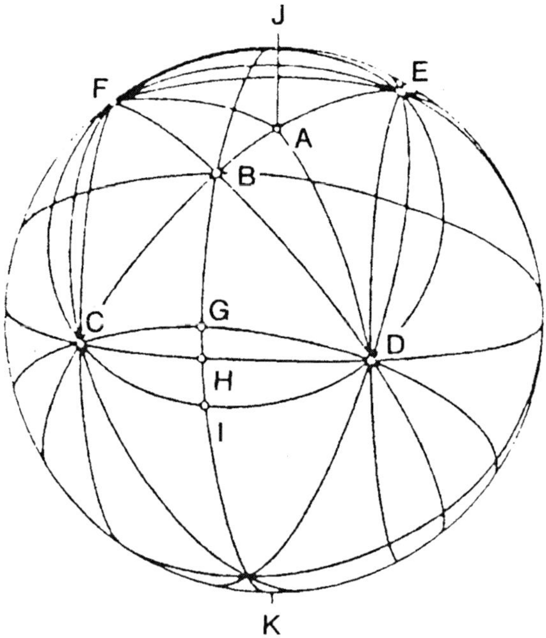

Abb. G zeigt das Verhältnis der Gitterquadrate A, B, C. Die polaren Quadrate sind in umgekehrter Position um die geographischen Nord– und Südpole ausgerichtet.

A: Gitterpol "A": 1054,4 Bogenminuten vom geographischen Pol.
B: Gitterpol "B": 694,4 Bogenminuten vom geographischen Pol.
C: Gitterpol "C": 864 Bogenminuten vom geographischen Pol.
D: Geographischer Nordpol

E, F, G, H: Polarquadrat "A"
I, J, K, L: Polarquadrat "C"
M, N, O, P: Polarquadrat "B"

Q: Länge 105° West
R: Länge 97,5° West
S: Länge 90° West

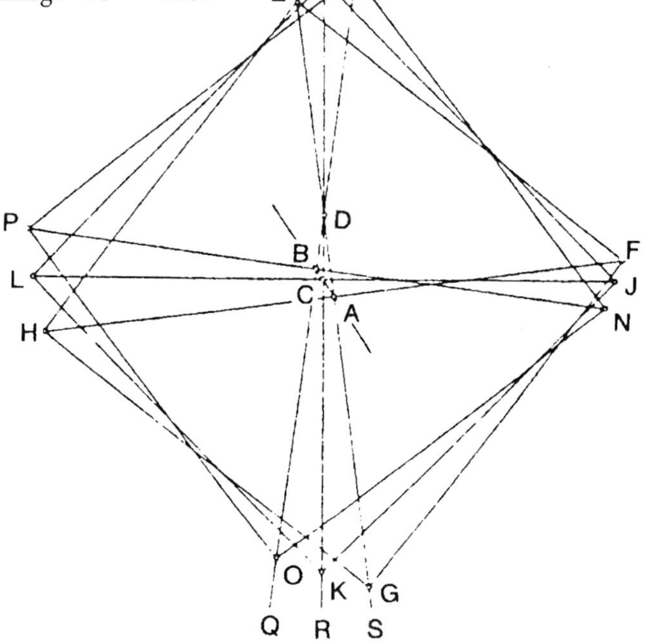

Steve Cozzi

Formel zur Berechnung der Meilenlänge von Planetenlinien

1. Der erste Schritt wäre die Ermittlung der Kraftlinien, die eng nebeneinander verlaufen. Wenn zwei oder mehr Planeten mit weniger als 10° Orbis Abstand beisammen sind, sollten sie beide verwendet werden, obwohl einer von ihnen näher an der entsprechenden Stelle liegt. Dies kann auf zwei verschiedene Weisen geschehen. Zunächst kann man auf seinem Ausdruck nachschauen, welche Linien den derzeitigen Wohnort mit jenen Städten verknüpfen, die man bereisen möchte. Man kann den Abstand zwischen Wohnort und Bestimmungsort in Azimut feststellen und mit den azimutalen Graden der Planeten vergleichen. Dies ist ganz nützlich, wenn man Ziel und Route der Reise oder des Umzugs kennt.

2. Was aber wenn man nur damit spekuliert, in eine bestimmte Richtung oder Region zu reisen? Angenommen man fährt auf seiner Plutolinie, wieviele Meilen müßte man reisen? Und was ist mit der Neptunlinie oder einer Merkur/Uranus-Konjunktion? Es stimmt, daß sich die meisten Menschen täglich auf den verschiedensten Linien in ihrer nächsten Umgebung bewegen, aber sobald man Fernreisen vorhat, gewinnen die Planetenlinien eine ganz neue Bedeutung. Auf der Saturnlinie von der Wohnung aus in Richtung Nordosten zur Tankstelle zu fahren ist eine Sache für sich, aber wenn ein weiterer Trip geplant wird, werden auch die Entfernungen größer. Deswegen gewinnen wir einen guten Eindruck von den »den wichtigen Plätzen« auf den Kraftlinien, wenn wir die Formel benützen.

3. Als nächstes müssen wir das Standorthoroskop untersuchen, um alle Konjunktionen, Trigone, Sextile und Quinkunxe heraus-

finden (bei den übrigen Winkeln konnte ich keine Effekte feststellen). Ich gebe zu bedenken, daß die Gültigkeit dieser Technik noch nicht vollständig nachgewiesen wurde. Die Meilenlänge wurde anhand der Bode'schen Reihe aus dem Abstand der Erde zu den anderen Planeten abgeleitet. Die Entfernungen wurden dann in Meilen umgerechnet (unter Verwendung der A. E. Distanzen in Prozent). Der halbe Erdumfang wurde als grundlegende Maßeinheit verwendet. Falls der Hauptplanet keine Aspekte aufweist, arbeite mit der Meilenlänge in Tabelle 21 auf Seite 307.

4. In den meisten Fällen sollten Aspekte zwischen Uranus, Neptun und Pluto *nicht* verwendet werden, diese Linien sollte man nur in Kombination mit anderen Planeten beachten. Sollte die Reise weiter als 6500 Kilometer gehen, dann kann man auch mit ihnen arbeiten. Gelegentlich hat auch Transpluto zu einer korrekten Einschätzung beigetragen.

5. Zähle eine Konjunktion nicht zweifach, wenn Uranus, Neptun oder Pluto beteiligt sind, außer es handelt sich gerade um die Linie, auf der du dich bewegst. Gibt es mehr als eine Kraftlinie, dann nehme die mit dem geringsten Orbis. Bei mehr als 8500 Kilometern kannst du alle Konjunktionen verwenden.

Beispiel: Jemand fährt auf seiner Sonne/Pluto-Linie von Denver nach Nashville; die Entfernung beträgt 1018 Meilen. Was nun aber, wenn der Betreffende keinen Zielort vor Augen hat, sondern nur weiß, daß er auf der Sonne/Pluto-Linie von Denver ausgehend nach Südosten reist?

Für unser Beispiel waren folgende Aspekte zu Sonne und Neptun vorhanden (Orben in Klammern):

Sonne/Merkur-Konjunktion (4° applikativ),
Sonne/Jupiter-Sextil (5.5° applikativ),
Sonne/Pluto-Konjunktion (6.8° separativ; kann aber nicht verwendet werden lt. Absatz 5),
Sonne/Venus-Konjunktion (6° applikativ),
Sonne/Mars-Trigon (3.2° applikativ),
Sonne/Neptun-Konjunktion (3° applikativ; kann aber nicht verwendet werden lt. Absatz 5),
Sonne/Uranus-Sextil (4.5° applikativ).

Die weiteren Instruktionen entnehmen sie bitte der Tabelle auf Seite 307.

Sonne Konjunktion Neptun:	*Pluto*	*5.200*	
3° Orbis	*Sonne*	*+ 110*	
		5.310	
Sonne Konjunktion Merkur:	*Sonne*	*110*	
4° Orbi	*Merkur*	*+ 80*	
		190	
Sonne Konjunktion Venus:	*Sonne*	*110*	
6° Orbis		*+ 40*	
		150	
			150 ÷ 1,3 = 115
Sonne Trigon Mars:	*Sonne*	*110*	
3,2° Orbis	*Mars*	*+ 80*	
		190	
			190 ÷ 1,3 = 146
Sonne Sextil Jupiter:	*Sonne*	*110*	
5,5° Orbis	*Jupiter*	*+ 560*	
		670	
			670 ÷ 9,0 = 74
Sonne Sextil Uranus:	*Sonne*	*110*	
4,5° Orbis	*Uranus*	*+ 2.440*	
		2.510	
			5.510 ÷ 8,5 = 295
		5.310	
		190	
		150	
		190	
		74	
		+ 295	
		6.130	
	6.130 ÷ 6 (Aspekte) =	*1.021*	

Tatsächliche Entfernung: 1.018
Berechnete Entfernung: 1.021

Umrechnungstabelle

Nachfolgend werden die festen Meilenlängen für jeden Planet angegeben. Diese Zahlen sollen für die unten aufgeführten Divisionsformeln verwendet werden. Für Kurzreisen unter 200 Meilen verwende Mond, Venus, Merkur, Mars und Sonne *ohne* die Formel.

Die Zahlen wurden zur einfacheren Handhabung in Meilen belassen, die Umrechnung in Kilometer kann als letzter Schritt erfolgen.

Mond — 1 Meile
Venus — 40 Meilen
Merkur — 80 Meilen
Mars — 80 Meilen
Sonne — 110 Meilen
Jupiter — 560 Meilen
Saturn — 840 Meilen
Uraunus — 2400 Meilen
Neptun — 3880 Meilen
Pluto — 5200 Meilen
Transpluto — 10440 Meilen.

Oppositionen, Quadrate, Halbquadrate und Anderthalbquadrate wurden nicht in die Rechnung mit aufgenommen, weil sie die Reisetätigkeit blockieren. Zwischen applikativen und separativen Winkeln wurde nicht unterschieden.

Konjunktion: 1° – 6° Orbis: keine Division erforderlich.
6° – 7° Orbis: dividiere die Meilen mit 1.33
7° – 8° Orbis: dividiere die Meilen mit 1.59
8° – 9° Orbis: dividiere die Meilen mit 2.0
9° – 10°Orbis: dividiere die Meilen mit 4.0

Sextil: 3° oder weniger Orbis, dividiere die Meilen mit 4.0
3° – 4° Orbis: dividiere die Meilen mit 5.0
4° – 5° Orbis: dividiere die Meilen mit 7.0
5° – 6° Orbis: dividiere die Meilen mit 9.8

Trigon: 3° oder weniger Orbis, keine Division erforderlich
3° – 4° Orbis: dividiere die Meilen mit 1.33
4° – 5° Orbis: dividiere die Meilen mit 2.0
5° – 6° Orbis: dividiere die Meilen mit 4.0
6° – 7° Orbis: dividiere die Meilen mit 9.8

Quinkunx: 1° oder weniger Orbis, keine Division erforderlich
1° – 2° Orbis: dividiere die Meilen mit 2.0
2° – 3° Orbis: dividiere die Meilen mit 4.0

Dieses Buch ist meinem spirituellen Vater Parum-Guru gewidmet, der mir die Austauschbarkeit von Zeit und Raum gelehrt hat.

Dank

Mein besonderer Dank gilt Michael Erlewine, dessen Forschungen, Ermutigungen und Hilfe dazu beitrugen, daß dieses Buch entstand. Mein Dank geht ferner an Sue Osterhaudt für die Überarbeitung des Manuskriptes, an Joan McEvers und Tom Streissguth für die Lektoratsarbeit und die Anregungen, an meine Frau Janet für die Graphiken sowie an Carl Weschke und Julie Lockhart.

Anmerkungen

1 Die ausführliche Erklärung der drei wichtigsten Koordinatensystem der Astrologie ist sehr wichtig, weil wir dabei erkennen können, mit welcher funktionalen Schönheit alle drei Systeme zusammenwirken. Die Informationen in Kapitel 6 sind jedoch nicht nur für den technisch orientierten Astrologen interessant. Sie enthalten eine tiefere Botschaft, die auf unserer inneren Bewußtseinsebene wirkt, um eine visuelle und funktionale Einsicht in die Rotationsbewegungen der Erde und des Sonnensystems anzuregen.

2 Stephen Skinner, *The Oracle of Geomancy.* (New York City: Warner Destiny, 1977)

3 Ray Williamson, *Living in the Sky.* (Boston: Houghton Mifflin Co., 1984)

4 Bruce Scofield, "The Astrology of Ancient Mexico" in: *American Federation of Astrologers,* Vol. 46, No. 12, Tempe, AZ

5 John Mitchell, *Die Geomantie von Atlantis: Wissenschaft und Mythos der Erdenergien.* (München: Dianus-Trikont, 1984)

6 Mitchell, p. 65f.

7 Mitchell, p. 68f.

8 Mitchell, p. 131

9 Edward Johndro, *The Stars.* (New York: S. Weiser, reprinted 1970) sowie Edward Johndro, *The Earth in the Heavens.* (New York: S. Weiser, reprinted 1970)

10 Charles Jayne, *An Introduction to Locality Astrology.* (New York: Astrological Bureau 1978)

11 Michael Erlewine, *The Astrology of Local Space.* (Ann Harbor: Heart Center, 1977) p. 2

12 Erlewine, p. 3

13 Erlewine, p. 3

14 Erlewine, p. 4

15 Sarah Rossbach, *Feng Shui.* (New York: E.P. Dutton); Stephen Skinner, *Chinesische Geomantie.* (München: Dianus-Trikont, 1983); Stephen Feuchtwang, *An Anthropological Analysis of Chinese Geomancy.* (Vithanga: Southern Materials Center, 1974). Letzteres ist am umfassensten.

16 Paul Wheatley, *The Pivot of the Four Quarters.* (Chicago: Aldine, 1971)

17 Steven J. Bennet, *Chinese Science, Bd. 3* (University of Pennsylvania, 1978) p. 1 – 26

18 Skinner, *Chinesische Geomantie* p. 30f.

19 Skinner, *Chinesische Geomantie* p. 80

20 Malin & Finch Leaton, "The Solar and Luni-solar Variation of the Geomantic Field at Greenwich and Abinger," in: *Observatory Bulletin of Great Britain 53,* 1962, p. 273

21 A. L. Lieber, *The Lunar Effects.* (Garden City, NY: Anchor Press, 1978)

22 Noah O'Dhaniel, "Earth Mysteries," in: *Considerations* Vol. 1 No. 2, Mt. Kisco, 1984

23 John M. Reynolds, "Tibetan Astrology and the Kalachakra", in: *Geocosmic News,* Vol. 9, Nr. 3 und Nr. 4

24 J. H. Nelson, "Shortwave Radio Propagation Correlation with Planetary Positions," in: *RCA Review,* 26. Dezember 1951

25 Theodor Landscheidt, Vortrag bei der National Oceanic and Atmospheric Research Conference in Boulder, (August 1983). Inzwischen erschienen: *Sun–Earth–Man: a Mesh of Cosmic Oscillations.* (London: Urania Trust, 1992)

26 J. D. Palmer, "Organismic Spatial Orientation in Very Weak Magnetic Fields," in: *Nature* Nr. 198, 1963

27 Ohne Autor, "Whales and Dolphins Navigate Via Magnetic Grids," in: *Brain-Mind Bulletin,* Vol.10, No.3, Dezember 1983

28 Larry Newit, "The Magnetic Pole on the Move Again." in: *The Denver Post* (Dezember 1980). Außerdem "Values of Magnetic Declination", erstellt von National Geophysical Data Center (Boulder, CO; 12. 12. 1982).

29 Reinhold Ebertin, *Kombination der Gestirnseinflüsse* (Freiburg i. Br.: Ebertin Verlag, 1986[13])

30 John Hawkins, *Transpluto or Should We Call Him Bacchus?* (Dallas: Hawkins Enterprising Publications, 1976)

31 William Gray, *Magical Ritual Methods* (Cheltenham: Helos Books, 1969) p. 59

32 Gray, p. 59

33 Stephen Skinner, *Chinesische Geomantie — Die gesamte Lehre des Feng-Shui.* (München: Dianus–Trikont, 1983) p. 8

34 Carlos Castaneda, *Die Kunst des Pirschens* (Frankfurt: Fischer, 1983) p. 120

35 Eliphas Levi, *Transcendental Magic* (New York: Samuel Weiser, 1972) p. 61

36 Levi, p. 228 – 236

37 Sun Bear *Das Medizinrad: Astrologie der Erde* (München: Dianus–Trikont, 1985) p. 219 – 235

38 Hyemeyhosts Storm, *Seven Arrows* (New York: Harper & Row 1972) p. 6

39 K. C. Tunnicliffe, *Aztec Astrology* (Essex, England: L.N. Fowler & Co., 1979) p. 85

40 Cyril Fagan, *Astrological Origins* (St. Paul,MN: Llewellyn Publications, 1971) p. 163

41 Skinner, p. 68 und 72

42 Castaneda, p. 180

43 Castaneda, p. 181

44 Toni Wolff, *Structural Forms of th Feminie Psyche.* (Bern: G.H. Graber, 1956)

45 Edmund Whitmont, *The Symbolic Quest* (New York: G. P. Putnam's & Sons, 1977)

46 Edward Johndro, *The Stars* und *The Earth in the Heaven* (beide New York: Samuel Weiser, 1970 reprint)

47 Johndro, *The Stars*, p. 118

48 Robert Hand, *Essays on Astrology* (Gloucester, MA: Para Research, 1980) p. 65 und 98

49 Robert Hand vermutet, daß der Rektaszensions–MC der vier Kardinalpunkte benützt werden kann um alle Parans zu finden, indem man einfach die Grade gegenseitig miteinander vergleicht.

50 Jim Lewis, *Astro*Carto*Graphy* (San Francisco: Jim Lewis, 1976)

51 Johndro, *The stars*

52 Reinhold Ebertin, *Die Bedeutung der Fixsterne* (Freiburg: Ebertin Verlag, 1979[3])

53 Theodor Landscheidt, *Fixsterne, Aspekte und galaktische Strukturen* (Aalen: Ebertin Verlag, 1965)

54 Joseph Rigor, *The Power of Fixed Stars* (Hammond: Astrology and Spiritual Publications, 1979)

55 Vivian Robson, *Fixsterne: Bedeutung und Konstellationen im Horoskop* (München: Hugendubel, 1990)

56 Philip Sedgwick, *The Astrology of Deep Space* (Birmingham, MI: Seek–It Publications, 1984)

57 Alice Bailey, *Esoterische Astrologie* (Genf: 1988[3])

58 Michael Erlewine, *Astropysical Directions* (Ann Arbor, MI: Heart Center, 1977)

59 Marc Penfield, *An Astrological Portrait of America and its Cities (Seattle, WA: Vulcan Books, 1976)*

60 Moon Moore, *The Book of World Horoscopes* (Birmingham, MI: Seek-It Publications, 1980)

61 Berechnet für 1. November 1858, 9:55 Uhr LMT (nach Joy Lynn Hill). Penfields Datum 22. November 1858, 11:35 Uhr LMT funktioniert nicht.

62 17. August 1803, 13:15. Quelle Penfield, *Horoscopes of the Western Hemisphere.*

63 Sepharial, *Geodetic Equivalents* (Tempe, AZ: AFA, 1972)

64 Manly P. Hall, *The Secret Teachings of all Ages.* (Los Angeles: Philosophical Research Society, 1977)

65 William Becker und Bethe Hagens, "The Planetary Grid: A New Synthesis" in: *Pursuit,* 2. Quartal 1984.

66 Paul Adam / Arnold Wyss, *Platonische und Archimedische Körper, ihre Sternformen und polaren Gebilde.* (Stuttgart: Verlag Freies Geistesleben, 1984)

67 Robert Temple, *The Sirius Mystery.* (New York: St. Martins Press, 1975) 5. Kapitel.

68 Becker/Hagens, *Pursuit* p. 56f.

69 Bruce Cathie, *Bridge to Infinity (Adventures Unlimited)*

70 Temple, pp. 124, 146, 149

71 Peter Tompkins, *Cheops: Die Geheimnisse der Großen Pyramide.* (München: Knaur, 1985) p. 177f.

72 Ernst Bindel, *Die ägyptischen Pyramiden als Zeugen vergangener Mysterienwelt.* (Stuttgart: Verlag Freies Geistesleben, 1975[4])

73 Tompkins, *Cheops*

74 Peter Tompkins, *The Mysteries of the Mexican Pyramids (New York: Harper & Row, 1971) p. 251f., p. 279 – 281*

75 Tompkins, *Mexican Pyramids,* p.263

76 Tompkins, *Mexican Pyramids,* p.279 – 281

77 Tony Morrison, *Pathways to the Gods,* (New York: Harper & Row, 1978)

78 William Skinner, "Marketing and Social Structure in Rural China", *Journal of Asian Studies*, Vol.23, No.1, Nov. 1964.

79 Die Geburtsdaten in diesem Kapitel wurden entnommen aus: Lois Rodden, *American Book of Charts*, (San Diego, ACS, 1980)

80 Belege zu Fragen des Standortes finden sich in beinahe allen Büchern von Carlos Castaneda besonders aber in *Die Lehren des Don Juan* und *Die Reise nach Ixtlan.*

81 Ellic Howe, *Astrology and the Third Reich* (Wellingborough, Aquarian Press, 1984)

Standardwerke der Astrologie

Erin Sullivan

Angewandte Astro*Carto*Graphy

Planetenlinien und Ortswechsel astrologisch deuten

298 Seiten, Paperback,
36 Abbildungen
ISBN 978-3-925100-68-0

Globalisierung prägt unsere Zeit, die grenzenlose Welt verlangt den schnellen Übergang von einem Ort zum anderen. Umso wichtiger wird die Astro*Carto*Graphy. Sullivan geht vom Geburtshoroskop aus und stellt dar, wie sich daraus eine Astroweltkarte entwickelt. Sie belässt es aber nicht bei der oberflächlichen Deutung der Planetenlinien, sondern vermittelt dem Leser die verschiedenen Methoden der Feindeutung. An einem ausführlichen Beispiel demonstriert sie die Geburtszeitkorrektur mittels einer Astroweltkarte.
Im zweiten Teil des Buches befasst sie sich mit dem Thema Ortswechsel, denn schon bei kleineren Entfernungen zeigt das Relokationshoroskop subtile Veränderungen. Wir bleiben zwar der gleiche Mensch, aber wir werden feststellen, dass unser Geburtsselbst andere Energien aufnimmt. Seinen Platz in der Welt finden, kann bei den Möglichkeiten und Freiheiten, die der Mehrheit der Menschen zur Verfügung steht, heutzutage kompliziert sein. Dieses Buch gibt wertvolle Hilfestellungen und vermittelt dem Leser eine globale Sicht auf das Horoskop.

»Das Buch bietet die beste Grundlage für alle, die sich mit Astrokartographie und Relokationshoroskopen vertraut machen und damit praktisch arbeiten möchten.«

– SternZeit – 12/2002

CHIRON VERLAG

Der Geomantie Kompass

zu Steve Cozzi „Die Astrologie des Standortes“

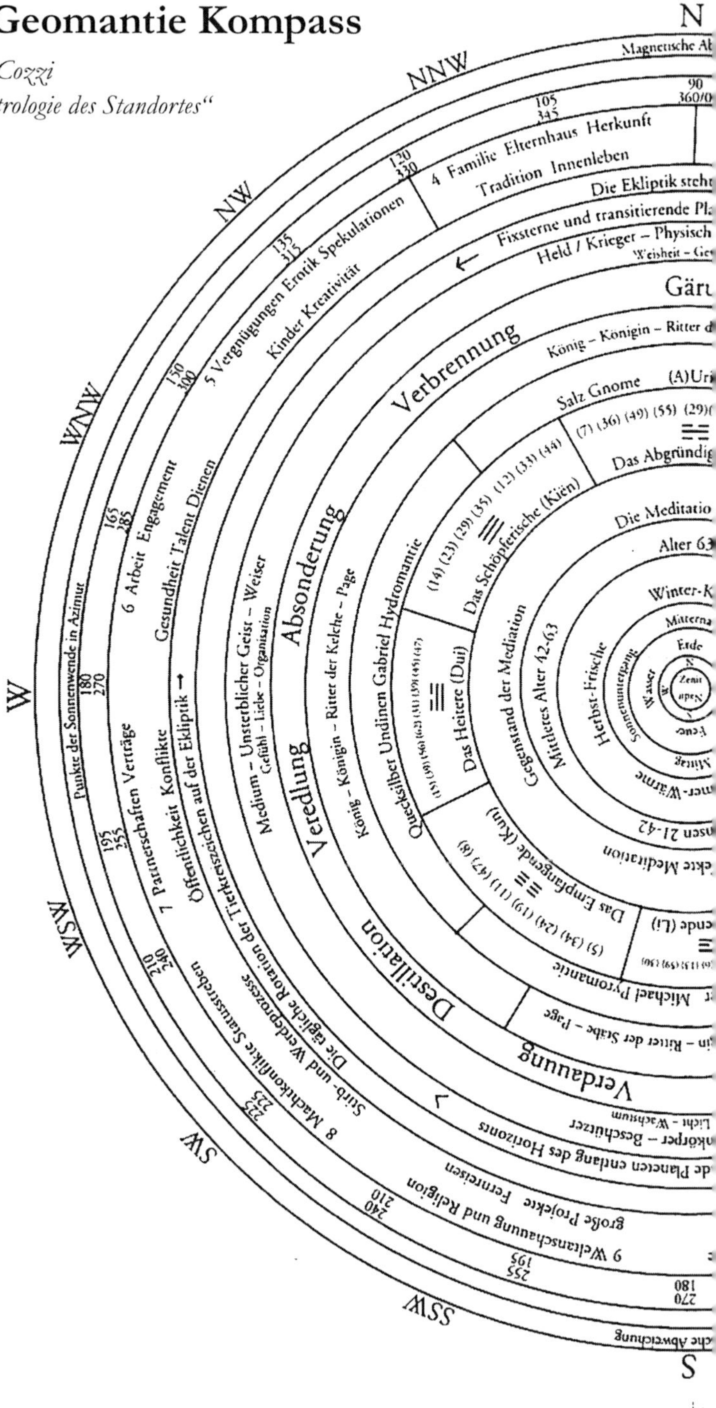

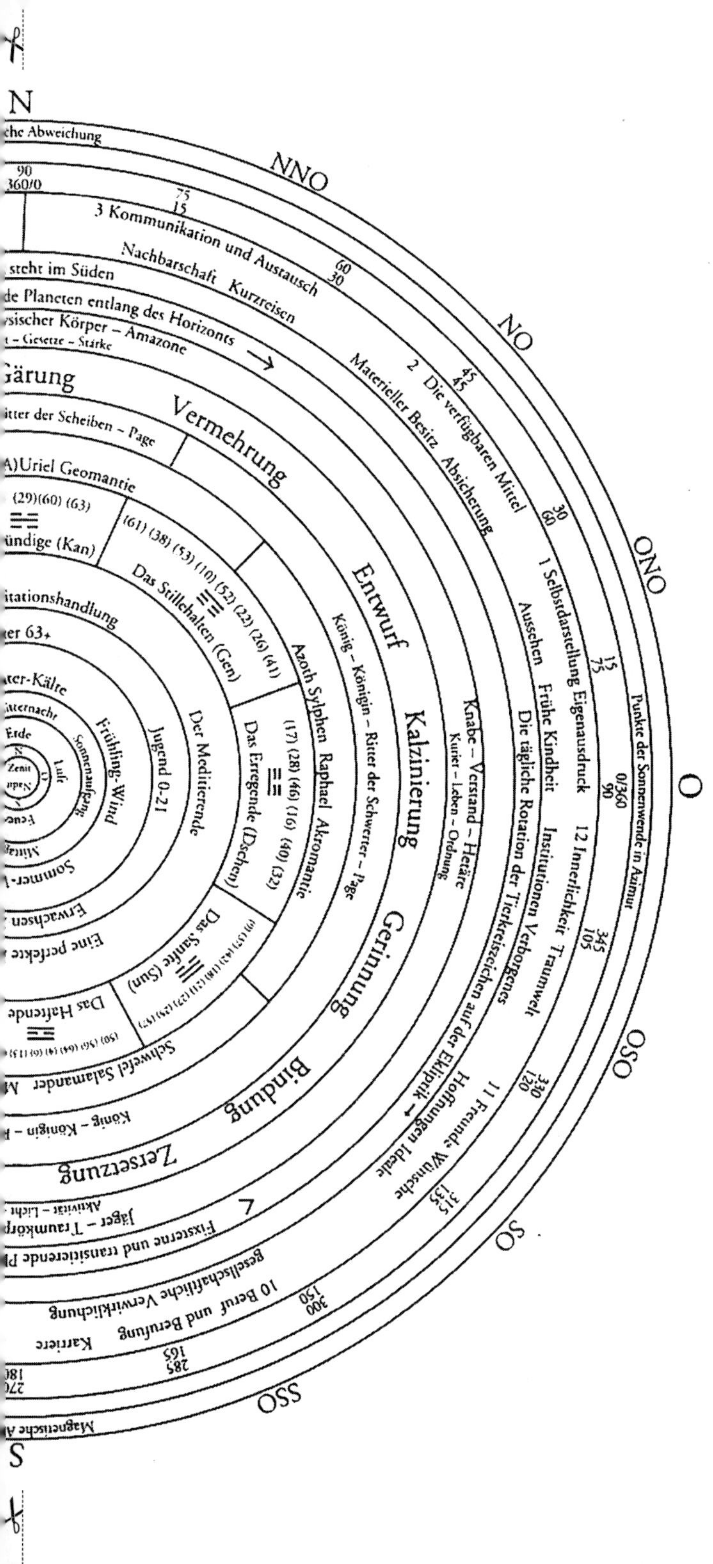

N
NNO
NO
ONO
O
OSO
SO
SSO
S
3 Kommunikation und Austausch
Nachbarschaft Kurzreisen
2 Die verfügbaren Mittel
Materieller Besitz Absicherung
1 Selbstdarstellung Eigenausdruck
Aussehen Frühe Kindheit
12 Innerlichkeit Traumwelt
Institutionen Verborgenes
11 Freunde Wünsche
Hoffnungen Ideale
10 Beruf und Berufung
Karriere
Gesellschaftliche Verwirklichung
Punkte der Sonnenwende in Azimut
Die tägliche Rotation der Tierkreiszeichen auf der Ekliptik
Fixsterne und transitierende Planeten
Knabe – Verstand – Hetäre
Kurier – Leben – Ordnung
Jäger – Traumkörper
Aktivität – Licht
Gärung
Vermehrung
Entwurf
Kalzinierung
Gerinnung
Bindung
Zersetzung
König – Königin – Ritter der Schwerter – Page
Azoth Sylphen Raphael Aeromantie
Schwefel Salamander
(61) (38) (53) (10) (52) (22) (26) (41)
Das Stillehalten (Gen)
(17) (28) (46) (16) (40) (32)
Das Erregende (Dschen)
Das Sanfte (Sun)
Das Haftende
Der Meditierende
Jugend 0-21
Frühling-Wind
Sonnenaufgang
Luft
Erde
Zenit
Nadir
Feuer
Mittag
Sommer
Erwachsen
Eine perfekte
(29)(60) (63)
Uriel Geomantie
Ritter der Scheiben – Page
Physischer Körper – Amazone
Gesetze – Stärke
die Planeten entlang des Horizonts
steht im Süden
Abweichung
Magnetische
Winter-Kälte
Mitternacht
90
360/0
75
15
60
30
45
45
30
60
15
75
0/360
90
345
105
330
120
315
135
300
150
285
165
270
180